LITERATURSTUDIUM
INTERPRETATIONEN

Amerikanische Short Stories des 20. Jahrhunderts

Herausgegeben von
Michael Hanke

Philipp Reclam jun. Stuttgart

Die Deutsche Bibliothek – CIP-Einheitsaufnahme

Amerikanische Short Stories des 20. Jahrhunderts /
hrsg. von Michael Hanke. – Stuttgart : Reclam, 1998
  (Universal-Bibliothek ; Nr. 17506 : Literaturstudium :
  Interpretationen)
  ISBN 3-15-017506-2

Universal-Bibliothek Nr. 17506
Alle Rechte vorbehalten
© 1998 Philipp Reclam jun. GmbH & Co., Stuttgart
Gesamtherstellung: Reclam, Ditzingen. Printed in Germany 1998
RECLAM und UNIVERSAL-BIBLIOTHEK sind eingetragene Marken
der Philipp Reclam jun. GmbH & Co., Stuttgart
ISBN 3-15-017506-2

Inhalt

MICHAEL HANKE

Einleitung

Am Anfang der amerikanischen Kurzgeschichte des
20. Jahrhunderts steht SHERWOOD ANDERSON mit seiner
Sammlung *Winesburg, Ohio* (1919). Er war es, der dieser
Erzählform die zum Überleben notwendigen Impulse gab,
nachdem sie auf die Ebene mechanisch reproduzierbarer
plot oder *formula stories* gesunken war. Sein Rang als Vorbild und Lehrer ist unbestritten. Faulkner, Hemingway und
Powers sind nur einige Autoren, die sich zu ihm bekannt
haben: »He was the father of my generation of American
writers and the tradition of American writing which our
successors will carry on« (Faulkner zit. nach Buchloh, S. 48).
Spuren seiner Kunst lassen sich bis ins Werk von Richard
Ford, dem jüngsten der hier vorgestellten Autoren, verfolgen: die sensible Charakterzeichnung, die regionale Ver-
wurzelung, die Verwendung der Umgangssprache, vor allem aber die Freude am Erzählen um seiner selbst willen.
Obwohl bereits eine Reihe bedeutender Short Stories des
19. Jahrhunderts diese Merkmale aufweist, bezeichnet das
Publikationsdatum von *Winesburg, Ohio* einen Neubeginn
in der Geschichte dieser Prosaform.

Läßt man die hundert Jahre amerikanischer Erzählliteratur vor 1919 Revue passieren, so zeigt sich, daß Anderson
ein Revolutionär im eigentlichen Sinne des Wortes war. Er
führte die Short Story auf jenes hohe Niveau zurück, das
erstmals Washington Irving mit seinem *Rip Van Winkle*
(1819) erreicht hatte – ein Niveau, das sich über das Drei-
gestirn Hawthorne, Poe und Melville bis zum frühen Tod
von Stephen Crane im Jahre 1900 gehalten hatte. Dann aber
kam die Zeit der von Massenmagazinen publizierten *plot
stories* und mit ihnen der künstlerische Verfall. Technisch
versierte Autoren boten eine spannende, in atemberauben-

dem Tempo erzählte Handlung, die in einer oft moralistisch getönten Schlußpointe (*surprise ending*) gipfelte. Diese *magazine stories* sind – von einigen Erzählungen des hochbegabten O. Henry abgesehen – inzwischen in Vergessenheit geraten.

Gegen die Tyrannei der Magazine und des Publikumsgeschmacks zog Anderson zu Felde, indem er die Forderung nach einer spannenden Handlung verwarf. Er setzte der *plot story* die *slice of life story* entgegen, in der ein kurzer, aber relevanter Lebensabschnitt einer oder mehrerer Erzählfiguren behandelt wird. Die Handlungsführung wird – wie bereits im 19. Jahrhundert oft geschehen – der Charakterisierungskunst untergeordnet. Es wäre jedoch falsch anzunehmen, Andersons Kritik richte sich gegen den Plot im Sinne einer sorgfältig konstruierten, paraphrasierbaren Handlung oder gar gegen die großen Erzähler, die der Handlungsführung auf Kosten der Charakterzeichnung den Vorzug geben (wie Maupassant, Poe oder Bierce). Sie richtet sich vielmehr gegen die in den Rang von Dogmen erhobenen Spielregeln, die der künstlerischen Entfaltung der kurzen Erzählform keinen Raum gewähren. Auch darf aus Andersons großem Einfluß nicht der Schluß gezogen werden, die *plot story* habe sich im 20. Jahrhundert als nicht mehr lebensfähig erwiesen. Vom starren Regelwerk der Jahrhundertwende befreit, hat sie sich bis heute als *well made story* in anspruchsvollen Literaturzeitschriften behaupten können.

Die im vorliegenden Band interpretierten Kurzgeschichten von WILLIAM FAULKNER und SHIRLEY JACKSON beweisen, daß es möglich ist, Elemente traditionellen Erzählens originell abzuwandeln. Faulkners Kunstgriff in *A Rose for Emily* besteht darin, daß er den für die *plot story* kennzeichnenden Überraschungsschluß beibehält, jedoch die chronologische Geschehensfolge zerbricht und in einer Reihe locker miteinander verbundener Episoden anlegt. Somit kommt das für die *plot story* geforderte Element der Spannung – noch dazu in einer Geschichte, die von einem Mord handelt – nicht mehr zum Tragen. Shirley Jackson gelingt es in *The Lottery*, den Überraschungsschluß so schockierend zu gestalten, daß die Erzählung nach ihrer Erstveröffentlichung im Jahre 1948 einen Skandal in den Leserbriefspalten des dafür verantwortlichen *New Yorker* auslöste – ein Hinweis darauf, daß die Autorin nicht gewillt war, dem Geschmack des konventionellen Publikums Konzessionen zu machen.

Am Muster der *plot story* hat sich auch JAMES THURBER, langjähriges Redaktionsmitglied des *New Yorker*, orientiert. In seinen leicht misanthropisch gefärbten Erzählungen, zu denen neben Kurzgeschichten auch Fabeln, Anekdoten und Bildgeschichten gehören, verbinden sich Humor und Gesellschaftssatire. Seine berühmteste Erzählfigur ist Walter Mitty, Inbegriff des amerikanischen ›kleinen Mannes‹. Auf der Flucht vor seiner Ehefrau und den Tücken der modernen Technik versteigt er sich in heroische Tagträume, aus denen er unsanft in die Alltagswelt zurückgeholt wird. Die Schlußpointe beruht – dem Charakter des *hero as victim* entsprechend – auf einer Anti-Klimax. Nicht weniger traditionsbewußt sind die drei dem *New Yorker* verbundenen, als Romanciers weltbekannten Autoren JOHN CHEEVER, SAUL BELLOW und J. D. SALINGER. Sie sind vor allem als Kritiker der amerikanischen Mittelklasse hervorgetreten.

F. SCOTT FITZGERALD ist als Chronist des Jazz Age in die Literaturgeschichte eingegangen und gilt neben Dos Passos, Faulkner und ERNEST HEMINGWAY als bedeutendster amerikanischer Romancier seiner Generation. Stilistisch stehen seine Kurzgeschichten denen Hemingways nahe. Die Sprache beider Autoren ist kühl, elegant, distanziert und von symbolischer Tiefenschärfe – auch dort, wo sie eigene Erfahrungen verarbeiten. Fitzgeralds *Babylon Revisited* und Hemingways *A Clean, Well-Lighted Place* sind repräsentativ für das Schaffen jener als »lost generation« (Gertrude Stein) bezeichneten amerikanischen Autoren, die sich in den

zwanziger Jahren in der Nachbarschaft amerikanischer
Dichter und Komponisten vorübergehend in Paris nieder-
ließen. Ihre damals entstandenen Werke vermitteln ein Bild
der dekadenten Zwischenkriegszeit. Mit der berühmten
Eisberg-Metapher in seinem Essay *Death in the Afternoon*
(1932) hat Hemingway die symbolbewußte Dichtungspra-
xis moderner Erzähler bildkräftig auf den Punkt gebracht.
Nachdem die Alleinherrschaft des Plot gebrochen war,
wurde die Symbolik in der Tradition Hawthornes und Poes
wieder zu einem wichtigen Strukturprinzip, das auf Erzähler wie Cheever, Purdy, Joyce Carol Oates und Barth nach-
haltig gewirkt hat.

Unter dem Einfluß von Turgenjew, Tschechow und Joyce
münden zahlreiche amerikanische Kurzgeschichten in einen
Augenblick der Selbsterkenntnis, so etwa Andersons *The
Untold Lie*. Dieser Augenblick, der das eigene Leben in er-
hellendes Licht taucht, es entscheidend verändert oder wenigstens zu ändern verspricht, wird in Anlehnung an eine
berühmte Formulierung von Joyce als *epiphany* bezeichnet
(Hendry). Epiphanien dieser Art spielen seit der Veröffentlichung von Andersons *I Want to Know Why* (1919) in Initiationsgeschichten (*initiation stories*) eine wichtige Rolle.
Hauptfigur ist ein Kind, das allein oder in Begleitung eines
Erwachsenen – der aus archaischen Initiationsriten bekannten Mentorfigur – eine Erfahrung macht, die es an die
Schwelle des Erwachsenendaseins führt (Marcus).

Beispiele für diese Erzählform und die Möglichkeiten,
sie abzuwandeln, bieten die Geschichten von Steinbeck,
Wright, Eudora Welty, Barth und Updike. Im Falle von
RICHARD WRIGHTS *The Man Who Was Almost a Man* und
in JOHN BARTHS *Lost in the Funhouse* scheitert die Initiation. Die Erzählperspektive ist meist die des Kindes. Wird
das Geschehen aus der Sicht eines Erwachsenen dargestellt,
so ist dies oft ein Indiz dafür, daß die Autoren vom üblichen Schema abweichen – so im Falle von PETER TAYLOR
und JAMES PURDY, die eine Vater-Sohn-Beziehung behan-

deln. In Taylors *Promise of Rain* gewinnt ein Vater erst
dann Einblick in den Charakter seines Sohnes, als dieser fast
erwachsen ist. In Purdys *Color of Darkness* könnte der einleuchtend motivierte Haßausbruch des Kindes eine ähnlich
verspätete Initiation bewirken, doch dem Vater ist das Verhalten seines Kindes unverständlich. Wie Purdy nutzen
auch Steinbeck, Wright und Updike das Initiationsmotiv
dazu, das Verhältnis von Eltern ihren Kindern gegenüber
kritisch zu beleuchten.

Einsamkeit, Gewalt und Rassenhaß: diesen Themen
haben sich insbesondere die *Southern Writers* zugewandt.
In KATHERINE ANNE PORTERS *María Concepción* und
Faulkners *A Rose for Emily* begehen die jeweiligen Titel-
heldinnen einen Mord, um – im Falle Faulkners auf recht
makabere Weise – ihrer Liebe zu einem Mann Dauer und
Stabilität verleihen zu können. In EUDORA WELTYS *A Visit
of Charity* macht die junge Heldin aus nicht ganz uneigen-
nützigen Motiven einen Besuch im Altenheim, das sie als
einen Ort des Grauens erlebt. TRUMAN CAPOTES *A Diamond Guitar* spielt in einem Gefängnis, in dem ein altern-
der Mann von seinem jungen Freund verraten wird. In
FLANNERY O'CONNORS *A Good Man Is Hard to Find* fällt
eine fünfköpfige Familie einem Killer in die Hände, der sich
– das Grauen paart sich bei dieser Autorin oft mit grotes-
kem Humor – als dilettierender Theologe entpuppt. In all
diesen Geschichten werden allgemeinmenschliche Probleme
behandelt, wobei die Autoren sich einer teils unterschwellig
wirksamen (Porter, Faulkner, Capote, O'Connor), teils
stark in den Vordergrund tretenden (Welty) Symbolik be-
dienen.

Für Faulkner und Flannery O'Connor ist das Verhältnis
von Vergangenheit und Gegenwart des amerikanischen Südens, der Zeit vor und nach dem Bürgerkrieg (1861–65),
von zentraler Bedeutung. Kaum verwunderlich also, daß in
ihren hier vorgestellten Geschichten auch jenes Motiv an-
klingt, das für die Mehrzahl schwarzamerikanischer Erzäh-

ler zum Hauptthema geworden ist: der vornehmlich von Weißen geschürte Rassenhaß. Baldwin behandelt diesen Konflikt in aller Kraßheit am Beispiel eines brutalen weißen Sheriffs, wobei die Kenntnis des Entstehungshintergrundes (die Ermordung von Martin Luther King und Robert Kennedy in den sechziger Jahren) zum Verständnis der Erzählung beiträgt. In Wrights früher Kurzgeschichte *The Man Who Was Almost a Man* steht das Thema des Rassenhasses gleichberechtigt neben dem innerethnischer und familiärer Konflikte.

Die beiden Kurzgeschichten der jüdischen Autoren BERNARD MALAMUD und GRACE PALEY beleuchten das Problem ethnischer Minderheiten am Beispiel des Verhältnisses von Juden und Schwarzen. Malamuds *Angel Levine* ist eine zeitgenössische Parabel, in der Elemente des Hiobbuches, des Märchens und der Gesellschaftssatire bruchlos miteinander verbunden sind. Die Geschichte klingt aus in der Überzeugung, daß es eine »Glaubensgemeinschaft der Juden über die Rassenunterschiede hinweg gibt« (Rudolf Haas). Der Leser wird Zeuge einer späten Initiation, denn die abschließend gewonnene Einsicht führt den Schneider Manischevitz auf eine höhere Stufe ethisch-religiösen Bewußtseins: »Believe me, there are Jews everywhere.«

Das Theodizee-Problem, die Frage nach der Rechtfertigung des Bösen in der gottgeschaffenen Welt, hat neben Malamud auch JOHN UPDIKE beschäftigt. In *Pigeon Feathers* – wiederum eine Initiationsgeschichte – beschreibt er eine entscheidende Phase im Leben des vierzehnjährigen David Kern, die zu tiefgreifenden Glaubenszweifeln führt. Was seine Eltern und sein geistlicher Führer nicht vermögen, wird ihm in einem epiphanischen Augenblick geschenkt. Beim Anblick der Federn getöteter Vögel gewinnt er einen Eindruck von der Schönheit göttlicher Schöpfung. Andere Aspekte religiösen Lebens behandelt J. F. POWERS. Er setzt sich mit der Rolle katholischer Geistlicher auseinander, die ihre Kraft vor allem darauf verwenden, die Forderungen des Evangeliums denen der modernen amerikanischen Erfolgsgesellschaft unterzuordnen.

Kennzeichnend für einen großen Teil der jüngeren amerikanischen Erzählkunst ist die Beschäftigung mit der Entstehung und dem Wesen von Literatur. Wo dieses Thema im Rahmen der Kurzgeschichte seit den sechziger Jahren seinen Niederschlag gefunden hat, spricht man von *metastories*. Zu den bekanntesten dieser experimentierfreudigen Autoren zählen JOHN BARTH und DONALD BARTHELME, aber auch JOYCE CAROL OATES, deren Werk, ihrem eigenen Bekenntnis zufolge, zugleich der Tradition des psychologischen Realismus verpflichtet bleibt. In ihrer anspielungsreichen und symbolisch dichten Erzählung *Daisy* stehen Vater und Tochter für zwei einander ergänzende und aufeinander angewiesene schöpferische Prinzipien: die Tochter für die Vorstellungskraft, der Vater für das formgebende Vermögen.

Barthelme ist vor allem als Verfasser glänzender Erzählparodien bekannt geworden. Ob Western, Detektiv- oder Initiationgeschichte, Märchen, Legende, Anekdote oder die Klatschspalte eines Boulevardblattes – es gibt kaum eine Textsorte, die vor seinem Zugriff sicher war. Zwar hatten Joyce und die Dichter des Modernismus schon in den zwanziger Jahren den Blick auf neue künstlerische Verfahrensweisen gerichtet, doch machten amerikanische Erzähler nur zögernd Gebrauch davon. Was die Vorgänger versäumt hatten, holten Barthelme und Barth mit ihrer kühnen *metafiction* nach. Montage- und Zitattechnik, Enthistorisierung, Mythisierung und Verfremdung: Begriffe, mit denen bis dahin fast ausschließlich bei der Interpretation modernistischer Lyrik operiert wurde, wanderten nun auch ins Sektionsbesteck der Prosaanalyse, ja ins Vokabular der Erzählungen selbst. Man hat Barthelmes unbekümmerten Rückgriff auf ältere literarische Stoffe, Themen und Formen manchmal als allzu selbstgefällig kritisiert. Zu Unrecht: seine Parodien rücken die Modelle in eine neue Perspektive

und betreiben, indem sie zum Vergleich mit dem Original
auffordern, eine Klassikerpflege besonderer Art.

Auch Barth lenkt den Blick des Lesers vom rein Stoffli-
chen auf die Kompositionstechnik und nimmt somit ein gutes Stück Methodenreflexion in seine Stories hinein. Die
Pointe seiner Kurzgeschichte *Lost in the Funhouse* basiert
auf der Voraussetzung, daß die ›Realität‹ nicht gefunden,
sondern erfunden wird; sie wird, im Sinne des griechischen
poiein, ›gemacht‹, ›zurechtgemacht‹. Fallen also, wie manche
Kritiker argwöhnen, für Barth Realität und Fiktion zusammen? Die Frage läßt sich nicht eindeutig beantworten, und
dieser Unentschiedenheit verdankt die Erzählung ihren
Reiz. Barth weiß, daß es keine wie immer geartete Realität
gibt, die unabhängig vom wahrnehmenden Bewußtsein existiert, und diese Einsicht sucht er zu veranschaulichen. In
Lost in the Funhouse geht es um eine gescheiterte Initiation:
Wenn es dem künstlerisch begabten Helden nicht vergönnt
ist, zu sich selbst zu finden, wie sollte er dann zu einer von
Widersprüchen freien Betrachtung seiner Lebenswelt gelangen? Barths *funhouse* ist ein Formgehäuse, in dem sich
Künstler und Leser vorübergehend ein Stelldichein geben
oder sich verfehlen – poetologische Metapher für Wesen
und Wirkung jeglicher Kunst.

Abschließend ein Wort zur Auswahl der Autoren. Es
werden nicht nur jene Erzähler vorgestellt, die der modernen amerikanischen Kurzgeschichte zu Weltruhm verholfen
haben (allen voran Anderson und Hemingway), sondern
auch solche, die zwar weniger bekannt und einflußreich,
aber ebenso bedeutend sind. Ein weiterer Gesichtspunkt
kommt hinzu: Die Literaturkritik pflegt zahlreiche moderne amerikanische Erzähler zu überschaubaren Gruppen
zusammenzustellen – je nach ihrer ethnischen oder geographischen Herkunft, nach vorherrschenden Themen oder
Stilzügen. Aus diesen Gruppen mußten repräsentative Erzähler ausgewählt werden. Es war beispielsweise nicht mög-

lich, alle bedeutenden jüdischen Autoren vorzustellen; ein solches Vorhaben hätte einen separaten Band erfordert. Die Wahl fiel daher auf jene, deren Namen in Deutschland am bekanntesten sind und deren Kurzgeschichten (im Gegensatz etwa zu denen von Isaac Bashevis Singer) hauptsächlich in Amerika spielen: Bernard Malamud, Saul Bellow, J. D. Salinger und Grace Paley.

Alle Erzählungen sind in Stil und Thema für ihre Autoren charakteristisch und können daher als Einführung in ihr Gesamtwerk dienen.

Literaturhinweise: Günter AHRENDS: Die amerikanische Kurzgeschichte. Theorie und Entwicklung. Trier ³1996. – Paul G. BUCHLOH (Hrsg.): Amerikanische Erzählungen von Hawthorne bis Salinger. Interpretationen. Neumünster 1968. – Hans BUNGERT (Hrsg.): Die amerikanische Short Story. Theorie und Entwicklung. Darmstadt 1972. – Peter FREESE: Die amerikanische Kurzgeschichte nach 1945. Frankfurt a. M. 1974. – Peter FREESE: Die amerikanische Short Story der Gegenwart. Themen, Techniken und Tendenzen. In: P. F. (Hrsg.): Die amerikanische Short Story der Gegenwart. Interpretationen. Berlin 1976. S. 9–29. – Wolfgang GALENSKI: Continuity and Change. Die amerikanische Short Story in den 80er Jahren. Trier 1995. Karl Heinz GÖLLER / Gerhard HOFFMANN (Hrsg.): Die amerikanische Kurzgeschichte. Düsseldorf 1972. – Irene HENDRY: Joyce's Epiphanies. In: Sewanee Review 54 (1946) S. 449–467. – Mordecai MARCUS: What Is an Initiation Story? In: Shiv K. Kumar / Keith McKean (Hrsg.): Critical Approaches to Fiction. New York 1968. S. 201–218.

DIETER SCHULZ

Sherwood Anderson: *The Untold Lie*

Zwei Männer schauen sich fest in die Augen. Die beiden
schälen Mais auf einer Farm im Norden von Ohio. Der ältere, Ray Pearson, ist etwa fünfzig, hat Frau und Kinder.
Der jüngere, Hal Winters, ist ein Taugenichts und Frauen-
held. Zur Zeit hat er ein Verhältnis mit einer Lehrerin; diese
erwartet ein Kind von ihm. Von seinem Arbeitskameraden
will Winters nun wissen, wie er sich verhalten soll: heiraten
oder sich aus der Affäre ziehen? Die Frage läßt den Familienvater geradezu ausflippen. Ray Pearson erinnert sich,
wie er selbst seinerzeit auf die gleiche Weise in die ›Falle‹
der Ehe tappte. Von Erinnerungen und vom Erlebnis der
Herbstlandschaft gleichsam überflutet, beschließt er, den
Jüngeren vor einer Wiederholung seines ›Fehlers‹ zu warnen. Dazu kommt es jedoch nicht. Als er Hal Winters auf
dem Weg zur Stadt abfangen will, bringt er kein Wort heraus, und Winters eröffnet ihm, daß er sich dazu durchge-
rungen hat, Verantwortung zu übernehmen und die Lehrerin zu heiraten. Erleichtert sieht Pearson sich von der
Pflicht, den Jüngeren zu beraten, entbunden: So oder so
hätte er ihn belügen müssen.

The Untold Lie gehört trotz des nachdrücklichen Lobes
durch Malcolm Cowley zu den weniger beachteten Kurzgeschichten von *Winesburg, Ohio*, dem Erzählzyklus, mit
dessen Veröffentlichung im Jahr 1919 Sherwood Anderson
(1876–1941) seinen Platz im Kanon amerikanischer Klassiker begründet hat. Wie die meisten anderen Geschichten
umkreist auch diese ein Thema, das im Zentrum von Andersons Prosa steht und unmittelbar aus seiner Lebenserfah-
rung erwachsen ist.

In Camden, Ohio, geboren, hatte sich der junge Anderson dem amerikanischen Erfolgstraum verschrieben, als

Reklamefachmann in Chicago und schließlich als Fabrikbesitzer und -manager in Elyria, Ohio, eine Existenz aufgebaut, vor der Sinclair Lewis' Babbitt alle Achtung gehabt hätte. Aber wie der Titelheld von Lewis' Roman litt Anderson unter den Zwängen der bürgerlichen Welt. Schließlich wurde die Spannung unerträglich. An einem Herbsttag im Jahre 1912, so berichtet er, habe er mitten im Diktat von Geschäftskorrespondenz abgebrochen, sei einige Tage ziellos durch die Gegend geirrt, um schließlich Fabrik und Familie zu verlassen und in Chicago eine Karriere als Schriftsteller zu wagen. Die verschiedenen Fassungen des Vorfalls in Andersons Selbstzeugnissen deuten auf eine gehörige Portion Selbststilisierung, für sein Erzählwerk präfiguriert die Episode jedoch ein zentrales Thema: die Frustration des Individuums in einer von Kommerz und Industrie beherrschten Welt. In *Winesburg, Ohio* weitet sich der Rahmen über die Geschäftswelt hinaus zu einem allgemeinen ›Unbehagen in der Kultur‹ (Freud), das auch die ländliche Sphäre, die von Thomas Jefferson bis Ronald Reagan idealisierte *small town* einschließt; auch sie erzeugt einen Konformitätsdruck, der Phantasie und Gefühle tötet.

In *The Untold Lie* wird das, was Anderson »this starved side of American small town life« nennt (Anderson, hrsg. von Ferres, S. 15), an der Institution der Ehe gezeigt, die – als Synekdoche der Zivilisation – die Natur und damit das Leben verneint. Die Natur erscheint auf zwei ineinander verschränkten Ebenen. Zum einen manifestiert sie sich in jugendlichen Träumen, die der Routine und den Normen der Alltagswelt entgegenstehen. Die natürlichen Impulse der Jugend sympathisieren mit einem Wüstling wie dem alten Winters, dem Vater von Hal, der fluchend und stockbetrunken sein Fuhrwerk gegen einen heranrasenden Zug jagte: »Most boys have seasons of wishing they could die gloriously instead of just being grocery clerks and going on with their humdrum lives« (S. 166).

Zum anderen tritt Natur in der Landschaft als ästheti-

sches Prinzip auf, das die Zentralfiguren punktuell ihre
sozialen Bindungen vergessen läßt. So wirft Pearson seinen
alten, zerschlissenen Mantel ab und befreit sich damit symbolisch von den Fesseln der Zivilisation; überwältigt von
der Schönheit des Herbsttages schwingt er sich zu einem
Protest gegen die Eintönigkeit seines Lebens auf. Freilich
bleibt der Protest folgenlos. Wie Alice Hindman in *Adven-
ture*, die eines Nachts nackt in den Regen hinausläuft, oder
der Reverend Hartman in *The Strength of God*, der sich
beim Einschlagen eines Kirchenfensters eine blutige Faust
holt, sinkt auch Pearson alsbald in die Monotonie seines
bisherigen Lebens zurück.

Eindrucksvoll führt Anderson in solchen Episoden die
Zwänge eines Milieus vor, das elementare Bedürfnisse der
Seele abwürgt. Damit erfüllt er die Zielsetzung eines Pro-
gramms, das man als reflektierten Regionalismus bezeichnen kann. Die Figuren in *Winesburg, Ohio* erwachsen aus
der dem Autor von seiner Kindheit her vertrauten Umgebung des ländlichen Midwest. Mit wenigen, aber höchst ef-
fektvollen Strichen evoziert er die Weite der Maisfelder, den
Goldschimmer des Abendlichts, die Wechselwirkung von
Mensch und Land. In *The Untold Lie* wird das Land gleichsam zum Mitakteur; seine Offenheit und Schönheit lassen
die Figuren über die Stränge schlagen, sie wecken in ihnen
die Träume, die sonst unterdrückt bleiben. Kein Zweifel:
Anderson liebt seine Heimat. Dennoch ist die Darstellung
frei von Nostalgie und Sentimentalität. Wie im Regionalismus Sarah Orne Jewetts und Mark Twains vor ihm oder
dem William Faulkners nach ihm dient das lokale Milieu als
repräsentativer Mikrokosmos; es bietet den Rahmen, der
die Figuren zugleich verankert und ihren Entfaltungsraum
absteckt.

In *The Untold Lie* wird dieser Entfaltungsraum sorgfältig
gegen die Sphäre des Heims abgegrenzt. Pearson streift den
Mantel der Zivilisation ab, nachdem er zuvor seine nör-
gelnde Frau hinter sich gelassen hat. Obgleich der Schluß

der Story das Aufbegehren der Männer zurücknimmt, scheint hier doch eine Konfliktlinie auf, die in der amerikanischen Literatur eine große Tradition hat.

In Washington Irvings *Rip Van Winkle* (1819), James Fenimore Coopers Lederstrumpf-Romanen (1823–41), Herman Melvilles *Moby-Dick* (1851) und Mark Twains *Adventures of Huckleberry Finn* (1884) ereignen sich authentische menschliche Beziehungen als Freundschaft unter Männern, die der vom Regiment der Frauen bestimmten Zivilisation abgetrotzt ist. Die in der amerikanischen Klassik des 19. Jahrhunderts dominante Konstellation ließ sich mühelos ins 20. Jahrhundert zu Ernest Hemingways *Men without Women* (1927) und darüber hinaus verlängern und zur These von der homoerotischen Basis des amerikanischen Romans ausbauen (vgl. Leslie A. Fiedlers *Love and Death in the American Novel*, 1960 [u. ö.]). Ray Pearson und Hal Winters im Maisfeld, »staring into each other's eyes«: Wie in Andersons Initiationsgeschichten – etwa in *I Want to Know Why* (1919) oder *I'm a Fool* (1922) – gelingt den Männern jenseits der Frauenwelt jener Durchbruch zur Authentizität, der ihnen in der Zivilisation versagt bleibt.

Der von solchen Beobachtungen nahegelegte Verdacht der Misogynie lenkt den Blick entschieden zur Story selbst zurück. Unabhängig vom Geschlecht sind *alle* Zentralfiguren von *Winesburg, Ohio*, wie Anderson in seiner einleitenden Skizze erläutert, »grotesques«, d. h. Exemplare verzerrter Identität, die nur vorübergehend aus dem Gefängnis ihrer Idiosynkrasien ausbrechen und Kontakt zum anderen gewinnen. Darüber hinaus setzt die Machart der Kurzgeschichten ideologischen Fixierungen jeglicher Provenienz erheblichen Widerstand entgegen. Schon Andersons Selbstcharakterisierungen als Schriftsteller entkräften den Vorwurf der Misogynie, indem sie die traditionelle patriarchalische Gleichsetzung von Autorschaft und Paternität hinter sich lassen; der Autor sah seine Erzählungen als Babies, die seinem mütterlichen Schoß entsprangen (Crowley, S. 11 f.).

In den Texten zeigt sich die Überschreitung von *gender*-Grenzen in einem Schreiben, das zentrale Merkmale dessen aufweist, was neuerdings als Écriture féminine gehandelt wird, im Grunde aber wohl ein Strukturzug des Erzählens zu allen Zeiten ist. Allerdings gilt es zu präzisieren, was hier mit ›Erzählen‹ gemeint ist.

Anderson betitelte seine erste Autobiographie *A Story Teller's Story* (1924). Als *story teller* stellt er sich in eine Tradition, die durch das mündliche Erzählen geprägt ist. Dessen Grundzüge lassen sich zunächst negativ im Kontrast zu dem um die Jahrhundertwende beherrschend gewordenen und vor allem mit O. Henry verbundenen Typus der *magazine story* beschreiben, die drei Hauptmerkmale aufweist: einen markanten Auftakt; eine rasante, spannende Handlung; schließlich ein pointiertes Ende mit einem Überraschungseffekt. Als entscheidendes Strukturelement fungiert somit der Plot; ihm werden Motive und Charaktere untergeordnet.

Die ästhetische Revolution, die Anderson im eigenen Rückblick wie auch dem der Literarhistoriker ins Werk setzte, läßt sich zunächst als Verabschiedung des Plot bestimmen. Die Story der Massenliteratur hatte in seinen Augen jeden Anspruch auf Wirklichkeitserfassung eingebüßt; der alles beherrschende Plot war zu einem Mechanismus verkommen, der nichts mehr mit dem Leben zu tun hatte: »There are no plot stories in life« (Anderson, hrsg. von Ferres, S. 14). Was aber tritt an seine Stelle? Was macht den Zauber und die Spannung von Stories aus, in denen nach konventionellen Maßstäben fast nichts passiert?

Andersons Kunst ist zum einen wesentlich an den Akt des Erzählens gebunden; der Reiz seiner Geschichten hängt weitgehend davon ab, wie weit wir uns dem Tempo und dem Tonfall der Erzählstimme überlassen. Zum anderen ›passiert‹ auch in Andersons Stories eine Menge, allerdings ist die Handlung nach innen verlegt; der Plot wird zum Drama der Psyche. Beides – der Erzählakt und die innere Handlung – sind eng miteinander verwoben.

Zu den wichtigsten Vorbildern Andersons gehörte Mark Twain. In *How to Tell a Story* (1895) plädiert Twain für eine spezifisch amerikanische Kunst des Erzählens, die wichtige Aspekte der von Anderson eingeleiteten ›Revolution‹ vorwegnimmt. Während die europäische Story zielstrebig auf eine Pointe, einen *snapper*, zusteuere und ihre ganze Dynamik vom Knalleffekt am Ende beziehe, zeichne sich die amerikanische Story durch scheinbar zielloses *rambling* aus. Entscheidend sei das Wie des Erzählens, nicht das Was der Ereignisse.

In diesem Sinne nimmt auch Andersons Erzähler in *The Untold Lie* mehrere Anläufe, so als müßte er sich selbst immer wieder am Riemen reißen, um den Faden nicht zu verlieren. Auf die kurze, ökonomische Einführung von Hal Winters und Ray Pearson im ersten Absatz folgt die Charakterisierung des alten Winters. Dabei wendet sich der Erzähler direkt an ein imaginäres Publikum; Windpeter Winters und sein furioses Ende sei den Leuten von Winesburg sicher noch in Erinnerung, besonders den jüngeren wie George Willard (dem in den meisten *Winesburg*-Stories auftretenden Reporter), die insgeheim den alten Teufelskerl bewunderten. Die Reminiszenz scheint plausibel im Blick auf den kaum weniger problematischen Sohn Hal, sie gerät jedoch derart plastisch, daß der Erzähler sich unterbricht, so als müßte er sich und den Leser an den Protagonisten, Ray Pearson, erinnern, um gleich darauf wieder zu Hal überzuschwenken und weitere Informationen über dessen Charakter und Lebenswandel nachzutragen.

Der Erzähler rechtfertigt diese Schlenker mit dem Hinweis, sie seien für den Leser wichtig, um in die Geschichte (»into the spirit of it«, S. 166) einzutauchen. In der Tat erweist sich Hal Winters bald als eine Art jüngeres Selbst des Protagonisten; die Informationen über den Jungen tragen zum Verständnis dessen bei, was an diesem Oktobertag in Ray Pearson vorgeht. Dennoch entsteht auf den ersten Seiten der Eindruck eines Erzählers, der viel Zeit hat, alles andere als zielstrebig ist und vor allem darauf aus zu sein scheint, zwischen sich und dem Leser eine Basis der Geselligkeit herzustellen. Im freien Umgang mit der Chronologie, die durch extensive Rückblicke fast außer Kraft gesetzt scheint, ebenso wie durch den zwanglosen Wechsel der Erzählmodi von Betrachtung, Bericht, Schilderung und Szene entsteht der Eindruck eines höchst flexiblen und gemächlichen Erzählens, das die Aufmerksamkeit des Lesers weniger auf bestimmte Ereignisse hin anspannen als vielmehr ihn in eine Stimmung versetzen will, in der er sich dem Erzählfluß unabhängig vom Sujet überläßt.

Damit sind die Voraussetzungen für die zentralen Episoden geschaffen, die fast durchgängig in der Form der Szene gehalten sind. Ihr Beginn ist, wie beim szenischen Erzählen üblich, durch Orts- und Zeitangaben markiert (»in a field on a day in the late October«, S. 166). Mit großer visueller Intensität evoziert Anderson die schiere Unendlichkeit des geographischen Raums, die Herbstfarben, das Licht des sich allmählich zu Ende neigenden Tages. Das für die *magazine story* maßgebliche Kriterium der spannenden Handlung wird ins Psychologische gewendet. In wenigen Stunden verdichtet sich eine Krise, eine Epoche im Seelenleben des Protagonisten, ehe er zu den Normen des Alltags zurückfindet. In diesen Episoden blitzt jene emotionale Energie auf, die sonst unter Routine und gesellschaftlicher Konformität verdeckt ist. Mit einigem Recht hat man gesagt, daß Anderson den Plot als strukturbestimmendes Element durch den epiphanischen Augenblick ersetzt hat (Cowley, S. 361–364). In Momenten krisenhafter Zuspitzung scheint der Wesenskern der Figur auf – ihre Sehnsucht ebenso wie der Mechanismus ihrer Unterdrückung.

Solches Erzählen wirkt auf den ersten Blick analytisch; sowohl die retrospektiven Passagen des Einleitungsteils wie auch die zentralen Szenen scheinen der Aufhellung des Verdrängten zu dienen, und es ist kein Zufall, daß Anderson schon in den ersten kritischen Reaktionen von Gegnern wie

Bewunderern mit Freud in Verbindung gebracht wurde (Crowley, S. 19 f.). Doch der epiphanische Augenblick ist bei Anderson in ein Erzählgewebe eingebunden, welches das, was in den klimaktischen Episoden zum Vorschein kommt, gleich wieder ins Dämmerlicht eines Geheimnisses taucht. Zielt die Psychoanalyse darauf ab, eine Neurose ins Licht des Bewußtseins zu heben und der rationalen Bewältigung zugänglich zu machen, so zeichnet sich Andersons Erzählen durch eine Haltung aus, die den Wesenskern der Figuren aus respektvoller Entfernung umkreist und ihr Geheimnis gerade nicht dem gleißenden Licht der Erkenntnis aussetzt. Es ist ein leichtes, die Figuren von *Winesburg, Ohio* mit allen möglichen Neurosen zu etikettieren, und große Teile der Kritik haben eben dieses Geschäft ausgiebig betrieben. Doch jeder, der sich dem Zauber dieser Erzählkunst öffnet, spürt, daß mit einem solchen Verfahren einem Wing Biddlebaum (in *Hands*), einer Kate Swift (in *The Teacher*) und nicht zuletzt einem Ray Pearson Gewalt angetan wird.

Für Anderson legitimiert sich der Erzählakt geradezu durch das Unauflösliche, das am Grunde des Charakters schlummert. Mit der psychologischen (oder auch soziologischen) Auflösung dieses Geheimnisses gäbe es nichts zu erzählen. Statt dessen spinnt Anderson ein Garn, erzählt eine Version, die sich klar in ihrem fiktionalen Status – als Story – zu erkennen gibt, den Kern der Person behutsam berührt und sich gleich wieder zurückzieht. Die Haltung des Erzählers ist die liebevoller Zuwendung und Achtung, nicht die der Analyse.

Im letzten Absatz von *The Untold Lie* vertieft sich dieser Gestus zu einer grundsätzlichen Ambivalenz gegenüber der Leistungsfähigkeit des Erzählens. Ray Pearson kehrt zu seinem schäbigen Mantel zurück, die Visionen der Jugend werden, wie es scheint, durch Erinnerungen an schöne Abende mit den Kindern verdrängt. Die Worte, die er vor sich hinmurmelt, holen den Titel der Story ein: »Whatever I told him [Hal Winters] would have been a lie« (S. 171). Das Resignative des Schlußbildes wird überlagert vom humorvollen Augenzwinkern des Erzählers, der seinen Protagonisten nicht verurteilt, sondern gleichsam aus seinem Werk entläßt. Was immer Pearson dem Jüngeren geraten hätte: Als Aussage mit Anspruch auf Wahrheit hätten seine Worte keine Gültigkeit besessen.

Es liegt nahe, diese Einsicht poetologisch zu wenden und für Andersons Einschätzung der Leistung des Erzählens zu reklamieren. Die Figuren von *Winesburg, Ohio* entziehen sich einem Zugriff, der ihr Innerstes bloßlegen und die ›Wahrheit‹ über sie behaupten wollte; jede analytische Aussage verkäme zur Lüge. Als Antriebsmomente einer Story aber bewahren die Figuren ihre Integrität in dem Maße, wie der Erzähler des fiktiven Status seines Metiers eingedenk bleibt und das Geheimnis ihrer Persönlichkeit respektiert.

Text: Sherwood ANDERSON: Winesburg, Ohio. Hrsg. von Glen A. Love. Oxford / New York: Oxford University Press, 1997. S. 165–171. – *Übersetzung:* Sherwood ANDERSON: Winesburg, Ohio. Übers. von Hans Erich Nossack. Berlin 1958.

Literaturhinweise: Sherwood ANDERSON: Winesburg, Ohio. Text and Criticism. Hrsg. John H. Ferres. Harmondsworth 1977. – Malcolm COWLEY: Introduction to *Winesburg, Ohio.* In: Sherwood Anderson: Winesburg, Ohio. Hrsg. von John H. Ferres. Harmondsworth 1977. S. 357–376. – John W. CROWLEY (Hrsg.): New Essays on *Winesburg, Ohio.* Cambridge 1990. – Irving HOWE: Sherwood Anderson. New York 1951. – Walter B. RIDEOUT (Hrsg.): Sherwood Anderson. A Collection of Critical Essays. Englewood Cliffs (N. J.) 1974. – Dieter SCHULZ: Sherwood Anderson's *I'm a Fool.* Adolescence and the Romance Tradition. In: Literatur in Wissenschaft und Unterricht 22 (1989) S. 138–149. – William A. SUTTON: The Road to Winesburg. A Mosaic of the Imaginative Life of Sherwood Anderson. Metuchen (N.J.) 1972. – Kim TOWNSEND: Sherwood Anderson. Boston 1987. – Ray Lewis WHITE (Hrsg.): The Achievement of Sherwood Anderson. Essays in Criticism. Chapel Hill (N.C.) 1966.

Petra Bridzun

Katherine Anne Porter: *María Concepción*

Die Erzählung *María Concepción* nimmt eine besondere
Stellung im Werk Katherine Anne Porters ein, da es sich um
ihre erste Kurzgeschichte handelt, die im Jahre 1922 in der
renommierten Zeitschrift *The Century* publiziert wurde
und mit der sie sich sogleich als ernstzunehmende Schriftstellerin etablierte.

Porter (1890–1980) wurde in Texas geboren. Ihre schrift-
stellerische Neigung kam erst 1916 zum Tragen, als sie jour-
nalistisch tätig wurde. In der Zeit von 1918 bis 1924 lebte
sie überwiegend in Mexiko, wo sie sich mit der Kunst
der Einheimischen beschäftigte, Anregungen für die vorliegende und andere Kurzgeschichten sammelte und in die
damaligen Revolutionswirren verwickelt wurde. Ruhm er-
langte sie erst durch ihre 1929 publizierte Geschichte
Flowering Judas, deren Handlung – wie *María Concepción*
– in Mexiko spielt und Themen wie die Revolution, Liebe
und Verrat aufgreift. Unter dem gleichen Titel erschien ein
Jahr später die erste Sammlung ihrer Kurzgeschichten. Kurz
darauf begab sich Porter nochmals nach Mexiko, dann nach
Europa, wo sie in Berlin, Paris und Basel weilte, bevor sie
endgültig in die Vereinigten Staaten zurückkehrte. Ihr
Schaffen umfaßt drei weitere Bände mit Erzählungen sowie
den 1962 veröffentlichten Roman *Ship of Fools*, dessen Verfilmung zum Kassenschlager wurde. 1965 erschienen ihre
mehrfach ausgezeichneten *Collected Stories*.

Im Mittelpunkt der Geschichte steht die achtzehnjährige
María Concepción, die überraschend von der Affäre ihres
gleichaltrigen Mannes Juan Villegas mit der erst fünfzehnjährigen María Rosa erfährt. Auf dem Weg zu den Ausgra-
bungsstätten, wo der amerikanische Archäologe Givens, Juans Vorgesetzter, das verschollene Kulturgut ihrer indiani-

schen Vorfahren zu Tage fördert, entdeckt die schwangere
Protagonistin ihren Mann beim Tête-à-tête mit seiner min-
derjährigen Geliebten, was Mordgedanken in ihr weckt.
Kopflos eilt sie davon, um ihre weiteren Pflichten zu erfüllen. Juan zieht noch am gleichen Tag mit seiner Mätresse in
den Krieg, während die betrogene Ehefrau ein Kind zur
Welt bringt, das kurz darauf stirbt. Sie lebt während der
einjährigen Abwesenheit ihres Gatten in völliger Isolation
von der Dorfgemeinschaft. Einzig ihr unermüdliches Arbeiten und die beständigen Kirchgänge scheinen María Concepcións Leben auszufüllen, während sie sich vor Kummer
verzehrt. Als Juan schließlich mit seiner schwangeren Geliebten zurückkehrt, wird er von den Gendarmen als Deser-
teur verhaftet und zum Tode verurteilt. Givens kann die
Exekution jedoch verhindern. María Rosa hat inzwischen
ihr Kind zur Welt gebracht, was beim Vater einen solchen
Freudentaumel auslöst, daß er sich mit den anderen Männern im Dorf betrinkt und schließlich im Rausch ungewollt
in sein ehemaliges Heim zurückkehrt, wo es ein gewalttä-
tiges Wiedersehen mit seiner Ehefrau gibt. María Concepción nutzt die Trunkenheit ihres Mannes, um ihren Rache-
plan auszuführen, und tötet die Rivalin mit zwanzig Mes-
serstichen. Im darauf folgenden Verhör durch die Polizei
kann die Mörderin sich mit Hilfe ihres Ehemannes und der
Dorfbewohner exkulpieren. María Concepción stellt ihren
Haushalt wieder her, indem sie das Kind der Toten als ihr
eigenes annimmt und Juan in ihr gemeinsames Heim zu-
rückkehren läßt.

Die Gratwanderung der Protagonistin zwischen ihrer
traditionellen Rolle als Ehefrau und der von ihr angestreb-
ten Emanzipation kann als zentrales Thema dieser Kurzgeschichte betrachtet werden. In den expositorischen Passagen
der Erzählung wird María Concepción als zufriedene,
selbstbewußte Frau dargestellt, die aufrecht durchs Leben
geht (S. 3) und unter den Dorfbewohnern eine hohe Reputation genießt, da sie außerordentlichen Geschäftssinn und

Pflichtbewußtsein besitzt, sich religiös betätigt und ihren Stolz offen zur Schau trägt. Sie scheint in völliger Harmonie mit sich und ihrer Umgebung zu leben. Ihr stolzes Auftreten verleiht ihr in den Augen der Mitmenschen ein geradezu erhabenes Wesen (»royalty in exile«, S. 7). Durch den Verkauf von Geflügel trägt María Concepción entscheidend zum Lebensunterhalt des Ehepaares bei. Sie ist es auch, die die Eheschließung organisiert und finanziert hat.

So erhält der Leser auf den ersten Blick den Eindruck einer emanzipierten Frau, die ihren Platz in der Ehe gefunden hat. Doch später erfährt er aus Juans Gespräch mit Givens, daß die Ehe der jungen Leute schon vor dem Ehebruch nicht glücklich gewesen sein kann: die Protagonistin war zwar eine pflichtbewußte Hausfrau, vermochte sich aber ihrem Mann gegenüber nicht zu artikulieren, so daß sie für ihn keine eigenständige Persönlichkeit darstellte und er ihr nicht den einer Lebenspartnerin gebührenden Respekt entgegenbringen wollte. Der Verdacht, daß dieser Ehe die erotische Komponente abhanden gekommen ist, wird durch Juans kontrastive Beschreibung der beiden Frauen erhärtet, wobei er allein bei María Rosa sexuelle Erfüllung findet: »You know how she used to keep those clean little bees in their hives? She is like their honey to me« (S. 12).

Die kokette Imkerin, deren äußerliche Attribute bereits auf ihre erotischen Qualitäten schließen lassen (S. 5 f.), ist bei dem Katz-und-Maus-Spiel in Lupes Garten als Inbegriff der Verführung gezeichnet. Sie wirkt so betörend auf Juan wie das Summen ihrer Bienen. Im Gegensatz zu María Concepción gibt sie sich Juans Verlangen hin und scheint mit ihm eine körperliche Harmonie hergestellt zu haben (»›Ah, hahahaha!‹ went the voices together high and low, like a song«, S. 5). Juan gesteht im Gespräch mit Givens seiner Frau durchaus den legalen Anspruch auf sich als Ehegatten zu, doch Bestätigung als Mann findet er erst in der Beziehung zu seiner Geliebten.

María Concepción begibt sich während Juans einjähriger

Abwesenheit in eine Askese, während deren sie eine Läuterung durchlebt. Sie beweist sich selbst und den Dörflern ihre finanzielle und emotionale Unabhängigkeit von ihrem Ehemann, indem sie unermüdlich arbeitet, Ersparnisse anhäuft und Kraft in der vertieften Hinwendung zu ihrer Religion sucht. In dieser für sie schmerzlichen Zeit kann sie ihre bisherige Rolle als Ehefrau und ihre damit verbundenen Rechte und Bedürfnisse überdenken. Bei seiner Rückkehr findet Juan eine veränderte Frau vor, die sich standhaft seiner Gewalt widersetzt und aus ihrer bisher passiven Rolle als betrogene Ehefrau ausbricht, indem sie die lange gehegten Rachegedanken in die Tat umsetzt. Die Intensität ihres vorausgegangenen Leidens wird in der Ermordung der Rivalin durch immerhin zwanzig Messerstiche sichtbar.

Durch ihre Tat erscheint María Concepción ihrem Ehemann in völlig neuem Licht. Sie wird für ihn zu einem mysteriösen, überlegenen und wertvollen Wesen, das nichts mehr mit der Frau gemeinsam hat, die er vorher kannte (S. 14). Juans Beurteilung seiner Frau hat sich von der respektlosen Ignoranz ihres Charakters und ihrer Bedürfnisse (»Oh, María Concepción! That's nothing«, S. 11) zur Anerkennung ihrer Einzigartigkeit gewandelt, indem er sie erstmalig als zu sich gehörig akzeptiert (S. 16).

Diese neue Wahrnehmung führt zu einer Neuordnung der Machtverhältnisse in der Beziehung. Von nun an hat María das eheliche Ruder wieder fest in ihrer Hand. Juan täuscht sich zunächst nochmals über ihre neu gewonnene Überlegenheit, indem er kurzfristig die Rolle des Familienoberhauptes und Beschützers für seine des Mordes angeklagte Frau übernehmen will, wie man es in der Dorfgemeinschaft von ihm erwartet. Die Polizisten lassen erst dann von María Concepción ab, als sie sich in der klassischen Rolle der Ehefrau, die sich den erotischen Abenteuern ihres Mannes beugt und ihren Platz am Herd kennt, darstellt – eine fingierte Selbstdarstellung, die sie über jeden Mordverdacht erhaben macht.

Doch nachdem das Verhör beendet und das Paar in das gemeinsame Heim zurückgekehrt ist, sinkt Juan vollkommen ermüdet von der Inszenierung seiner Virilität in sich zusammen und wird sich voller Unmut über die Neuordnung seines Lebens bewußt. Indem er seine »heavy finery« (S. 21) ablegt, nimmt er rituell Abschied von seiner ehemals selbstsüchtigen, männlichen Dominanz. Sein Frauenbild ist zerstört, was in Juan ein Gefühl der Entfremdung auslöst (»He stared at her as at a creature unknown to him, who bewildered him utterly«, S. 15). Sein Hinsinken auf den Boden mit von sich gestreckten Armen mutet wie eine Kreuzigung an. Sein Verlangen nach Schlaf deutet auf seinen Todeswunsch hin, denn Juan beschleicht das Gefühl, daß sein Leben bereits vorbei ist. Mit María Rosa ist auch die Erotik in seinem Leben gestorben, was ihm das Gefühl vermittelt, selber in sein Grab hinabzusteigen (S. 20). Auf ihn wartet von nun an die Erfüllung seiner Pflichten als Vater und Ernährer der Familie, was in ihm Bitterkeit und Melancholie aufkommen läßt und in seiner Selbstaufgabe mündet. Zugleich jedoch erlischt seine Begeisterung für María Concepción, so daß deren Triumph nicht ohne Schattenseite bleibt.

Insgesamt sind in Porters Erzählung die Frauen positiver als die Männer dargestellt. María Concepción bestreitet den Lebensunterhalt des Ehepaares, während Juan sich seinen kriminellen Eskapaden und amourösen Abenteuern hingibt. Die Autorin zeichnet in Juan eine Karikatur des mexikanischen Machos, der sich selbst grundlos zum Helden kürt, seine Fehltritte nie eingesteht, für den Frauen Objekte sind, mit denen er nach Belieben verfahren kann. Seine Kleidung charakterisiert ihn als lächerlich (»hat of unreasonable dimensions«, S. 10), sein Aussehen wirkt fast verweiblicht (»soft black beard growing sparsely«, »cheeks girl-smooth«, S. 5). In seiner Selbstdarstellung entlarvt Juan sich als ignoranten Tyrannen, der sich für großmütig hält, weil er darauf verzichtet, seine Ehefrau körperlich zu mißhandeln (S. 11 f.). Seine männliche Eitelkeit basiert gänzlich auf der Rivalität zweier begehrenswerter Frauen um seine Person.

In seiner Naivität und Verblendung wird Juan sich jedoch nicht bewußt, daß er in jeder Hinsicht von den beiden Frauen abhängig ist: Auf María Rosa ist er einerseits im Hinblick auf seine erotischen Bedürfnisse angewiesen. Außerdem hat sie seine prachtvolle Kleidung für ihn auf dem Schlachtfeld erobert. Sie zieht als Frau gleichermaßen in den Krieg und leistet sich mit ihren Geschlechtsgenossinnen einen genauso unerbittlichen Kampf wie die männlichen Soldaten. María Concepción sorgt auf der anderen Seite durch ihre Arbeit für die finanzielle Absicherung des Paares, bestimmt die Eheschließung und setzt letztlich ihre legalen Ansprüche auf ihren Mann durch. Juan ist in diesem Sinne ein völlig passiver Mensch, für den andere handeln müssen. So befreit Givens ihn unzählige Male aus den mißlichen Situationen, in die er sich manövriert hat.

Obwohl María Concepción mit ihrer Vergeltung für den Ehebruch einen Schritt in die Selbstfindung gemacht hat, zeigt sie doch eine Haltung, die sich nachteilig auf diesen Prozeß auswirken könnte. Sie lehnt von Anfang an die Solidarität der Dorfbewohnerinnen ab, obwohl diese – mit der alten Soledad als Sprachrohr – betonen, daß die Frauen in ihrer Gemeinschaft sich nur durchsetzen können, wenn sie gemeinsam gegen die Mißstände angehen, die sie alle gleichermaßen betreffen.

Es liegt der Protagonistin auch fern, ihren Ehemann für sein Verhalten zu verurteilen. Statt dessen projiziert sie ihren Zorn und Schmerz auf ihre Geschlechtsgenossin, obwohl sie sich daran erinnert, selber in María Rosas Situation gewesen zu sein und ähnlich gehandelt zu haben. Anstatt gemeinsam mit den anderen Frauen gegen das Patriarchat zu kämpfen, isoliert sie sich von der Dorfgemeinschaft und zieht es vor, sich in ihrem Leid zu verzehren.

Zudem zeigt sie die Neigung, sich nach dem Mord in ihre alte Rolle als demütige Ehefrau zurückfallen zu lassen, als

sie sich in einer Geste der Unterwerfung hinter Juan verstecken will. Daraufhin glaubt ihr Mann für einen Moment,
seine alte Position wieder erkämpfen zu können, doch die
Mörderin nimmt ihm sogleich diese Illusion, indem sie
die Rechtmäßigkeit ihres Handelns herausstellt. Dies hebt
Juans Selbstbild aus den Angeln; der Mann wird zum Kind
und willigt in die Neuordnung der Machtverhältnisse ein.

Der Anblick der toten María Rosa führt bei der Protagonistin zur Restabilisierung ihres Seelenlebens. Sie findet
schließlich ihr Glück nicht in der Wiedervereinigung mit
ihrem Mann, sondern in ihrer Rolle als Mutter. Sie kehrt
zu ihrem früheren Einklang mit der Welt zurück, was den
Kreis zum Beginn der Geschichte schließt (S. 21). Indem die
Betrogene ihren primitiven Instinkten folgt, ihre unter-
drückten Gefühle freisetzt und ihre Rivalin ersticht, erlangt
sie in den Augen ihres Gatten und der Dorfgemeinschaft
neue Würde. Durch die konsistent negative Darstellung der
männlichen Hauptfigur legt Porter dem Leser eine Befür-
wortung von María Concepcións Verbrechen nahe, durch
das sie Mann und Kind gewinnt.

Porters kritische Einstellung zur katholischen Kirche und
zum religiösen Eifer der Landbevölkerung spielt in *María
Concepción* eine tragende Rolle. Die Autorin entwickelt
eine ironische Inversion christlicher Rituale, die von Juan
und María Concepción nach dem Mord vollzogen werden.
So kriecht María unterwürfig auf Juan zu, wie zu einem
Schrein, einer gottgleichen Gestalt. Seine plötzlich mit Ar-
chaismen angehäufte Redeweise erinnert an die Sprache der
Bibel (»I thy own man will protect thee! [...] thou shalt
have nothing to fear«, S. 14 f.), doch ironischerweise ist
seine Ansprache von heimlichen Flüchen untermalt. Er zün-
det schließlich eine Kerze an, doch nicht, um zu Gott um
Hilfe und Verzeihung zu beten, sondern um das blutbe-
fleckte Messer seiner Frau zu reinigen. María, deren Name
beim Leser Assoziationen mit der unbefleckten Jungfrau
Maria weckt, versucht die Blutspuren von Kleidung und

Händen zu waschen – ein Ritual, das an das Verhalten des Pontius Pilatus erinnert.

Schon zu Beginn der Geschichte kommen dem Leser Zweifel an María Concepcións christlicher Gesinnung, da sie zwar Talismane ablehnt, sich aber doch nicht frei von heidnischem Aberglauben erweist, wenn sie annimmt, ihrem Ungeborenen dadurch Schaden zufügen zu können, daß sie ihrem Verlangen nach Honig nicht nachgibt. Nachdem Juan sie verlassen hat, nimmt zwar die Häufigkeit ihrer Kirchgänge zu, doch scheint es sich hierbei um ein sinnentleertes Ritual zu handeln, da sie danach als »blind-looking« (S. 9) beschrieben wird.

Das angeklungene Thema der Theodizee wird von Lupe explizit formuliert (»Did you pray for what you have now?«, ebd.). Als die Verlassene trotz ihres Leidens keine göttliche Hilfe zu erhalten scheint, wendet sie sich bei Juans Rückkehr von der christlichen Moral ab und entschließt sich, selber Gott zu spielen, indem sie María Rosa tötet. Porter illustriert, wie die Protagonistin sprichwörtlich ›von allen guten Geistern verlassen‹ wird: »She jerked with the involuntary recoil of one who receives a blow, and the sweat poured from her skin as if the wounds of her whole life were shedding their salt ichor« (S. 13) [»ichor«: Götterblut].

Mehrfach werden María Concepcións dämonische Züge hervorgehoben. Dafür nur zwei Beispiele: Schon vor dem Mord haben die Dorfbewohner den Eindruck, daß sie vom Teufel besessen sein könnte (S. 9), und während des Verhörs charakterisiert Lupe sie dann als »evil spirit« (S. 18 f.). Dies läßt die Schlußfolgerung zu, daß die verlassene Ehefrau erst dann Ordnung in ihr Leben zu bringen vermag, als sie sich von der christlichen Religion abwendet, um ihre eigene indianische Ethik und deren dunkle Seite als bestimmend zu erkennen. Diese andersgeartete Ethik der Mexikaner kommt in Lupes Urteil zum Ausdruck, wenn sie María Concepción und Juan ungeachtet ihrer Straftaten als ehrbare Leute bezeichnet. Es liegt der Dorfgemeinschaft fern, die Mörderin für ihr Vergehen zu verurteilen. So wird in dieser Erzählung die Absolution ironischerweise nicht von Gott, sondern von den Dörflern erteilt, woraufhin María sich selbst das Recht zuspricht, das Kind ihrer toten Nebenbuhlerin zu sich zu nehmen.

Spätestens an dieser Stelle wird die ironische Intention der Autorin bei der Titelwahl deutlich. Sie spielt mit der Erwartung des Lesers, der als Protagonistin eine Jungfrau vermutet, der die Geburt ihres Kindes bevorsteht. Doch findet er in diesem Fall eine subversive Form der Empfängnis vor, denn María gelangt durch die Ermordung ihrer Rivalin zu einem Baby. Der Leser erlebt so eine ›Jungfrau‹, deren herausragendes Attribut ihr Schlachtermesser ist, mit dem sie kaltblütig sowohl Tiere wie Menschen tötet.

Text: Katherine Anne PORTER: The Collected Stories. New York: Harcourt, Brace & World, 1965. S. 3–21. – *Übersetzung:* Katherine Anne PORTER: Blühender Judasbaum und andere Erzählungen. Übers. von Joachim Uhlmann. Reinbek 1966.

Literaturhinweise: Robert H. BRINKMEYER: Katherine Anne Porter's Artistic Development. Primitivism, Traditionalism, and Totalitarianism. Baton Rouge 1993. – Joan GIVNER: Katherine Anne Porter. A Life. New York 1982. – Willene HENDRICK / George HENDRICK: Katherine Anne Porter. Boston ²1988. – William N. NANCE: Katherine Anne Porter and the Art of Rejection. Chapel Hill, 1963. – Janis P. STOUT: Strategies of Reticence. Silence and Meaning in the Works of Jane Austen, Willa Cather, Katherine Anne Porter, and Joan Didion. Charlottesville 1990. – Darlene Harbour UNRUE: Truth and Vision in Katherine Anne Porter's Fiction. Athens (Ga.) 1985. – Derlene Harbour UNRUE: Understanding Katherine Anne Porter. Columbia (S.C.) 1988. – Thomas F. WALSH: Katherine Anne Porter and Mexico. The Illusion of Eden. Austin 1992.

Jens Martin Gurr

James Thurber: *The Secret Life of Walter Mitty*

James Thurber (1894–1961) wurde in Columbus, Ohio, geboren, wo er Kindheit und Jugend verbrachte. Im Alter von sieben Jahren verlor er durch einen Unfall das linke Auge; auch das rechte wurde verletzt, was in seinen späteren Jahren zu völliger Erblindung führte. 1913 begann er ein Studium an der Ohio State University, die er 1918 ohne Abschluß, aber mit einem breiten literarischen Hintergrund verließ. Zwischen 1918 und 1926 schrieb er, zeitweise in Frankreich lebend, für verschiedene amerikanische und französische Zeitungen, bevor er 1927 bei der 1924 gegründeten Wochenzeitschrift *The New Yorker* Redakteur wurde. Thurber hatte entscheidenden Anteil an ihrem Erfolg als einer anspruchsvollen, aber populären Zeitschrift, deren Erscheinungsbild und leichten, informellen, aber immer präzisen Stil er durch seine Kurzgeschichten, Fabeln und Anekdoten, aber auch durch seine Zeichnungen prägte.

Die kleine, private Szene, die Absurditäten des Alltags, hinter denen bei Thurber immer Tieferes steht, die Ehe als unerklärter Kleinkrieg, sind charakteristisch für seine Geschichten und Zeichnungen, in denen er das Natürliche, Individuelle und Exzentrische über Konventionen, Formeln und Systeme hebt, an denen seine Protagonisten oft genug scheitern. Trotz der humoristischen Darstellung ist seine Kunst nämlich nie ausschließlich heiter. Thurber selbst sagte einmal: »Schreibt man etwas Komisches, das nicht zugleich nahe am Ernsten liegt, hat man etwas falsch gemacht« (zit. nach Plimpton/Steele, S. 114).

Der ›kleine Mann‹, der schüchterne, leicht neurotische Träumer, den Menschen und Technik, aggressive Frauen, gleichförmige Menschenmassen und trister Alltag in seiner Identität bedrohen und der sich deshalb häufig in die Phantasie flüchtet, wurde bald zur typischen Thurber-Figur. Die Darstellung dieses ›kleinen Mannes‹, dessen bekanntester Vertreter Walter Mitty ist, trug entscheidend dazu bei, daß Thurber seit den vierziger Jahren zu einer Institution wurde, zu einem Schriftsteller, der in der kleinen Form als Diagnostiker seiner Umwelt ebenso ernst genommen wurde wie die großen Romanciers seiner Zeit. Seit damals trat er aber auch als Satiriker im herkömmlichen Sinne in Erscheinung, der seine Zeitgenossen aus der Position des aufgeklärten, überlegenen Sozialkritikers heraus scharf attackierte.

Nicht zuletzt wegen der fortschreitenden Erblindung seit Anfang der vierziger Jahre, die es ihm nicht mehr erlaubte, selbst zu schreiben, so daß er seine Texte nun diktieren mußte, wurde Thurber zunehmend verbittert. Der latente Pessimismus seiner früheren Werke äußerte sich nun oft in Misanthropie und einer bereits im Frühwerk angelegten Frauenfeindlichkeit. Nachdem Thurber, inzwischen völlig erblindet, bis in seine letzten Jahre hinein geschrieben und sogar Theater gespielt hatte, starb er an den Folgen eines Schlaganfalls.

The Secret Life of Walter Mitty, Thurbers bekannteste Short Story, erschien im März 1939 im *New Yorker*. Es handelt sich um einen jener scheinbar so anspruchslosen, einfachen Texte, in denen doch jeder Satz Bedeutung trägt; und so trügt auch der erste Eindruck des mühelos Hingeschriebenen. Thurber brauchte nicht weniger als acht Wochen und 15 Fassungen, bis der Text die endgültige Form hatte (Holmes, Einleitung, S. 3).

Walter Mitty, ein schüchterner, von seiner Umwelt immer wieder gedemütigter Durchschnittsamerikaner, fährt mit seiner Frau im Wagen zum Einkaufen in die Kreisstadt. Während der Fahrt und während des Gangs durch die Stadt flüchtet er sich immer wieder in Tagträume, in denen er sich als souverän agierender, von Frauen begehrter, dominanter Mann sieht. Dadurch abgelenkt, wird er durch seine Umge-

bung stets unsanft in die Wirklichkeit zurückgeholt. Fünf
dieser Tagträume werden durch die vier dazwischenliegen-
den Szenen der Einkaufsfahrt unterbrochen.

Jeder der Tagträume wird durch Signale aus der Außenwelt in Gang gesetzt. So beginnt die Geschichte unvermittelt mit dem ersten Tagtraum, in dem sich Mitty, ange-
regt offenbar durch die Fahrgeräusche des Wagens und
durch seine Rolle als Fahrer, als Kommandant eines großen
Wasserflugzeuges sieht, der souverän sowohl seine Mann-
schaft kommandiert als auch die Technik beherrscht. Beide
Motive, Dominanz gegenüber der Umwelt und Beherr-
schung der Technik, durchziehen die Tagträume. Später
tritt noch ein erotisches Motiv hinzu: die Anwesenheit einer schönen Frau, sei es die Schwester im Krankenhaus, die
dunkelhaarige Schöne im Gerichtssaal oder die Blondine
aus dem Schlagertext. Da Mitty im täglichen Leben eben
nicht dominant ist, der Technik hilflos gegenübersteht und
seine eigene Frau eher ein tyrannischer Drache als eine
holde Schöne ist, erscheinen die Trauminhalte als Wunscherfüllung.

Schon der Übergang vom ersten Tagtraum zur ersten
Phase der Handlung verdeutlicht das durchgängige Schema:
Vom Traum abgelenkt, verliert Mitty vorübergehend die
Kontrolle und wird durch seine Umwelt (meist seine Frau)
allzu unsanft auf den Boden der Tatsachen geholt, was je-
desmal einer neuen Demütigung gleichkommt. Schon die
Bemerkung des Erzählers, Mitty starre seine Frau so er-
staunt an, als sei sie ihm unbekannt, zeigt, wie tief er in Gedanken versunken ist. Und so verflüchtigt sich der Traum
nur langsam: »Walter Mitty drove on toward Waterbury in
silence, the roaring of the SN 202 through the worst storm
in twenty years of Navy flying fading in the remote, inti-
mate airways of his mind.«

Diese Form der Rückblende in den Traum taucht mehr-
mals wieder auf. Bedeutsame Elemente der Handlungsphasen sind auch die kleinen, scheinbar nebensächlichen Gesten

des Protests, etwa das trotzige Ausziehen der Handschuhe oder der Tritt in den Schneematsch am Straßenrand, die dazu dienen, Mittys Frustration und Ärger angesichts seiner Unterlegenheit deutlich zu machen.

Zwar erscheinen Mittys heldenhafte Traumselbstbilder als Ausgleich für seine klägliche Stellung im Alltagsleben, aber eben diese deprimierende, fast aussichtslose Situation wirkt noch in die Phantasien hinein. Diese sind nämlich spätestens vom dritten Traum an durchaus zweideutig. So sieht sich Mitty zwar auch hier als dominanter, begehrenswerter Mann, seine Stellung als Angeklagter aber ist als Ausdruck seiner Angst vor den ihn erwartenden Vorwürfen seiner Frau zu sehen. Auch der tollkühne, rauhbeinig-trinkfeste Kampfpilot des vierten Tagtraums ist eine ambivalente Figur. Der Zynismus seines darin entworfenen Selbstbildes und die Aussichtslosigkeit seines Einsatzes werfen nämlich wie im vorangegangenen Tagtraum ein zunehmend düsteres Licht auf Mittys unbewußtes Selbstverständnis. Man mag auch die Abwertung vom Commander zum Captain gegenüber dem ersten Tagtraum als Ausdruck von Mittys auch im Traum sinkendem Selbstbewußtsein auffassen.

Der Graupelregen, die Wand, an die er sich lehnt, und die in populären Filmen bei der Hinrichtung obligatorische Zigarette sind die Auslöser für den letzten Tagtraum, in dem die Zweideutigkeit der vorhergehenden Tagträume auf die Spitze getrieben ist. So erscheint Mitty zwar auch hier als Held, der sich mutig und mit Todesverachtung dem Exekutionskommando stellt; versteht man allerdings auch diesen Tagtraum als Wunscherfüllung, so wird er zum niederschmetternden Ausdruck seiner Perspektivlosigkeit. Und damit wird auch die Beschreibung Mittys im letzten Satz (»proud and disdainful, Walter Mitty the Undefeated, inscrutable to the last«) zur sarkastisch schwarzen Ironie. Andererseits ist diese Stelle aber auch als geschickte Sympathielenkung zu verstehen; so ist Mitty zwar der leicht verschrobene, weltfremde Träumer, wird aber gleichzeitig als

bedauernswertes Opfer einer denkbar lebensfeindlichen
Umwelt geschildert. Es fällt nämlich auf, daß Mitty als einzige Figur menschliche Konturen gewinnt. Nur mit ihm
kann sich ein Leser identifizieren, denn seine Flucht in die
Träume ist nur allzu verständlich und wird jedem Leser vertraut sein. Mittys Frau dagegen ist das Urbild des schikanö-
sen Hausdrachens; sie hat keine individuellen Züge. So ist
denn der letzte Tagtraum, aus dem Thurber seinen Helden
nicht ›rettet‹, auch als Huldigung an Mitty zu verstehen, der
hier trotz aller Ironie eine gewisse Größe gewinnt.

Einerseits sind also die Tagträume Kompensation seiner
unterlegenen, kläglichen Position im wirklichen Leben. Andererseits spiegeln die durch wiederkehrende Phantasien
über Technikbeherrschung, männliche Dominanz und erotische Faszination miteinander verbundenen Träume aber
auch eine Entwicklung hin zu einer zunehmend düsteren,
aussichtslosen und lebensverachtenden Selbsteinschätzung.

Betrachtet man jedoch die Trauminhalte genauer, so wird
deutlich, daß dieser Text nicht nur psychologisch interessant
ist, sondern auch als allgemeine Gesellschaftskritik gelesen
werden kann. Denn die Rollen, in denen Mitty sich sieht,
entstammen alle den oberflächlichen, stereotypen Darstel-
lungen aus Groschenromanen und Hollywoodfilmen. Zwar
haben sie für Mitty selbst keinerlei ironischen Akzent, wohl
aber für den Leser: Er erkennt, wie vorhersagbar und un-
originell die Traumgeschichten sind. So wird auf anderer
Ebene auch deutlich, warum man Thurber als einen subtilen
Gesellschaftsdiagnostiker im Kleinen sehen kann. Denn
hier liegt das Dilemma des Durchschnittsamerikaners, des
Mr. MITTS (d. i. Man in the Street), als der Mitty schon durch
seinen Allerweltsnamen erkennbar wird und für den er hier
steht: entweder ist er das kleine Rädchen in einer großen
Maschine, unbedeutend und herumgestoßen – die Kreisstadt Waterbury ist als Zentrum der Uhrenindustrie auch
symbolisch von Bedeutung (Kaufman, S. 95) –, oder er
flüchtet sich in eine ebenso trostlose Phantasiewelt, die er

sich aus Bruchstücken der Unterhaltungsindustrie zusammenschustert.

Interessant sind die erzählerischen Techniken, mit denen Thurber eine solche Vielzahl der Sichtweisen auf den ›kleinen Mann‹ und seine Umwelt erreicht. Diese Blickwinkel werden nämlich erst durch die Verbindung verschiedener Erzähltechniken in der so kurzen Geschichte ermöglicht (vgl. auch Högel).

So wird in den Handlungsphasen aus der Sicht eines allwissenden Erzählers berichtet, in den Traumphasen hingegen folgen wir Mittys Gedanken, als könnten wir in sein Bewußtsein blicken und dessen Regungen unmittelbar folgen – ein Beispiel für die Bewußtseinsstrom-Technik. Sie bietet die Möglichkeit, die Gedanken, Gefühle und Sinneseindrücke einer Person unmittelbar und somit besonders eindrücklich zu vermitteln. Anders als viele Schriftsteller seit dem Beginn des 20. Jahrhunderts, verwendet Thurber diese Technik allerdings sehr gemäßigt; so werden die Traumphasen auf derselben sprachlichen Ebene geboten wie die Handlungsphasen, während andere Schriftsteller bisweilen bloße Satz- und Wortfragmente benutzen, um den ungeordneten Gedankenfluß ihrer Charaktere nachzubilden.

Besonders deutlich wird Thurbers verhaltener Gebrauch dieser Technik am Ende des zweiten Tagtraums, wenn es heißt: »nurses handed him shining«. Da hier offenbar beschrieben wird, was Mitty sieht, ist ein Abbrechen nach dem Wort »shining« der Abbildung eines vor dem inneren Auge ablaufenden Tagtraums nur bedingt angemessen, da man doch beim Wahrnehmen durch das Auge den Gegenstand mitsamt seiner Eigenschaft »shining« gleichzeitig wahrnimmt. Zwar ist der Unterschied auch dadurch bedingt, daß in der Sprache, anders als in einem Bild, jegliche Darstellung ausschließlich im zeitlichen Nacheinander erfolgen kann, doch zeigt die Stelle deutlich, daß Thurbers Gebrauch dieser Technik konventionell ist, was andererseits dem Leser das Nachvollziehen der Trauminhalte erleichtert.

Außerdem ist zu bedenken, daß Thurber für ein breiteres Publikum schrieb als etwa James Joyce oder Virginia Woolf, die als Vertreter eines radikaleren Gebrauchs der Bewußtseinsstrom-Technik genannt seien.

Gleichzeitig ändert sich zwischen Handlungs- und Traumphasen die Erzählperspektive: Während in den Handlungsphasen ein über den Dingen stehender Erzähler berichtet (auktoriale Erzählsituation), erlebt der Leser die Träume aus der subjektiven Sicht Mittys (personale Erzählsituation) (Högel, S. 210).

Bedeutsam sind auch die Techniken der Zeitdehnung und Zeitraffung. Während der erste Traum etwa eine Minute Zeit erfordert, um gelesen bzw. erzählt zu werden (Erzählzeit), kann die Dauer des Traumes (erzählte Zeit) selbst wohl nur einige Sekunden betragen, da Mitty am Steuer eines Wagens sitzt. Die Erzählzeit ist demnach deutlich länger als die erzählte Zeit; die in der dargestellten Wirklichkeit vergangene Zeit wird also in der Darstellung gedehnt (Zeitdehnung). Das Gegenteil gilt für die von Mitty durchlittenen Phasen der Einkaufsfahrt; während etwa die Ereignisse in der zweiten Aktionsphase (Auto abstellen, Schuhgeschäft suchen, Überschuhe kaufen) gewiß mehrere Minuten dauern, erfordert die Episode nur etwa 1-2 Minuten Lesezeit. Die Zeit scheint verkürzt (Zeitraffung).

Thurber ist immer wieder als der größte amerikanische Humorist seit Mark Twain bezeichnet worden, aber wie schon diese Kurzgeschichte zeigt, ist Humor bei Thurber nicht gleichbedeutend mit unproblematischem Lesevergnügen. Zwar sind seine Texte alle unterhaltsam, der düstere Hintergrund, der Blick auf Abgründiges, ist ihnen aber ebenso eigen. Es ist daher verständlich, daß Thurbers Kunst, grob unterschieden, aus zweierlei Perspektiven betrachtet wird: Da ist zum einen die optimistische Einschätzung, die die humoristische Seite betont und in Thurber einen überzeugten Humanisten sieht, der an die heilende und verbindende Kraft des Humors glaubt. Eine andere Richtung betont dagegen das Düstere, Alptraumhafte und Beklemmende, ja Misanthropische in seinem Werk (Kaufman). Zwar mag es in verschiedenen Phasen seines Lebens ein Übergewicht auf der einen oder anderen Seite gegeben haben, beide Sichtweisen der Welt durchziehen jedoch sein gesamtes Werk. Und so hat auch Thurber selbst hier keinen Widerspruch gesehen; es sei an seine eingangs zitierte Überzeugung erinnert, daß das Komische nahe am Ernsten liegt.

The Secret Life of Walter Mitty, aus seiner mittleren Schaffensperiode stammend, ist ein gutes Beispiel dafür, wie er beide Sichtweisen miteinander zu verbinden weiß. *Walter Mitty* ist als Typ in den USA zum festen Begriff geworden und im allgemeinen Bewußtsein so präsent, daß er in den meisten Lexika und Wörterbüchern als Eintrag geführt wird. Die Geschichte wurde 1949 – sehr frei – verfilmt und erschien 1963 sogar in einer Bearbeitung als Musical. Thurbers bekanntester und am meisten diskutierter Text nimmt eine Schlüsselstellung in seinem Werk ein.

Text: James THURBER: The Thurber Carnival. Harmondsworth: Penguin, 1965. S. 69–74. – Übersetzung: James THURBER: Gesammelte Erzählungen. Übers. von Peter Dülberg [u. a.]. Reinbek 1971.

Literaturhinweise: Burton BERNSTEIN: Thurber. A Biography. New York 1975. – George CHEATHAM: The Secret Sin of Walter Mitty? In: Studies in Short Fiction 27 (1990) S. 608–610. – Rolf HÖGEL: Moderne Erzähltechniken in Thurbers Short Story *The Secret Life of Walter Mitty*. In: Literatur in Wissenschaft und Unterricht 10 (1977) S. 202–213. – Charles S. HOLMES (Hrsg.): Thurber. A Collection of Critical Essays. Englewood Cliffs (N. J.) 1974. – Anthony KAUFMAN: Things Close In. Dissolution and Misanthropy in *The Secret Life of Walter Mitty*. In: Studies in American Fiction 2 (1994) S. 93–104. – George PLIMPTON / Max STEELE: Thurber on Himself [Interview]. In: Charles S. Holmes (Hrsg.): Thurber. A Collection of Critical Essays. Englewood Cliffs (N. J.) 1974. S. 106–116.

FERDINAND SCHUNCK

F. Scott Fitzgerald: *Babylon Revisited*

Als F. Scott Fitzgerald (1896–1941) im Jahre 1931 *Babylon
Revisited* publizierte, strafte er all diejenigen Kritiker Lü-
gen, die ihn bereits als Autor eines literarischen Eintagser-
folges (*The Great Gatsby*, 1925) abgeschrieben hatten.
Babylon Revisited zeigte erneut, daß Fitzgerald sich vom
Leben seiner heute wohl Jet Set genannten Clique zu di-
stanzieren vermochte, als deren Repräsentant er lange galt.
Zwar finden sich in der Kritik nicht selten Hinweise darauf,
Babylon Revisited sei eine autobiographisch motivierte Geschichte über Fitzgeralds Ehe- und Familienprobleme bzw.
eine Art Chronik der Epoche, der er mit seinem Short-
Story-Band *Tales of the Jazz Age* (1922) ihren Namen verliehen hatte, doch geht es dem Autor um mehr und anderes
als um das konkrete Einzelschicksal seiner Familie oder
eine Abhandlung zur amerikanischen Kultur- und Sozialge-
schichte. Daher läßt sich *Babylon Revisited* zu Fitzgeralds
persönlicher wie auch zu Amerikas nationaler Biographie
in Beziehung setzen.

Die zwanziger Jahre waren Fitzgeralds Boom-Jahrzehnt:
Der in St. Paul, Minnesota, geborene, aber auf Privatschulen
an der Ostküste erzogene Autor heiratete nach dem Stu-
dium in Princeton die schöne und extravagante Zelda Sayre,
der er mit den beträchtlichen Honoraren seiner frühen
Short Stories ein verschwenderisches Leben (u. a. in Paris,
New York und Hollywood) bot, das typisch war für die
vielen plötzlich reich gewordenen Amerikaner seiner Zeit.
Die dreißiger Jahre waren hingegen seine und Amerikas
Depressionszeit: Zelda verbrachte nach ihrem Nervenzu-
sammenbruch im Jahr der großen Weltwirtschaftskrise den
Rest ihres Lebens in psychiatrischen Kliniken, während
Scott mehr und mehr dem Alkohol verfiel. Sicher sind die

Parallelen zwischen der geistigen Umnachtung Zeldas und
dem physischen Tod der Erzählfigur Helen Wales, zwischen
der 1930 neun Jahre alten Honoria und Fitzgeralds Tochter
Scottie sowie zwischen den Schuldgefühlen von Charlie
Wales und Scott Fitzgerald angesichts des Verfalls ihrer jeweiligen Familien überdeutlich, aber allein vermögen sie die
bis heute andauernde Faszination und Wertschätzung der
Erzählung nicht zu erklären.

Babylon Revisited spielt – wie viele andere amerikanische
Romane und Erzählungen der als Lost Generation bezeichneten Autorengruppe – in Europa, nämlich im Paris des
Jahres 1930. Dorthin ist der Protagonist Charlie Wales zurückgekehrt, nachdem er die Stadt eineinhalb Jahre zuvor
am dreifachen Tiefpunkt seines Lebens verlassen hat. Dieser
Tiefpunkt wird markiert durch den Verlust seines an der
Börse erworbenen Vermögens, durch den Tod seiner Ehefrau Helen sowie durch seine Einweisung in eine Trinker-
heilanstalt. Er ist zurückgekommen, um seine neunjährige
Tochter Honoria zu sich zu holen, die er aufgrund seines
ausschweifenden Lebens in die Vormundschaft von Schwager und Schwägerin geben mußte. Widerwillig fügt sich
seine Schwägerin Marion Peters schließlich in die Rück-
übertragung des Sorgerechts, da Charlie auch bei ihrer kri-
tischsten Betrachtung ein neuer Mensch geworden zu sein
scheint – vom Alkoholismus geheilt und mit neuem Wohn-
sitz sowie bürgerlichem Beruf in Prag. Ihre Abneigung
kann sie trotzdem nicht ganz unterdrücken, weil sie Wales
immer noch für den Tod ihrer Schwester verantwortlich
hält: Charlie hatte – unter Alkohol und voller Eifersucht –
seine Frau eines Nachts aus der ehelichen Wohnung ausge-
sperrt, woraufhin Helen in leichter Kleidung durch das von
einem Schneesturm heimgesuchte nächtliche Paris geeilt war
und sich eine Lungenentzündung zugezogen hatte. Genau zu dem Zeitpunkt, als die Peters bereit sind, Honoria
ihrem Vater zurückzugeben, tauchen zwei betrunkene alte
Freunde seiner wilden Tage auf, verursachen einen Nerven-

zusammenbruch Marions und vereiteln damit die Zusammenführung von Vater und Tochter, so daß Charlie schließlich allein abreisen muß. Aber er bleibt seiner neuen Lebensführung treu und ist sich sicher, daß seine Frau ihn nicht so einsam hätte sehen wollen.

In der Einfachheit ihrer Handlungsstruktur, der zeitlichen Konzentration auf drei Tage und der räumlichen Begrenzung auf eine Bar, eine Wohnung und einige Straßen der Stadt Paris läßt sich die Geschichte durchaus in Analogie zum Drama sehen, zumal ihre fünf numerierten Abschnitte an die Aktstruktur der klassischen Tragödie mit sorgfältigem Spannungsaufbau, Höhepunkt, Umschwung und Katastrophe erinnern. Die äußere Handlungskurve entspricht zugleich derjenigen einer Novelle, die ja mit ihrer Aufgipfelung an einem kritischen Wendepunkt dem Drama verwandt ist.

Doch wichtiger als das äußere ist das innere Geschehen – die graduelle kritisch-analytische Enthüllung der Vergangenheit des Protagonisten. Die Mittelpunktsposition von Charlie Wales führt zu Entfabelung, zum Einblick in die Psyche eines Individuums, dessen bereits erfolgte körperliche Ernüchterung in einem Erkenntnisschock durch die geistige Ernüchterung komplettiert wird. Auch wenn formal in der dritten Person erzählt wird, ist die Perspektivierung eng an die Wahrnehmung des Protagonisten gebunden, so daß sich *Babylon Revisited* in der Typologie von Franz K. Stanzel als eine der personalen Erzählsituation angenäherte Er-Erzählung bezeichnen läßt. Die dargestellte Wirklichkeit spiegelt sich in Charlie Wales' Erlebnis- und Erinnerungsabfolge, doch bleibt eine auktoriale Distanz erkennbar – und zwar in der Tragödienstruktur, der dramatischen Ironie sowie den subtilen Metaphernsträngen. Der Leser ist Zeuge einer inneren Handlung, zu deren Interpretation er aufgefordert wird.

Eröffnet wird die Geschichte szenisch-dialogisch mit Charlie Wales' Ubi-sunt-Fragen (Kruse, S. 227) an den Barkeeper des Ritz-Hotels nach seinen alten Freunden, deren sprechende Namen bereits ihre zweifelhafte Lebensführung anklingen lassen; so suggeriert der »Snow Bird« z. B. registersprachlich das Drogenmilieu von Heroin- und Kokainkonsumenten (Hagopian, S. 62 f.). Während aber nach Auskunft des Barkellners die alten Freunde allesamt Geld, Gesundheit oder den Verstand verloren haben, präsentiert sich Charlie als in einem neuen Beruf zur Verantwortung gereift, vom Alkoholismus geheilt und bürgerlich-vernünftig.

Sein tatsächliches Verhalten wirkt jedoch widersprüchlich. Zwar spürt er einen deutlichen inneren Abstand zum Lebensstil seiner früheren Freunde (»His own rhythm was different now«, S. 52), aber die Empfänglichkeit für den Charme der Vergangenheit bricht immer wieder durch. Einerseits weist er im Vergnügungsviertel Montmartre die Avancen einer Prostituierten zurück und fühlt sich auch insgesamt von Paris als der Hure Babylon abgestoßen, die mit der grellen Schminke ihrer abendlichen Lichter (»fire-red, gas-blue, ghost-green«, S. 38) sowohl moralischen Sumpf als auch mythisches Höllenfeuer suggeriert; andererseits ist er aber immer wieder fasziniert vom königlichen Charme der Stadt, wie seine nostalgisch verklärten Gedanken von Herrschaft und Pracht belegen. Die Autohupen vor der Oper nimmt er wahr als ›Trompeten des Zweiten Kaiserreichs‹ (»trumpets of the Second Empire«, S. 39), seine Freunde und sich selbst imaginiert er als unfehlbare Könige: »We were a sort of royalty, almost infallible, with a sort of magic around us« (S. 41).

Am deutlichsten und folgenschwersten jedoch zeigt sich seine nicht vollständig vollzogene Lösung von der Vergangenheit darin, daß er seinem alten Trinkkumpan Duncan Schaeffer über den Barkeeper des Hotels die Adresse seines Schwagers zukommen läßt, denn Schaeffer ist es, der als einer der beiden ›Geister der Vergangenheit‹ Charlies glückliche Zukunft später vereitelt. Mit fortschreitender Erzählung verflüchtigt sich die Nostalgie, während sich gleichzei-

tig die Erinnerungen des Protagonisten an Paris' moralische
Korruption (»the catering to vice and waste«, S. 44) und
speziell an sein eigenes Fehlverhalten gegenüber seiner Ehefrau zum schuldbeladenen Alptraum verdichten. Mit einer
Art psychoanalytischen Schocktherapie zerrt Marion Peters
auf dem Höhepunkt der Erzählung (Abschnitt III) die bereits ins Unterbewußte verdrängten Verfehlungen Charlies
wieder in die Helle seines Bewußtseins, so daß es zum entscheidenden *shock of recognition* kommt: »An electric cur-
rent of agony surged through him« (S. 57).

Nicht Wirtschaftspolitik und Börsenkrach sind für ein
scheinbar unverdientes Schicksal verantwortlich zu machen,
sondern Charlie Wales' eigene verantwortungslose Lebens-
haltung. Die Geister der Vergangenheit – so wird der Leser
Charlies Gedanken ergänzen – tauchen auch nicht zufällig
auf, sondern sind Verkörperungen uneingestandener und
unbereuter Schuld an Helens Krankheit und Tod. Es ist bezeichnend, daß die Metaphern von Kälte, Weiß und Schnee,
die schon ganz zu Anfang mit Charlies Frage nach dem
»Snow Bird« anklangen, dann bei der Erinnerung an Helens fatalen Irrweg durch das nächtliche Paris einen breiten
Raum einnahmen, auch noch bei und nach dem Erkenntnisschock des Protagonisten wiederkehren: »[...] the snow of
twenty-nine wasn't real snow. If you didn't want it to be
snow, you just paid some money« (S. 70). Ihm geht auf, daß
man ein Vergessen seiner Schuld nicht einfach erkaufen und
vergangene Fehler nicht ohne Sühne ungeschehen machen
kann, vor allem nicht mit der zu Erzählbeginn einstudier-
ten, aber bloß äußerlichen »attitude of the reformed sinner«
(S. 53). Angesichts dieser Einsicht wirkt seine abschließende
Hoffnung (»He would come back some day; they couldn't
make him pay forever«) ausgesprochen illusorisch auf den
Leser, zumal Charlie kurz zuvor mehrfach klar geworden
war, welch begrenzte Zeit ihm nur noch für ein gemeinsames Vater-Tochter-Leben verblieb, »before she [Honoria]
crystallized utterly« (S. 50).

Wales' Illusion von einer glücklichen Zukunft kann entsprechend der Technik ironischer Kommentierung als dramatische Ironie verstanden werden, als Mißdeutung seiner tatsächlichen Situation. Das letzte Wort der Story ist nicht von ungefähr das Adjektiv »alone«, und die Metaphorik des gesamten letzten Erzählabschnitts macht klar, daß Einsamkeit die existentielle Situation seiner Zukunft sein wird. Helen ist ihm nur noch als Geist im Traum erreichbar, in dem sie sich weiß gekleidet hat und mit dem uhrgleichen Pendelschwung einer Schaukel immer weiter in die Vergangenheit zurückzieht: »[...] she was in a swing in a white dress, and swinging faster and faster all the time, so that at the end he could not hear clearly all that she said« (S. 60). Ähnlich wirklichkeitsentrückt wird ihm auch Honoria, die der Leser aufgrund analoger Metaphern in das endgültige Sorgerecht der Peters übergehen sieht: »Lincoln was [...] swinging Honoria back and forth like a pendulum from side to side« (S. 67). Äußerlich hat sich im fünften und letzten Erzählteil gegenüber dem ersten nicht viel geändert – beide Abschnitte spielen in der Bar des Ritz-Hotels, die eine Atmosphäre der Stille und Leere ausströmt. Die große Party ist und bleibt unwiderruflich vorüber, aber Charlies innerer Zustand der Einsamkeit hat sich nach vorübergehendem Optimismus noch vertieft. Mit dem plötzlichen Erscheinen der ›Geister der Vergangenheit‹ ist sein kurzer Traum von einem erfüllten Familienleben endgültig verflogen.

Das von Charlie ersehnte neue Glück scheint kleinbürgerliche Züge zu tragen, wie man aufgrund des übermäßigen Gebrauchs von Bildern der Wärme und Heimeligkeit annehmen könnte (»It was warm here, a home, people together by a fire«, S. 64). Aber Fitzgerald geht es nicht um die Attraktionen eines bourgeoisen Lebensstils oder einer bürgerlich-respektablen Geisteshaltung, sondern um die Gegenüberstellung zweier moralischer Wertesysteme. Das mit Babylon verglichene Paris der zwanziger Jahre verspricht Lebensfülle und Lebenssinn im Hedonismus, doch

seine Kehrseite ist – wie Charlie einsehen muß – eine Leere
und Öde, die aus der Vergeudung moralischer Werte, vor
allem aus der Vergeudung von Liebe resultiert: »[...] he
suddenly realized the meaning of the word ›dissipate‹ – to
dissipate into thin air; to make nothing out of something«
(S. 44).

So gesehen steht das mit Metaphern der Wärme beschriebene Leben der Peters – die sich beim Eindringen von
Charlies betrunkenen Freunden instinktiv an den Kamin
zurückziehen (S. 66) – ebensowenig für kalvinistisch-purita-
nische Kleinbürgerlichkeit (Kruse, S. 232) wie die moralisie-
rende Haltung Nick Carraways in *The Great Gatsby* für
die *Main-Street*-Moral des Mittleren Westens. Paris und
Babylon sind in ihrer Gier nach Amüsement gefallen (vgl.
Jes. 21,9), ein Leben nach Art der Peters aber verspricht einen festen Bezugspunkt in der Fluktuation der Stadt, einen
Sinn auf der Basis von Verantwortung und charakterlicher
Festigkeit; Fitzgeralds Namenwahl ist augenfälliges Zeichen
dieser Festigkeit. Doch der in Aussicht gestellte Lebenssinn
ist Charlie Wales tragischerweise nicht vergönnt, obwohl
ihm die wahre Bedeutung der Babylonischen Moral aufge-
gangen ist. So muß er trotz aller Reue und allen moralischen
Erneuerungswillens am Ende bezahlen – nicht mit Geld,
sondern mit dem Verlust seiner Tochter.

Es ist sicher so, daß die Erkenntnis Charlie Wales' eine
künstlerische Objektivation der persönlichen und sozial-
geschichtlichen Einsicht Fitzgeralds ist, aber der autobiographisch und historisch inspirierte Stoff ergibt ein narra-
tives Deutungsmuster, das eine Variante der Verlorenheit
der Lost Generation thematisiert. Natürlich sind die Unterschiede zwischen den zeitweilig befreundeten Autoren
Fitzgerald und Hemingway, die sich während ihres freiwil-
ligen Pariser Exils in Gertrude Steins literarischem Salon
kennenlernten, nicht zu leugnen (Ahrends, S. 132). Die
sprachmusikalische Eleganz Fitzgeralds kontrastiert mit der
für Hemingway typischen syntaktischen Einfachheit; Fitz-

geralds durch den Babylon-Mythos überhöhte Erzählweise
steht Hemingways oberflächenhaft-stumpf wirkender Darstellung gegenüber, und auch die präsentierten Wirklichkeitsausschnitte divergieren in ihrer Konzentration auf das Großstadtmotiv einerseits und exemplarischen Situationen wie Krieg, Jagd oder Stierkampf andererseits. Doch die tragisch-pessimistische Weltsicht beider Autoren ist verwandt.

Charlie Wales ist am Ende von *Babylon Revisited* ähnlich einsam und verlassen wie Frederic Henry am Ende von *A Farewell to Arms* (1929). Auch er hat die ›Arme‹ seiner Frau und Tochter für immer verloren, »his child taken from his control, his wife escaped to a grave in Vermont« (S. 45). Ebensowenig wie Frederic Henry verfällt er der Verzweiflung oder erliegt gar der Verführung des Alkohols, sondern er leidet, ohne sich zu beklagen, wie der kurze Abschied von Tochter und Neffen (»Good night, dear children«, S. 69), sein definitives Kopfschütteln gegenüber dem Alkoholangebot des Barkellners und sein lakonisch-knapper Dialog mit diesem enthüllen: »›I heard that you lost a lot in the crash.‹ – ›I did‹, he added grimly, ›but I lost everything I wanted in the boom.‹ – ›Selling short?‹ – ›Something like that.‹« (S. 69) Mit der charakterlichen Selbstdisziplin des Hemingwayschen Code-Helden schiebt er eine Barriere zwischen sich und seine Emotion.

Wenn sich Charlie Wales auch im Gegensatz zu Hemingways desillusionierten Helden verzweifelt an den Traum einer besseren Zukunft klammert, weil er meint, genug gesühnt zu haben, so ist dem Leser doch vor allem aufgrund von Metaphorik und dramatischer Ironie hinlänglich klar geworden, daß Charlie objektiv gesehen seiner Isolation entgegengeht. Man kann die Uhr nicht zurückdrehen (»He wanted to jump back a whole generation«, S. 42) und die Fesseln einer Babylonischen Gefangenschaft nicht einmal durch Sühne abschütteln, sondern nur noch tragisch die Konsequenzen seines Handelns erdulden. Fitzgerald ist nicht nur Moralist, der bei seinen Erzählfiguren Wales und

Gatsby auf die Unterschiede zwischen richtigem und falschem Verhalten hinweist, er ist auch ein Tragiker, dessen Protagonisten wie diejenigen Hemingways in ihrem Scheitern Mitleid und Bewunderung verdienen.

Text: F. Scott FITZGERALD: Babylon Revisited. In: Modern American Short Stories. Hrsg. von Ferdinand Schunck. Stuttgart: Reclam, 1987. S. 35–70. – *Übersetzung:* F. Scott FITZGERALD: Wiedersehen mit Babylon. Übers. von Walter Schürenberg und Walter E. Richartz. Zürich 1980.

Literatur: Günter AHRENDS: Die amerikanische Kurzgeschichte. Theorie und Entwicklung. Trier ³1996. S. 128–132. – Kenneth EBLE: F. Scott Fitzgerald. New York 1963. – John V. HAGOPIAN: *Babylon Revisited.* In: J. V. H. / Martin Dolch (Hrsg.): Insight I. Analyses of American Literature. Frankfurt a. M. ²1964. S. 60–64. – John A. HIGGINS: F. Scott Fitzgerald. A Study of the Stories. Jamaica (N. Y.) 1971. – Horst KRUSE: Fitzgerald: *Babylon Revisited.* In: Karl Heinz Göller und Gerhard Hoffmann (Hrsg.): Die amerikanische Kurzgeschichte. Düsseldorf 1972. S. 225–234, 408–411. – John KUEHL: F. Scott Fitzgerald. A Study of the Short Fiction. Boston 1991. – Richard D. LEHAN: F. Scott Fitzgerald and the Craft of Fiction. Carbondale (Ill.) 1966. – Brian WAY: F. Scott Fitzgerald and the Art of Social Fiction. London 1980.

Michael Hanke

William Faulkner: *A Rose for Emily*

William Faulkner (1897–1962) gilt als der bedeutendste amerikanische Romancier unseres Jahrhunderts, eine Einschätzung, die er vorbehaltlos geteilt hat (»I am the best in America, by God«) – was ihm den Zorn Ernest Hemingways einbrachte. In die Weltliteratur ist er vor allem mit den Romanen *The Sound and the Fury* (1929), *Light in August* (1932) und *Absalom, Absalom!* (1936) eingegangen. Sie waren schon zu seinen Lebzeiten über die Grenzen der Vereinigten Staaten hinaus bekannt und trugen maßgeblich dazu bei, daß ihm 1950 der Nobelpreis verliehen wurde.

Als Verfasser von Kurzgeschichten hat Faulkner weniger Beachtung gefunden. Er sei sich ziemlich sicher (»quite sure«), so gestand er 1928, daß er kein Gefühl für Short Stories habe, und dennoch könne er nicht davon ablassen, sie zu schreiben (Ferguson, S. 10). Bald darauf waren diese Selbstzweifel überwunden: in den Jahren 1929 bis 1942 glückte ihm eine Reihe von Erzählungen, die nicht zuletzt deshalb faszinieren, weil sie die Hand des erfahrenen Romanschriftstellers verraten. Es handelt sich dabei meist um zersprengte Gußformen für umfangreichere Erzählwerke, denn Faulkner hat seine Kurzgeschichten oft als Vorstudien zu den Romanen konzipiert oder als Inspirationsquelle genutzt.

Die Brüche und Kanten seiner Prosa, wie z. B. der verwirrende Umgang mit der Handlungschronologie oder die komplizierte, nicht immer den Regeln der Grammatik verpflichtete Syntax, sind weder Zeugnis für fehlendes kompositorisches Können noch für einen schludrigen Umgang mit traditionellen Formen des Erzählens. Vielmehr lenken sie als Stilmerkmale (ähnlich wie in der von Faulkner bewunderten Lyrik T. S. Eliots) den Blick vom Stoff auf seine Prägung, vom Gehalt auf die Technik. Eine solche Kunst ist elitär, sie zwingt zur sorgfältigen Lektüre und stößt träge Leser ab.

Das gilt auch für Faulkners berühmteste und strukturell wohl eleganteste Kurzgeschichte *A Rose for Emily*. Im Herbst 1929 entstanden, wurde sie im April des folgenden Jahres in der Zeitschrift *Forum* als erste seiner Short Stories publiziert. Daß er selbst sie geschätzt hat, geht aus späteren Äußerungen ebenso hervor wie aus der Tatsache, daß er sie ursprünglich zur Titelgeschichte seines ersten Sammelbandes bestimmte, der dann aber – vermutlich auf Wunsch des Verlegers – unter dem Titel *These 13* (1931) erschien.

A Rose for Emily spielt in Jefferson, der Hauptstadt von Faulkners fiktiver Erzähllandschaft Yoknapatawpha County (»my own little postage stamp of native soil«) im Süden der Vereinigten Staaten. Nachdem die Hauptfigur, Miss Emily Grierson, um 1928 im Alter von 74 Jahren gestorben ist, verschaffen sich die Mitbürger Zutritt zu einem verschlossenen Zimmer ihres alten Hauses. Dort finden sie in einem Bett das Gerippe von Miss Emilys Verlobtem Homer Barron, den sie vor mehr als dreißig Jahren mit Arsen vergiftet hat; auf einem Kissen neben ihm liegt eine graue Haarlocke. (Zum Problem der nur relativ zueinander datierbaren Episoden s. John V. Hagopian in Inge, S. 83.) Den Titel hat Faulkner selbst erklärt: »The meaning was, here was a woman who had had [...] an irrevocable tragedy and nothing could be done about it, and I pitied her and this was a salute. [...] to a woman you would hand a rose« (zit. nach Jelliffe, S. 71).

Die Geschichte verdankt ihre Beliebtheit weniger dem sensationellen Stoff samt seinen anrüchigen Begleitmotiven als vielmehr dem kompositorischen Geschick des Autors. Dem Interpreten stellt sich daher die Frage, auf welche Weise und mit welcher Absicht Faulkner die Elemente verschiedener, einander zum Teil widerstreitender Stil- und Erzähltraditionen eingeschmolzen und zu einem fast vollkom-

menen Kunstwerk geformt hat. Ins Auge fallen Elemente
der *magazine story*, der anekdotisch-schwankhaften Über-
listungsgeschichte und der Schauergeschichte. Aus der raffi-
nierten Kombination verschiedener Erzählformen resultiert
der groteske Charakter des Werkes.

Eine oberflächliche erste Lektüre könnte zu der Annahme verleiten, Faulkner sei in den Sog publikumswirk-
samer Konventionen geraten und habe nicht viel mehr zu-
stande gebracht als eine der damals so beliebten *magazine
stories*. Doch der Schein trügt. Zwar weist *A Rose for Emily*
den für diesen Typus kennzeichnenden Überraschungsschluß (*surprise ending*) auf, aber Faulkner gewinnt ihm
eine neue Wirkung ab: Er rückt das zentrale Ereignis im Leben Miss Emilys, den Mord, der in einer klassischen *plot
story* willkommenes Material für die einleitende Exposition
geboten hätte, sowie das Motiv vom verschlossenen Zimmer ans Ende der Erzählung. Damit werden die Erwartungen konventioneller Leser enttäuscht. Denn der Schlußabschnitt beantwortet zwar die bis dahin offenen Fragen nach
dem Verschwinden des Geliebten, dem Kauf des Arsens
und dem penetranten Geruch, doch spielt Faulkner die Bedeutung dieser Fragen herunter, um die Schockwirkung des
Schlusses zu verstärken. Aus dem gleichen Grund verzichtet
er – wie auch in anderen seiner Erzählungen – auf die Beschreibung der Gewalttat.

Um die Schlußpointe auf keinen Fall zu gefährden, verletzt er die Regel, daß der Autor seinen Leser zwar in die
Irre führen, nicht aber belügen darf – es sei denn aus dem
Munde eines als unzuverlässig erwiesenen Erzählers (*un-
reliable narrator*). Doch genau dies tut Faulkner zu Beginn
des zweiten Abschnitts, wo er seinen Erzähler beiläufig er-
wähnen läßt, daß Homer Barron seine Geliebte aus freiem
Entschluß verlassen habe (»her sweetheart [...] had desert-
ed her«). Im letzten Abschnitt wird dem Leser klar, daß er
düpiert worden ist. Dieses Vergehen dem Erzähler anlasten
und zum Kunstgriff des Autors aufwerten zu wollen, wäre

nicht statthaft, denn der Erzähler erweist sich ansonsten als durchaus zuverlässig. Faulkner nimmt seinem Leser die Möglichkeit, der zitierten Aussage mit der gebotenen Skepsis zu begegnen. Doch wie immer man diesen Kunstfehler – *a minor blemish* – auch bewerten mag: er reizt zu weiterem Nachdenken.

Indem er die konventionelle Pointentechnik unterläuft, setzt Faulkner ein weiteres Merkmal der *magazine story* außer Kraft. An die Stelle der beliebten Crescendo-Technik einer steigenden Spannung tritt bei ihm das additive Kompositionsprinzip einer lockeren anekdotischen Reihung, die fünf numerierte Abschnitte mit betontem Schlußakzent aufweist. Und um die relative Selbständigkeit dieser Erzähleinheiten zusätzlich zu betonen, zerschlägt er die Chronologie der Ereignisfolge: Die Geschichte beginnt unmittelbar nach der Beisetzung Miss Emilys, springt dann wiederholt in die ferne Vergangenheit zurück, um im letzten Abschnitt (mit der gewaltsamen Öffnung des Zimmers und der Entdeckung des Gerippes) auf der Zeitstufe des Anfangs, der jüngsten Vergangenheit, zu enden. Der Gefügecharakter der Geschichte mit seiner zunächst verwirrenden chronologischen Zersplitterung wird durch diesen Ringschluß gemildert. *A Rose for Emily* erweist sich als raffiniert konzipierte Rahmenerzählung.

In der Geschichte wirken zahlreiche Echos nach, aus der Erzählliteratur (Hawthornes *The White Old Maid*, Poes *The Fall of the House of Usher*, Dickens' *Great Expectations*) wie aus der Lyrik (Ransoms *Emily Hardcastle, Spinster*). Faulkner ist jedoch kein Epigone. Wenn er, der um die Erfindung einer guten Erzählhandlung ohnehin nie verlegen war, auf Motive und Formmuster anderer Autoren zurückgreift, so deshalb, weil er sein Talent vor dem Hintergrund literarischer Traditionen auszuspielen weiß.

Von größerer Bedeutung sind die weniger offensichtlichen Parallelen zu grotesk-komischen Überlistungsgeschichten, wie wir sie beispielsweise aus mittelalterlichen

Schwänken kennen (etwa aus Boccaccios *Decamerone* und Chaucers *Canterbury Tales*), denn sie tragen zur Charakterisierung der Hauptfigur und der Stadtgemeinschaft bei. Zu Beginn der Geschichte wird Emily Grierson als ›gefallenes Monument‹ (»a fallen monument«) eingeführt. Doch im Rückblick erweist sie sich als diejenige, die sich gegen die meisten ihrer Kontrahenten durchzusetzen verstand: gegen den Baptistenpfarrer, die Abordnung der Stadtbehörde, den Apotheker, die verhaßten Cousinen, den treulosen Liebhaber, gegen die klatschsüchtige Stadtbevölkerung, die ihr mit einer Mischung aus Respekt, Neugier und Verachtung begegnet war. »She vanquished them, horse and foot«, heißt es, nachdem sie die Lokalgrößen von Jefferson vor die Tür gesetzt hat. Das Überlistungsmotiv verleiht der Anekdotenfolge inhaltliche Geschlossenheit. Ihm ist (wie in Chaucers Erzählung vom Gerichtsdiener) das Motiv des Gestanks untergeordnet: Miss Emily versteckt die Leiche unter den Nasen ihrer Mitbürger, ohne den geringsten Verdacht zu wecken.

Für atmosphärischen Reiz und symbolische Dichte sorgt Faulkner mit einem Griff ins Motivrepertoire der Schauererzählung. Das alte Haus, das verschlossene Zimmer, der schweigsame Diener, das Bildnis des Vaters, der in allen fünf Abschnitten erwähnte Staub – diese Motive haben über ihre vordergründige Bedeutung hinaus eine die Hauptfigur charakterisierende Funktion. Wenn Miss Emily sich weigert, ihr Haus numerieren und mit einem Briefkasten versehen zu lassen, so wird deutlich, daß sie eine den Gesetzen der Zeit enthobene Existenz führt. Das gilt auch für ihren Versuch, dem Verhältnis zu Homer Barron ausgerechnet durch dessen Ermordung Dauer verleihen zu wollen, mit der Folge, daß sie den Rest ihres Lebens in völliger Einsamkeit verbringt. Präludiert wird diesem Motiv mit ihrer Weigerung, die Leiche des Vaters zur Beisetzung freizugeben. Er war es, der ihr den Eintritt ins Leben und die Gründung einer eigenen Familie verwehrt hatte. Auch ihn sucht sie dauerhaft zu bewahren: in der weniger anstößigen Form eines Gemäldes.

Der Kontrast von Moment und Dauer, von Verharren und Bewegung kommt im Memento-Mori-Motiv des Staubes zum Ausdruck, das den Schlußabschnitt dominiert. Es läßt sich nicht nur als Symbol für die in Miss Emilys Haus, besonders im verschlossenen Zimmer, zum Stillstand gekommene Zeit deuten, sondern auch für die Vergänglichkeit des Lebens schlechthin. Und weil die Hauptfigur sich den Gesetzen der Zeit widersetzt (oder zumindest zu widersetzen scheint), weil sie einsam, arm und unverstanden lebt, weckt sie Bewunderung und wird über das Leben ihrer Mitbürger hinausgehoben (»an idol«). Doch Faulkner beläßt es nicht bei dieser eher abstrakten Charakterisierung, sondern beschreibt Miss Emilys Aussehen detailliert in verschiedenen Phasen ihres Lebens (besonders eindrucksvoll beim Kauf des Arsens). In ihrer Einsamkeit und in ihrem Streben nach Liebeserfüllung gewinnt sie einerseits tragische Züge, andererseits erscheint sie als ein grotesker Charakter im Sinne von Sherwood Andersons *Winesburg, Ohio*.

Zugleich mit Emily Grierson nehmen, wenn auch weniger scharf konturiert, der Erzähler und die von ihm repräsentierte Gemeinschaft Gestalt an. Wer ist dieser Erzähler, aus dessen Perspektive das Geschehen rückblickend geschildert wird? Er wird an keiner Stelle individualisiert, bedient sich durchweg der ersten Person Plural und erweist sich schon mit seinen einleitenden Worten (»When Miss Emily died, our whole town went to her funeral«) als Repräsentant der Stadtgemeinschaft. Im Verlauf der Erzählung läßt sich aus Indizien schließen, daß es sich um einen älteren Mann handelt, der das Verhalten seiner Mitbürger wohlwollend, doch nicht ohne Ironie betrachtet.

Die Wahl der Perspektive erlaubt es Faulkner, wie so oft, die Atmosphäre einer Kleinstadt einzufangen. Ein Beispiel bietet der erste Abschnitt, in dem berichtet wird, wie die

Abordnung des Magistrats bei der verarmten Miss Emily vorstellig wird, um Steuern einzufordern, die ihr vom längst verstorbenen Bürgermeister Colonel Sartoris unter einem durchsichtigen Vorwand aus Nächstenliebe erlassen wurden. Der Erzähler distanziert sich vom Verhalten der aufdringlichen Besucher, indem er sie – leisen Spott und *understatement* miteinander verbindend – als ›die nächste Generation mit ihren fortschrittlicheren Ideen‹ charakterisiert. Die Passage gipfelt in einer komischen Dialogszene und endet (nachdem Miss Emily sich standhaft geweigert hat, den Tod ihres Wohltäters zur Kenntnis zu nehmen) mit dem wenig ehrenhaften Rückzug der Delegation.

Eine Figur wie Colonel Sartoris beweist, daß jene Interpreten es sich zu leicht machen, die Miss Emily samt ihrem baufälligen Haus als Symbol des alten, im Niedergang begriffenen Südens auslegen. Mit gutem Grund hat Cleanth Brooks eine Reihe solcher das Absurde streifender Deutungen sarkastisch kommentiert (S. 384–388). Doch auch er geht zu weit, wenn er im Gegenzug nachzuweisen sucht, daß der Erzähler und die Mehrzahl seiner Mitbürger geradezu rührend um das Wohlergehen der alten Dame bemüht seien (S. 161–164). Sollte Faulkner in seiner Erzählung tatsächlich das Bild einer ideal zu nennenden Kleinstadtgemeinde entworfen haben?

Spätestens der vierte Abschnitt der Erzählung läßt an einer solchen Annahme Zweifel aufkommen. Wir erfahren dort, daß die Bürger zwar streng auf die Moral achten, als sie Miss Emily einen Pfarrer ins Haus schicken, um sie auf den Pfad der Tugend zurückzuführen. Das zentrale christliche Gebot der Nächstenliebe bedeutet ihnen jedoch wenig. Als das Gerücht umläuft, sie wolle sich das Leben nehmen, atmen sie geradezu auf: »we all said, ›She will kill herself‹; and we said it would be the best thing«. Als sie es wagt, sich unter Mißachtung der Konventionen von ihrem Geliebten (noch dazu einem gesellschaftlich unter ihr stehenden Nordstaatler!) durch die Straßen der Stadt kutschieren zu lassen, verstecken sich die Mitbürger hinter den Jalousien, um ungestört beobachten und tratschen zu können. Wenig später wird das Motiv des Voyeurismus ein zweites Mal aufgenommen: »we sat back to watch developments«. Hier legt Faulkner dem Erzähler Worte in den Mund, die ihn und die von ihm repräsentierte Gemeinschaft bloßstellen – ein glänzendes Beispiel für die Kunst, Figuren sich indirekt selbst charakterisieren zu lassen.

Miss Emily wurde als Personifizierung des Alten Südens gedeutet, als rigide, selbstherrlich, unfruchtbar, todbringend. Folgerichtig erscheint der Straßenarbeiter Homer Barron als der wendige, aber quecksilbrig-unzuverlässige amerikanische Norden, der dem erstarrten Süden die frohe Botschaft des technischen Fortschritts bringt, die Erzählung selbst als eine Variante des Dornröschen-Märchens, in der die alte Jungfer den modernen Prinzen totküßt. (Amüsante Beispiele für diese Deutungsrichtung finden sich in der von Inge edierten Aufsatzsammlung.)

Welchen Sinn diese alberne Allegorie haben könnte, hat die Kritiker nicht bewegt. Denn nachdem sie ihr allegorisches Grundgerüst erstellt hatten, konnten sie dem Autor die Figuren wie Marionetten aus der Hand nehmen und, jeder auf seine Weise, zum Sprechen bringen. Der eine lastet Miss Emily die alleinige Schuld für den Mord an – schließlich hätte sie ja einen ihres Standes würdigen jungen Bewerber aus Jefferson oder Umgebung nehmen können. Der andere weist auf den Vater, unter dessen Knute sie gestanden habe (man beachte die Peitsche, die er in Händen hält). Das zweite Schema erweist sich dabei als besonders flexibel, denn in ihm kann der Vater darüber hinaus als Adam-Figur des südstaatlichen Sündenfalls fungieren, flankiert von Bütteln wie Colonel Sartoris, dessen Einstellung zu den Schwarzen seine Menschenverachtung dokumentiert. Eine solche Schwarz-Weiß-Malerei aber ist unangebracht, läßt sich doch kaum verkennen, wieviel Kunst Faulkner bei aller Gesellschaftssatire darauf verwendet, die Hauptfiguren als *round characters* anzulegen – selbst dort, wo das im Rahmen einer Kurzgeschichte nur in Umrissen geschehen kann.

Vollends auf Abwege aber führt die immer wieder zu hörende Behauptung, Miss Emily habe sich der Leichenschändung schuldig gemacht. Der Text erlaubt bestenfalls die Aussage, daß Miss Emily mindestens zweimal im Zimmer des Toten gewesen sein muß: das erste Mal zur Tatzeit, das zweite Mal, um eine Locke ihres inzwischen ergrauten Haares neben ihm zu plazieren. Bei allen Versuchen, leichtfertige Vermutungen in gewichtige Beweise für Miss Emilys nekrophile Neigungen zu verwandeln, wurde der weitaus naheliegenderen Frage, ob das Motiv der Haarlocke auch eine andere Funktion haben könnte, wenig Beachtung geschenkt. Überzeugend beantwortet wurde sie von John V. Hagopian, der auf die Konvention des Abschiedsgrußes in der antiken Literatur aufmerksam gemacht hat (in Inge, S. 79). Vor diesem Hintergrund erweist sich der Mord, anders als oft angenommen, nicht als Rache-, sondern (so paradox es klingt) als Liebesakt.

In Interviews und Gesprächen hat sich Faulkner mehrfach zu Äußerungen über sein kleines Meisterwerk verlocken lassen und gesagt, daß er keine Kritik an seiner Heimat übe: er liebe sie, und in seinen Erzählungen schreibe er über Menschen. Denn so unsentimental er das Bild seiner Landsleute zeichnet: aus zahlreichen Stellungnahmen wird deutlich, daß er es entschieden ablehnt, seine Werke zum bloßen Medium der Gesellschaftskritik degradieren zu lassen. Auch wenn er sich die Stoffe, Themen und Motive seiner besten Werke aus der Welt des amerikanischen Südens holt, hätte er dem Wahrwort Robert Frosts zugestimmt: »You can't be universal without being provincial.«

Text: William FAULKNER: Collected Stories. New York: Random House, 1950. S. 119–130. – *Übersetzung:* William FAULKNER: Dürrer September. Übers. von Elisabeth Schnack. Zürich 1968.

Literaturhinweise: Cleanth BROOKS: William Faulkner. Toward

Yoknapatawpha and Beyond. New Haven 1978. – James B. CAROTHERS: William Faulkner's Short Stories. Ann Arbor 1985. – James FERGUSON: Faulkner's Short Fiction. Knoxville (Tenn.) 1991. – Evans HARRINGTON / Ann J. ABADIE (Hrsg.): Faulkner and the Short Story. Faulkner and Yoknapatawpha 1990. Jackson (Miss.) 1992. – M. Thomas INGE (Hrsg.): William Faulkner: *A Rose for Emily.* Columbus (Ohio) 1970. – Dietrich JÄGER: Erzählte Räume. Studien zur Phänomenologie der epischen Geschehensumwelt. Würzburg 1998. S. 211–222. – Robert A. JELLIFFE (Hrsg.): Faulkner at Nagano. Tokio 1956. – Diane ROBERTS: Faulkner and Southern Womanhood. Athens (Ga.) 1994. – Jack SCHERTING: Emily Grierson's Oedipus Complex. Motif, Motive, and Meaning in Faulkner's *A Rose for Emily.* In: Studies in Short Fiction 17 (1980) S. 397–405. – Hans SKEI: William Faulkner. The Novelist as Short Story Writer. Oslo 1985.

Detlev Gohrbandt

Ernest Hemingway: *A Clean, Well-Lighted Place*

Mitten im Aufruhr des englischen Bürgerkrieges bestimmte
Thomas Hobbes in seinem 1651 erschienenen *Leviathan*
das friedlose Menschenleben als »solitary, poore, nasty, brutish and short« (Hobbes, *Leviathan*, London 1965, S. 65).
In der Erzählung *A Clean, Well-Lighted Place* von Ernest
Hemingway (1899–1961) heißt es angesichts eines einsamen
alten Mannes, der in einem spanischen Café seinen unbe-
kannten Jammer in Brandy ersäuft: »An old man is a nasty
thing.« Die Geschichte erschien 1933 in dem Band *Winner
Take Nothing.* Der von Hemingway selbst komponierte Titel beschwor die Vanitas-Stimmung des englischen Barock
(Baker, S. 366) und meinte die Zerrissenheit Spaniens vor
dem Bürgerkrieg von 1936-39.

In Hemingways Erzählung scheint die große Politik
keine Rolle zu spielen, nur der knappe Wortwechsel über
den jungen Soldaten und die Guardia stellt einen zeitge-
schichtlichen Kontext her. Aber wie wir von Hobbes wissen, sind der natürliche Zustand des Menschen und seine
politische Existenz in einem Staat nicht voneinander zu
trennen, weshalb diese Erzählung über Einsamkeit und
Würde, Angst und Selbstvertrauen, Verzweiflung und Mitgefühl, die in einem ungenannten Café an einem ungenannten Ort in Spanien um 1930 spielt, auch eine politische Geschichte ist. Sie entwirft die Utopie von einem Ort, der so
hell und sauber und freundlich ist, daß er auch in sehr
dunklen Zeiten als Refugium taugt.

A Clean, Well-Lighted Place ist aufgebaut nach einem
Muster, das an den letzten Akt eines Dramas erinnert: Ein
Spieler nach dem anderen verläßt die Bühne. Durch die Be-
schränkung auf einen Schauplatz, eine kurze Zeitspanne
und eine sehr einfache Handlung mit einer symmetrischen

Personenkonstellation (ein alter Kellner und ein junger, im Café ein alter Mann, draußen der junge Soldat) erzielt die Erzählung eine klassische Kargheit und Konzentration.

Die beiden Kellner machen sich Gedanken über ihren Gast, den sie als ›guten Kunden‹ kennen. Sie wissen einiges über ihn, aber das wichtigste können sie nur vermuten. Während sie über ihn reden, verraten sie uns Lesern ebenso viel über sich selbst wie über den alten Mann, ja sie entblößen sich durch ihre Worte und Handlungen, während der fast stumme Gast uns und ihnen fern bleibt. Was erfahren wir über diese Männer und ihre Welten? Was vermuten wir bloß, und was wissen wir ganz und gar nicht?

Hemingways Erzählung bewegt sich zwischen Wissen, Vermuten und Unkenntnis. Es gibt Tatsachen: »it was late«, »he was deaf«, »a girl and a soldier went by in the street«. Anderes ist ungewiß: Die Mitteilung des älteren Kellners, daß der alte Mann eine Woche zuvor versucht hat, sich umzubringen, ist Wissen aus zweiter Hand oder bloßes Gerücht, keine eigene Beobachtung. Erst recht gilt das für die Erklärung, die der Kellner für den Selbstmordversuch gibt: »He was in despair.« Woher weiß er das? Auch die Verzweiflung kann er nicht beobachten, er kann sie nur aus Indizien erschließen oder aus eigener Erfahrung dem anderen unterstellen.

Die Ungewißheit wird in diesem ersten Dialog der Erzählung zum Thema gemacht, als ein Kellner, wahrscheinlich der jüngere, nach dem Grund für die Verzweiflung des alten Mannes fragt: »What about?‹ – ›Nothing.‹ – ›How do you know it was nothing?‹ – ›He has plenty of money.‹« Hier heißt »nothing« (ein Wortersatz, der im Laufe der Geschichte noch eine große Rolle spielen wird) nicht im absoluten Sinne ›nichts‹, vielmehr bezeichnet es das Unvermögen, eine genaue Antwort zu geben, es steht als ein unbestimmtes Pronomen für ein Unbekanntes, Unsagbares, das man aber ahnen kann. In diesem Augenblick können die Kellner sich beide nicht vorstellen, daß es außer

Geldnot noch einen weiteren Grund zum Selbstmord geben kann.

Bei aller Ungewißheit besitzen die beiden Kellner als welterfahrene Männer einen praktischen Vorrat an Weltwissen, der ihnen einfache Prognosen erlaubt über das Verhalten von Kunden und über die Gefahr, die dem jungen Soldaten durch die Guardia droht. Diagnosen sind dagegen sehr viel schwerer zu stellen: ein Kellner glaubt, der alte Mann bleibt gerne so lange auf, der andere vermutet, daß er einsam ist.

Auch Wertungen sind ungewiß, und wenn sie noch so entschieden vorgetragen werden. Deshalb kommt es zu einem Dissens zwischen den beiden, ob der alte Mann »a nasty thing« oder »clean« sei, ob er rücksichtslos ist oder Mitleid verdient. Der zurückhaltende Erzähler mischt sich mit eigenem Urteil (oder mit dem Wissen über das Urteil des einen Kellners) ein: »The waiter watched him go down the street, a very old man walking unsteadily but with dignity.« Zuvor hat dieser Erzähler den jüngeren Kellner schon als »stupid« bezeichnet, ein voreiliges Urteil, das er kurz darauf zurücknimmt: »He did not wish to be unjust. He was only in a hurry.« In den Dialogen der Kellner macht die anfangs ungewisse Zuordnung der Reden zum älteren und geduldigen bzw. zum jüngeren Mann sowie die kaum merkliche Verschiebung von Erzähler- zu Figurenperspektive noch einmal auf die unsicheren Grundlagen des Wissens und Urteilens aufmerksam. Im Umgang mit dem derart Ungewissen ist aber das sorgfältige Abwägen, das Berechnen, von größter Bedeutung. Wo die Berechenbarkeit aufhört, da beginnt die Angst.

Das Rechnen gehört zum Handwerk eines Kellners, spanische Kellner rechnen die Zeche anhand der Untertassen aus, eine für jedes Glas: »The old man stood up, slowly counted the saucers, took a leather coin purse from his pocket and paid for the drinks, leaving half a peseta tip.« Geld ist für Kellner wie für andere Menschen nicht nur ein

Medium für das Rechnen, es ist auch ein wichtiger Inhalt des zu Berechnenden. Zu diesem Berechnen gehören in unserer Erzählung zwei Begriffe, die sich durch die ganze Geschichte ziehen, »difference« und »nothing«. Über »nothing« wird als *nada* noch mehr zu reden sein. Hemingway hat den Begriff »difference« schon im ersten Absatz eingeführt, als sein Erzähler uns zuverlässig erklärt, daß der alte Mann den Unterschied zwischen Lärm und Ruhe spürt, auch wenn er ihn nicht mehr hören kann. Es gibt verschiedene Arten, Unterscheidungen zu treffen und verschiedene Grade der Zuverlässigkeit des Urteils.

Zu Beginn der Erzählung dienen Kriterien wie Alter und Wohlstand, um zwischen Menschen zu unterscheiden. Der jüngere Kellner beurteilt den alten Mann danach, wann er zu Bett geht und ob er eine Frau hat, die ihm noch nützen kann, und unterscheidet so zwischen sich und ihm. Damit wird auch zwischen den beiden zunächst verwechselbaren Kellnern unterschieden, von denen der geduldige Mitgefühl für den alten Mann zeigt, und der ungeduldige nur an sich selbst denkt. Das Suchen nach gültigen Unterscheidungen wird bald zum Thema: »›Why didn't you let him stay and drink?‹ the unhurried waiter asked. [...] ›It is not half past two.‹ – ›I want to go home to bed.‹ – ›What is an hour?‹ – ›More to me than to him.‹ – ›An hour is the same.‹ – ›You talk like an old man yourself. He can buy a bottle and drink at home.‹ – ›It's not the same.‹ – ›No, it is not‹, agreed the waiter with a wife.« Es geht nicht um materielle Unterschiede, sondern um die Unterscheidung von Werten, und das ist ein schwieriges Unterfangen, selbst für die rechengewandten Kellner.

Noch schwieriger wird es, wenn die Kellner auf sich selbst zu sprechen kommen. Das geschieht gleich darauf nach einer kurzen Überleitung: Der ältere Kellner zahlt dem Kollegen sein grobes Verhalten gegenüber dem alten Mann mit einem hämischen Witz über die zweifelhafte Treue seiner Frau heim. Der Witz dient dem Erzähler auch dazu, den Begriff »fear« in die Geschichte einzuführen. Der pikierte Ehemann wirft sich in Pose und beteuert: »›I have confidence. I am all confidence‹«, eine Übertreibung, die verrät, wie gefährdet seine Idylle ist. So verschieden die Situation der beiden Kellner, des alten Mannes und des jungen Soldaten zu sein scheint, alle haben sie Grund, sich zu fürchten, wenn sie auch nicht wissen, wovor.

Nun entwickelt sich ein Dialog, in dem die Kellner in einer charakteristischen Verbindung von bestimmenden Merkmalen und unbestimmten Fürwörtern sich (gegenseitig) definieren. Der Dialog kulminiert in der Feststellung einer radikalen Verschiedenheit: »We are of two different kinds.‹« Welche Merkmale sind es, nach denen Menschen in verschiedene Gattungen eingeteilt werden können, die sich wesentlicher unterscheiden müssen als bloß nach alt und jung, geduldig und ungeduldig, mitfühlend und ich-bezogen? Es ist wahrscheinlich nicht entscheidend, daß diese Merkmale als »youth, confidence, and a job« spezifiziert werden, denn sie ergeben sich aus der aktuellen Situation. In einer Kriegsgeschichte wie *A Way You'll Never Be* aus dem gleichen Band steht der Gegensatz von Mut und Feigheit thematisch im Mittelpunkt, er wird allerdings verknüpft mit dem Begriff »confidence« und dem Wechselspiel von Wissen und Sagen. Der ältere Kellner bestätigt denn auch, daß dieses epistemologische Anliegen den eigentlichen Kern der Geschichte ausmachen: »It is not only a question of youth and confidence although those things are very beautiful.‹« Es geht darum, etwas anderes zu verstehen, eine wichtigere Art von Unterscheidung und Bewertung zu treffen.

Die Erklärung dessen, was es zu verstehen gilt, im Titel schon angekündigt, bildet den Höhepunkt der Geschichte, ehe der ältere Kellner als letzter das Café verläßt und sich auf den Heimweg macht. Er erklärt: »Each night I am reluctant to close up because there may be some one who needs the café.‹ – ›Hombre, there are bodegas open all night long.‹ – ›You do not understand. This is a clean and pleasant café. It is well lighted. The light is very good and also, now, there are shadows of the leaves.‹« Schon verabschiedet sich der jüngere Kellner mit einem knappen Gruß, wahrscheinlich hat er nichts verstanden. Das ist nicht verwunderlich, denn die Rede vom »clean and pleasant café« ist eine metaphorische Rede, die weit über das Hier und Jetzt dieses spanischen Cafés hinausweist, bis hin zu William Blakes visionärer Vorstellung eines »In England's green and pleasant Land« zu errichtenden besseren Ortes, einer Utopie (*Milton*, 1804).

Der doppelte Kontext von Hobbes und Blake mag andeuten, welche gedanklichen Dimensionen sich unter der Oberfläche von Hemingways lakonischem Stil verbergen. In *Death in the Afternoon* (New York, 1932) hat Hemingway die intertextuelle Komponente dieses Stils als eine Art Naturgesetz beschrieben: »Every novel which is truly written contributes to the total of knowledge which is there at the disposal of the next writer who comes, but the next writer must pay, always, a certain nominal percentage in experience to be able to understand and assimilate what is available as his birthright and what he must, in turn, take his departure from.« Von Hobbes und Blake profitiert nur der Schriftsteller, der seine eigenen Erfahrungen gemacht hat; es fällt auf, wie nah in diesen Sätzen Hemingway bei der Thematik von Wissen und Berechnen ist, die wir in *A Clean, Well-Lighted Place* festgestellt haben. Gleich darauf folgt in der berühmten Eisberg-Metapher die Poetik des knappen Schreibens (S. 192). So wie der Dichter von seinen starken Vorläufern nur dann Nutzen ziehen kann, wenn er sein eigenes Wissen hinzufügt, so wird vom Leser die Fähigkeit erwartet, das im Text Ungesagte oder Verborgene beizutragen.

Die meisten literarischen Texte erwarten diese Fähigkeit von ihren Lesern, aber von den Lesern Hemingways wird sie doch auf eine ganz eigene Art verlangt. Das liegt an seinem Stil, dessen Einfachheit auf einer Poetik der Kargheit beruht (Lodge, S. 195). Die ausgesparten Inquit-Formeln in den Dialogen, die auf ein Minimum reduzierten Beschreibungen, der weitgehende Verzicht auf Erzählerkommentar und allwissende Kontextualisierung sowie die für sich genommen banalen Handlungen vieler Erzählungen gehören dazu. Für diese Erzählung wie für manche andere (z. B. *The End of Something*) sind die Proformen wie »something«, »nothing« und »everything« die charakteristischen Eisberg-Elemente.

Das einleitende »every one had left the café except an old man« bereitet das erwähnte »Nothing« / »How do you know it was nothing?« im ersten Dialog vor. Unausgesprochene Texte stecken in Fragen wie der über den jungen Soldaten (»What does it matter if he gets what he's after?«, d. h. wenn er sein Mädchen rumkriegt) und im zweiten Dialog über den alten Mann (»What did he want to kill himself for?«, d. h. es muß doch einen Grund geben). Im dritten Dialog kommt es zu einer Häufung dieser Strukturen in Dreiergruppen, zunächst mit »You have everything«, »Everything but work« und »You have everything I have«, dann in der Erklärung des alten Kellners mit »I am of those who like«, »all those who do not want« und »all those who need«. Die Proformen implizieren Fragen nach dem, was wohl mit ›alles‹ gemeint sein kann, und ob es ein solches überhaupt gibt. Der Leser wird veranlaßt zu fragen, wer all die Menschen sind, die etwas wollen, nicht wollen und brauchen, was es denn ist, was sie brauchen und warum sie ein Licht für die Nacht brauchen. Alle diese Auslassungen und Fragen drängen hin zum Höhepunkt in der Antwort des älteren Kellners: »Each night I am reluctant to close up because there may be some one who needs the café.«

»There may be some one who needs« – das ist eine ganz und gar positive Erwartung, eine Gewißheit, die keine Namen zu nennen braucht. Ihr steht eine negative Gewißheit gegenüber, daß es nämlich etwas gibt, vor dem diese ungenannten Menschen sich fürchten und weshalb sie die Tröstung eines sauberen, hell erleuchteten Ortes brauchen. Darüber denkt der ältere Kellner nach, als er das Café abschließt und sich auf den Heimweg macht: »What did he fear? It was not fear or dread. It was a nothing he knew too well. It was all a nothing and a man was nothing too. It was only that and light was all it needed and a certain cleanness and order.«

Auch hier läßt Hemingway den Kellner durch einen Text sprechen, in dem manches unausgesprochen bleibt, etwa nach »needed« die Ellipse »to combat the nothing«. Hinter dem Begriff »fear« steckt offenbar eine Erfahrung, die er sehr wohl kennt und von der er weiß, daß andere (keineswegs alle) sie auch kennen. Er belegt diese Erfahrung konventionell mit dem Namen ›Angst‹ oder ›Grauen‹, und ganz am Ende der Geschichte nennt er sie euphemistisch ›Insomnie‹. Vielleicht ist *nada*, ›Nichts‹, eine wahrhaftigere Benennung, weil sie nicht vorgibt, einen volleren Namen zu wissen. Vielleicht ist ›Nichts‹ aber nur eine vorläufige Benennung für etwas, das einen vollen Namen besitzt, den es zu finden gilt und auszusprechen. Wenn man die Schwierigkeiten, ›es‹ zu kennen und zu benennen, so identifiziert, dann wird deutlich, warum nun die Parodie des Vaterunser (und des Ave Maria) folgt.

Das Gebet wird gerichtet an einen, dessen Namen der Fromme nur in verschiedenen Umschreibungen kennt: Herr, Vater, Schöpfer. *Nada* ist eine Umschreibung, die Gott ersetzt und in der Ersetzung leugnet. Das bestätigt jedes Lesen dieses Textes: »Our nada who art in nada, hallowed be thy name« usw. Zugleich wird *nada* durch die parodistischen Ersetzungen in Gleichung zu den ursprünglichen Worten gebracht, wir lesen durch die Parodie hindurch den lukanischen Text. *Nada* heißt Vater, Himmel, geheiligt, komme, geschehe, Himmel, Erden, heute, Brot, vergib, Schuld, vergeben, Schuldnern, führe, Versuchung, und schließlich auch das Böse. *Nada* heißt all dieses und zugleich leugnet es alles und heißt Nichts. Wir können die ge-

strichenen Worte wieder herstellen und uns das Ausmaß der
Streichung bewußt machen. Zwei Bitten bleiben aber be-
wahrt, nämlich »give us« und »deliver us«.

Bei aller Blasphemie handelt es sich um ein aufrichtiges
Gebet, das im reformatorischen Sinne von Jesus alle erstarrten Worte streicht, bis der Kern hervortritt. Das Gebet wird
zur Bitte um Gabe und Erlösung, und damit setzt es konsequent die Wahrnehmung des Kellners fort, daß es Menschen gibt, die ›ein Licht für die Nacht brauchen‹. Der Kellner betet aber nicht nur, er sorgt selbst, so gut er kann, dafür, daß dem bedrängenden *nada* sein Gegenteil, »a very
different thing«, entgegengestellt wird. Damit thematisiert
Hemingways Geschichte die Verzweiflung der Menschen
und ihre Angst vor dem sinnleeren Nichts, aber sie läßt völlig offen, was stärker ist: jene Würde, die im alten Mann
und nun im alten Kellner verkörpert wird, oder das, wo-
gen beide auf ihre Weise ankämpfen. Jedenfalls endet die
Erzählung nicht im *nada*: Zwar erliegt der Kellner zunächst
der Versuchung, mit der nun mechanisch gewordenen Formel einen letzten Kaffee abzulehnen, aber er besinnt sich,
nimmt den Kaffee an und besteht weiter auf seiner Unterscheidung: »›the bar is unpolished‹ [...]. A clean, well-
lighted café was a very different thing.«

Hobbes hatte den Krieg, also die Abwesenheit von Frieden, als einen Zustand des vielfältigen Nichts beschrieben,
in dem auch so scheinbar banale Dinge wie »commodious
buildings« fehlen. In der Zeit des Unfriedens herrsche die
Angst vor dem Tod, der plötzlich und gewaltsam über die
Menschen hereinbricht. Der Erzähler Hemingway folgt der
Analyse des Philosophen und zeigt die Angst alter wie junger Menschen vor der Einsamkeit, ihre Angst vor einem
armseligen und allzu kurzen Leben. Hemingway zeigt, daß
das gefährdete Leben nicht »nasty« und »brutish« sein
muß, solange Menschen Haltung wahren, ihre eigene
Würde und die Würde anderer bewahren und sich darin einen hellen, sauberen Ort einrichten.

Text: Ernest HEMINGWAY: The Short Stories. New York: Charles Scribner's Sons, 1953. S. 379–383. – *Übersetzung:* Ernest HEMINGWAY: Sämtliche Erzählungen. Übers. von Annemarie Horschitz-Horst. Reinbek 1966.

Literaturhinweise: Carlos BAKER: Ernest Hemingway. A Life Story. Harmondsworth 1972. – Jackson J. BENSON (Hrsg.): The Short Stories of Ernest Hemingway. Critical Essays. Durham (N.C.) 1975. – Jackson J. BENSON (Hrsg.): New Critical Approaches to the Short Stories of Ernest Hemingway. Durham (N.C.) 1990. – Cleanth BROOKS: Ernest Hemingway. Man on his Moral Uppers. In: C. B.: The Hidden God. Studies in Hemingway, Faulkner, Yeats, Eliot, and Warren. New Haven 1963. S. 6–21. – David LODGE: Hemingway's Clean, Well-lighted, Puzzling Place. In: D. L.: The Novelist at the Crossroads. London 1971. S. 184–202. – Klaus LUBBERS: Hemingway: *A Clean, Well-Lighted Place.* In: Karl Heinz Göller und Gerhard Hoffmann (Hrsg.): Die amerikanische Kurzgeschichte. Düsseldorf 1972. S. 278–287, 415–417. – Jeffrey MEYERS: Hemingway. A Biography. New York 1985. – Wolfgang SCHRÖDER: ›A Very Different Thing‹: ›Something‹ versus ›Everything‹ versus ›Nothing‹. Zur Interpretation eines Topos bei Hemingway. In: Literatur in Wissenschaft und Unterricht 23 (1990) S. 325–335.

Markus Schwarz

John Steinbeck: *The Promise*

Die Kurzgeschichte *The Promise* entstand 1934, als John Steinbeck (1902–68) im heimatlichen Salinas in Kalifornien seine Mutter gegen Ende ihres Lebens pflegte. Damals betrachtete er sein Schreiben nicht nur als stildisziplinierende Übung, sondern – unter den biographischen Umständen verständlich – auch als Versuch, Fühlweisen und Atmosphäre der eigenen Kindheit lebendig und nachvollziehbar werden zu lassen. In einem Brief aus dem Jahre 1936 schreibt er: »I want to recreate a child's world, not of fairies and giants but of colors more clear than they are to adults, of tastes more sharp and of queer heart breaking feelings that overwhelm children in a moment. I want to put down the way ›afternoon felt‹ – and the feeling about a bird that sang in a tree in the afternoon.« (Zit. nach Rauter, S. 298.)

The Promise ist die dritte Erzählung des vierteiligen Zyklus *The Red Pony* (1937), in dem zwei zentrale Themen des Autors deutlich hervortreten: die Initiation eines Jungen und – damit eng verbunden – die Erfahrung des Todes. Der kalifornische Schauplatz ruft zudem Steinbecks Ansehen als Regionalist in Erinnerung, während der gesellschaftliche Hintergrund, das karge Alltagsleben der Farmerfamilie Tiflin, jenes soziale Engagement reflektiert, das sich wenig später in seinem berühmtesten und wohl auch bedeutendsten Werk niedergeschlagen hat: dem Roman *The Grapes of Wrath* (1939), für den er 1962 mit dem Literatur-Nobelpreis ausgezeichnet wurde.

Die Geschichte erzählt einen fast einjährigen Abschnitt aus dem Leben des Farmersohns Jody Tiflin. Sie beginnt an einem Frühlingsnachmittag und beschreibt, wie dem etwa elfjährigen Jungen die Obhut der Stute Nellie aufgetragen wird, nachdem der Vater das Tier von einem Hengst der benachbarten Farm hat decken lassen. Jodys Aufgabe soll darin bestehen, die Stute während der Tragezeit zu pflegen, ohne darüber seine häuslichen und schulischen Pflichten zu vernachlässigen. Als Belohnung wird ihm das Fohlen versprochen. Er erfüllt seine Aufgabe gewissenhaft, wobei die wachsende Vorfreude ihn verändert, gelegentlich aber auch als den unverändert Gleichen erscheinen läßt. Höhepunkt der Handlung ist die Geburt des Fohlens in einer Winternacht: Billy Buck, der Farmgehilfe und väterlich mitfühlende Freund, der versprochen hat, darauf zu achten, daß dem Tier kein Schaden zustößt, muß in Jodys Beisein die Stute töten, um das Fohlen zu retten. Der Junge empfängt sein Geschenk mit gemischten Gefühlen.

Steinbeck wählt, wie es in amerikanischen Initiationsgeschichten oft der Fall ist, eine personale Erzählperspektive. Dabei wird das Geschehen so dargestellt, daß die Außenwelt das Innenleben der Hauptfigur spiegelt. Die fast ein Jahr umspannende erzählte Zeit – vom Frühlingsnachmittag am Anfang bis zur Februarnacht am Ende – wird im Sinne der Textökonomie stark gerafft. Der Erzähler tut dies, indem er die natürliche Abfolge der Jahreszeiten und die zyklischen Veränderungen in der umgebenden Natur umschreibt (S. 79). Solche Raffungen treten zum Ende der Geschichte hin nicht nur häufiger auf, sie werden auch zunehmend leichter datierbar.

In der Zeitbehandlung spiegelt sich die Entwicklung des Helden, der aus einem von Tagträumen und Langeweile beherrschten Frühlingstag in die Zeitkonzeptionen der Erwachsenen hineinwächst, so daß seine Hoffnungen und Erwartungen immer stärker zum Ausdruck kommen. Die Notwendigkeit, der erzählten Zeit eine Struktur zu verleihen, wird geschickt für eine Beschleunigung des Handlungsablaufs genutzt, die eine zunehmende Dramatisierung mit sich bringt. Um die psychische Komplexität seiner Hauptfigur zu veranschaulichen – Jody ist durchaus ein *round character* –, greift Steinbeck zu den Mitteln der Iro-

nie und des Humors. Diese werden um so seltener einge-
setzt, je älter und reifer Jody wird. Schon in der Eröff-
nungsszene, in der sich der Junge auf dem Heimweg von
der Schule befindet, läßt sich die Mischung von distanzie-
render Ironie und einfühlendem Humor aufzeigen.

Jodys Tagtraumwelt und die ihn umgebende Alltagsrealität treffen hier aufeinander und werden zeitweise eng miteinander verbunden. Er erscheint hier als stolzer Anführer
einer mächtigen, furchteinflößenden Armee, und der Erzähler verleiht der Wirklichkeit dieser Truppe gelegentlich
Nachdruck, indem er z. B. von Jodys nur scheinbarem Al-
leinsein spricht (»seemingly alone«, S. 64), oder wenn das
echte Vieh auf der Weide die imaginäre Heerschar ebenfalls
zur Kenntnis nimmt (»the animals stopped their feeding
and their play and watched it go by«, S. 65); schließlich
auch, wenn der Erzähler der wartenden Armee für einen
Augenblick eigenständiges Handeln zugesteht: »The grey
army halted, bewildered and nervous« (ebd.). Die Folge
kleiner Ereignisse mündet schließlich in die Alltagsrealität:
Jodys geträumte Armee löst sich auf; an ihre Stelle treten
tatsächliche Insekten und Reptilien, die er eifrig in seine
Frühstücksbüchse sammelt. Damit wird er als ein Junge wie
jeder andere charakterisiert.

Nachdem der Vater ihm ein eigenes Pferd versprochen
hat, ist Jody sogleich bemüht, die dafür erforderliche Würde
und Männlichkeit unter Beweis zu stellen: »His shoulders
swayed a little with maturity and importance« (S 69). Die
komische Wirkung, die hier erzielt wird, liegt darin begründet, daß Jody zwar in die Welt der Erwachsenen eintreten
möchte, aber unverkennbar noch in der eigenen, der Welt
eines Kindes, lebt, was ihm selbst nicht bewußt ist. So stellt
Steinbeck den Prozeß des Übergangs in Bildern dar, die den
Widerspruch zwischen Wollen und Sein mit subtilem Humor zum Ausdruck bringen: »he was forced to take a seri-
ous stiff-legged hop now and then in spite of his maturity«
(S. 70). Doch mögen seine Verhaltensweisen äußerlich noch

so kindlich wirken: durch die mit dem Vater getroffene Übereinkunft hat er die Welt sozialen Handelns betreten.

Das für eine Initiationsgeschichte zentrale Thema von Illusion und Desillusionierung tritt in einer linearen Entwicklung zutage: Jodys Welt der Tagträume vermag der Alltagsrealität im Lauf der Geschichte immer weniger Widerstand entgegenzusetzen und weicht schließlich ganz vor ihr zurück. Dieses Thema ist mit einem weiteren verbunden: mit dem Zyklus von Werden und Vergehen, von Leben und Tod. Symbolisch verdichtet wird dieses Thema in der Beschreibung des Ortes, den Jody oft aufsucht, um zu sich selbst zu finden: ein ruhiges Plätzchen, das mit seiner nicht versiegenden Quelle und dem immergrünen Gras Züge eines irdischen Paradieses trägt (»a patch of perpetually green grass«, »singing water«, S. 77). Aber am Rande dieses Locus amoenus steht eine Zypresse – nichts Ungewöhnliches für die kalifornische Küstenlandschaft, zugleich aber der römische Baum des Todes (Timmerman, S. 136). Die traditionelle Symbolfunktion des Baumes wird im Text dadurch hervorgehoben, daß die Zypresse als Schlachtplatz der Farm dient. Das quellende Wasser und der düstere Baum sind einander feindliche Gegensätze, und doch erscheinen sie als eins und untrennbar.

Die Textstelle verweist auch auf den Umstand, daß Jody durch die Geschehnisse der vorangegangenen Kurzgeschichten des Zyklus schon teilweise initiiert ist. Den Tod eines liebgewonnenen Tieres und, eng damit verknüpft, das Versagen seines teuren Freundes hat er in *The Gift* erfahren, die in *The Great Mountains* geschilderten Ereignisse haben ihm die Endlichkeit auch des menschlichen Daseins nahegebracht.

The Promise behandelt darüber hinaus ein weiteres Motiv, das in zahlreichen amerikanischen Initiationsgeschichten erscheint: das der Sexualität. Zu Anfang wird in der Beschreibung des Verhaltens der Stute Nellie auf das Animalisch-Aufbrausende, das Aggressiv-Verrückte sexueller

Begierde hingewiesen. Hier umschreiben emotionale Auswirkungen die Ursache. Ausführlich wird das Zusammentreffen der beiden Pferde Nellie und Sundog am nächsten
Morgen geschildert. Die Begegnung vollzieht sich vor Jodys
Augen, der dabei einen Augenblick sogar in Lebensgefahr
gerät. Steinbeck bedient sich vornehmlich dynamischer
Handlungsverben, um die schnellen und kraftvollen Bewegungen der Tiere zu beschreiben. Daß der Junge das
Gesehene nur zum Teil versteht, deutet Steinbeck durch
die Verwendung zweier Adjektive an, die der Leser aus
dem Erzählkontext lösen kann, um sie auf das unmittelbar
folgende, vom Erzähler jedoch ausgesparte Geschehen, zu
übertragen: »His stiff, erected nostrils were as red as flame«
(S. 71).

Im Verlauf der Geschichte zeichnet sich die wachsende
Bereitschaft des Jungen ab, auch die abgründigen, mysteriösen Seiten des Lebens wahrzunehmen. Dies läßt sich an
der in *The Promise* verwendeten Farbsymbolik ablesen.
An Jodys immergrünem Ort der Besinnung hat auch der
Tod, verbildlicht durch die schwarze Zypresse, seinen Platz.
Der Hengst Sundog und das aus seiner Vaterschaft geborene Fohlen sind beide Rappen. Die Ungezügeltheit Sun-
dogs steht auch für ein Leben, das aus rationalen Bahnen
ausbricht; entsprechend symbolisiert das schwarze Fohlen
in der an eine Krippenszene angelehnten Beschreibung seiner Geburt das Mysterium, das in die Welt des jungen Helden tritt.

Die drei Erwachsenen – der Vater, die Mutter, der ständig
präsente Farmgehilfe Billy Buck – sind allesamt Repräsentanten einer harschen Alltagswelt, in der die Sicherung des
materiellen Daseins die vorrangige Aufgabe ist. In seiner
Rolle als Familienvater und Besitzer der Farm erscheint
Carl Tiflin als harter Pragmatiker, dessen Denken und Handeln nicht über unmittelbare materielle Lebensverhältnisse
hinausreicht. Berührungen mit anderen, immateriellen Bereichen geht er aus dem Wege, ja sie scheinen ihn sogar zu

ängstigen (vgl. *The Great Mountains* und *The Leader of the People*). Seine prinzipientreue Strenge (S. 67) macht ihn für seinen Sohn unnahbar, fördert auch dessen Verschlossenheit, Empfindsamkeit und taktierende Schläue. Jodys Mutter, vornehmlich bei der Erfüllung häuslicher Pflichten zu sehen, tritt ihrem Sohn oft ermahnend und zurechtweisend entgegen, jedoch scheint sie mehr als ihr Ehemann darum bemüht, einen Einblick in seine Persönlichkeit zu gewinnen, wenn sie beispielsweise nach dem Grund für sein schlechtes Gewissen fragt (ebd.).

Auch im Leben von Billy Buck nehmen die Notwendigkeiten und Erfordernisse des Alltagsdaseins einen wichtigen Platz ein. Seine soziale Stellung als Farmgehilfe läßt dies verständlich erscheinen. In seinem Verhalten Jody gegenüber ist er der einzige Erwachsene, der ihn mit verständnisvollem Ernst behandelt und auch emotional Anteil nimmt. Entsprechend tritt in Jodys Umgang mit Billy jene Offenheit zutage, die er seinem Vater gegenüber nicht zeigen kann. Deutlich wird dies in Jodys Reaktion auf die Übereinkunft mit seinem Vater: ihm gegenüber zeigt er ehrfürchtige Dankbarkeit, verhaltene Zuneigung zum Farmgehilfen (S. 68 f.).

Die enge Gefühlsbeziehung zwischen Billy Buck und Jody läßt den Farmgehilfen als die eigentliche Vaterfigur der Geschichte erscheinen (Timmerman, S. 127). Auch die Doppeldeutigkeit des Titels der Geschichte betont die enge Beziehung. Die Schlußszene läßt erkennen, wie sehr mit dem Versprechen auch jenes gemeint ist, das Billy – im Bewußtsein seines früheren Versagens – Jody gegeben hat: das Fohlen heil zur Welt zu bringen. Und er hält sein Versprechen, wenn auch um den Preis, daß er die Stute töten muß. Durch die Geburt des Fohlens erfährt Jody – und dies ist ein weiteres Merkmal vieler Initiationsgeschichten –, daß auch die Erfüllung eines lang gehegten Wunsches die daran geknüpften Träume nicht, jedenfalls nicht immer, wahrwerden läßt. Vor allem aber wird durch die Sicht des jungen Protagonisten die unabdingbare Nähe von Leben und Tod, von Geburt und Sterben, unsentimental vor Augen geführt.

The Red Pony zählt zu den beliebtesten Short-Story-Sammlungen des 20. Jahrhunderts. Ihre Verfilmung aus dem Jahre 1948 unter der Regie von Lewis Milestone ist inzwischen zwar in Vergessenheit geraten, nicht aber die vom amerikanischen Erfolgskomponisten Aaron Copland geschriebene Filmmusik mit dem gleichen Titel, die als Orchestersuite ein ebenso erfolgreiches Eigenleben führt wie Steinbecks literarische Vorlage.

Text: John STEINBECK: The Red Pony. London: Pan / William Heinemann, 1984. S. 64–89. – *Übersetzung:* John STEINBECK: Gabilan, der rote Pony. Übers. von Rudolf Frank. Stuttgart 1962.

Literaturhinweise: Joseph FONTENROSE: John Steinbeck. An Introduction and Interpretation. New York 1963. – Warren FRENCH: John Steinbeck. New York ²1975. – Arnold L. GOLDSMITH: Thematic Rhythm in *The Red Pony.* In: Robert Murray Davis (Hrsg.): Steinbeck. A Collection of Critical Essays. Englewood Cliffs (N. J.) 1972. – Peter LISCA: John Steinbeck. Nature and Myth. New York 1978. – Jay PARINI: John Steinbeck. A Biography. London 1994. – Herbert RAUTER: John Steinbeck: *The Leader of the People.* In: Karl Heinz Göller und Gerhard Hoffmann (Hrsg.): Die amerikanische Kurzgeschichte. Düsseldorf 1972. S. 298–306, 418 f. – John H. TIMMERMAN: The Dramatic Landscape of Steinbeck's Short Stories. London 1990. – A. Susan WILLIAMS: John Steinbeck. Life and Works. Hove 1990.

Richard Wright: *The Man Who Was Almost a Man*

Richard Wright (1908–60) wurde auf einer Farm in Roxie bei Natchez, Mississippi, geboren und wuchs in Memphis, Tennessee, auf. Sein Vater verließ die verarmte Familie, als Richard sechs Jahre alt war. Weitere Unglücksfälle in der Familie prägten den Jungen, der 1920 das erste Mal für ein gesamtes Jahr eine Schule besuchen konnte. Richard kam früh zum Schreiben und veröffentlichte schon mit 16 Jahren seine erste Kurzgeschichte. Im Alter von 19 Jahren verließ er den Süden und arbeitete als Postbeamter in Chicago. Wright wurde politisch aktiv und trat der kommunistischen Partei bei. 1937 ging er nach New York und widmete sich hauptsächlich der Schriftstellerei und der Politik. Im folgenden Jahr veröffentlichte er seinen ersten Band mit Kurzgeschichten, *Uncle Tom's Children*. Weltberühmt wurde Wright mit seinem ersten Roman, *Native Son*, der 1940 erschien. Im selben Jahr ließ er sich nach nur einjähriger Ehe von seiner ersten Frau scheiden. 1941 heiratete er Ellen Poplar, mit der er bis zu seinem Tod zusammenblieb. Seine 1945 erschienene Autobiographie *Black Boy* wurde ebenfalls ein Bestseller. Nach dem Zweiten Weltkrieg zog Wright nach Paris, wo er weiter schriftstellerisch tätig war. Schon 1940 hatte er seine Kurzgeschichte *Almos' a Man* veröffentlicht, die unter dem Titel *The Man Who Was Almost a Man* 1961 in die Sammlung *Eight Men* aufgenommen wurde. Wright erlebte die Veröffentlichung nicht mehr; er starb am 28. November 1960 plötzlich an Herzversagen und wurde in Paris beigesetzt.

The Man Who Was Almost a Man spielt in den dreißiger Jahren dieses Jahrhunderts im amerikanischen Süden. Dave Saunders, der Protagonist der Geschichte, ist ein neunzehnjähriger afro-amerikanischer Farmarbeiter, der von seinen

Arbeitskollegen ausgelacht wird, weil er glaubt, fast ein Mann (»almost a man«) zu sein. Um den anderen Farmarbeitern seine Männlichkeit zu beweisen, erwirbt Dave bei dem örtlichen Krämer einen alten Revolver, nachdem er seine Mutter überredet hat, ihm das Geld dafür zu geben. Er traut sich aber nicht, seine Errungenschaft den Männern vorzuführen, schon gar nicht seinem Vater, der den Besitz der Waffe nicht erlauben würde. Deshalb prahlt er mit seinem Revolver vor dem Maultier Jenny, das dem Plantagenbesitzer Jim Hawkins gehört. Bei Daves erstem Schußversuch schlägt ihm der Rückstoß die Waffe zur Seite, und die verirrte Kugel verletzt das Maultier so schwer, daß es verendet. Dave soll den Wertverlust, der dem Besitzer entsteht, in zwei Jahren abarbeiten und wird von seinen Kollegen in aller Öffentlichkeit ausgelacht. Er entzieht sich der Strafe, indem er spontan auf einen vorbeifahrenden Zug aufspringt und ohne Gepäck und Geld, nur mit dem ungeladenen Revolver in der Tasche, in eine ungewisse Zukunft fährt.

Der Titel *The Man Who Was Almost a Man* weist darauf hin, daß das Ziel des Protagonisten, ein Mann zu werden, im Verlauf der Handlung nicht erreicht wird, doch sind sowohl positive wie negative Interpretationen möglich. Zum einen kann das ›fast‹ bedeuten, daß David seinem Ziel nähergekommen ist. Er ist zwar kein Mann, aber durch seine Erfahrung auch kein Kind mehr; seine Initiation hat begonnen. Zum anderen kann das ›fast‹ aber auch ausdrücken, daß Dave in seinem Anliegen gescheitert ist, das er nur beinahe erreicht hätte; er bleibt ein »boy«, der von niemandem ernst genommen wird.

Eines der zentralen Themen in *The Man Who Was Almost a Man* ist die Selbstfindung eines jungen Afro-Amerikaners. Die Geschichte beginnt mit einem inneren Monolog Daves, der sich über die anderen Afro-Amerikaner ärgert, die ihn nicht als Mann akzeptieren, obwohl er bereits neunzehn Jahre alt ist. Die Akzeptanz will er mit dem Kauf der Waffe erreichen, doch auch der Händler hält Dave für ein

Kind, denn er fragt als erstes, ob Daves Mutter ihrem Sohn das Geld geben würde. Selbst Daves Mutter sieht in ihrem Sohn nicht den Heranwachsenden, sondern ein unmündiges Kind, und nennt ihn »boy«, was für den Aufbau von Selbstachtung ebensowenig hilfreich ist, da »boy« der zu jener Zeit übliche erniedrigende Ausdruck von Weißen für Afro-Amerikaner war. Dave hat als Landarbeiter im *Deep South*, den rassistischen Südstaaten der USA, also nicht nur mit der Repression durch den Landbesitzer zu leben, sondern auch mit der Unterdrückung der eigenen Persönlichkeit innerhalb der Familie und durch die anderen Arbeiter gleicher Hautfarbe.

Dave kann die zum Überleben notwendige Selbstachtung nur finden, indem er sich einem selbst auferlegten Männlichkeitsritual unterzieht. Symbolisch dafür ist der Erwerb des Revolvers, der martialische Macht demonstriert, dessen Besitz aber auch Verantwortungsbewußtsein voraussetzt, um andere Personen nicht zu gefährden. Wie Lothar Bredella (S. 573) ausführt, stellt sich Dave dabei ironischerweise unbeabsichtigt einem hauptsächlich für weiße Männer typischen Ritual, der Jagd, indem er aus Versehen das Maultier des Plantagenbesitzers erschießt.

Hierin wird die Ambivalenz von Daves Selbstfindung deutlich. Auf der einen Seite muß er sich als Afro-Amerikaner definieren und den rassistischen Beschränkungen anpassen, auf der anderen Seite vermitteln die Symbole, an denen er sich orientiert, ein durch die dominierenden Weißen vorgegebenes Männlichkeitsbild, so daß die äußeren Einflüsse allein es ihm nicht erlauben, zu sich selbst zu finden und zu seiner Hautfarbe zu stehen. Gleich zu Beginn der Geschichte äußert sich Dave geringschätzig über die anderen Landarbeiter und beschimpft sie als »nigger«. Deutlicher kann er seine Ablehnung für die Afro-Amerikaner nicht ausdrücken, doch dadurch wird er zum Individuum, das auf sich allein gestellt ist. Die Weißen werden ihn aufgrund seiner Hautfarbe nicht als vollwertiges Mitglied der Gesellschaft akzeptieren, und von den Afro-Amerikanern distanziert er sich mit dieser Äußerung selbst.

Daves Verhalten macht allerdings auch deutlich, daß die Einschätzung seiner Mitmenschen richtig ist. Er ist unreif und verhält sich oft sogar wie ein kleines Kind. Letzteres zeigt sich vor allem in drei Szenen: bei seinem Auftreten im örtlichen Kaufmannsladen, dem Gespräch mit seiner Mutter und seinem Verhalten nach dem ›Jagd-Unfall‹.

Zu Beginn seines Gesprächs mit dem Ladenbesitzer verhält sich Dave noch wie ein gewöhnlicher Jugendlicher. Er bittet ihn um einen Warenhauskatalog, weil er etwas bestimmtes kaufen möchte. Aus der Antwort des Kaufmanns Joe geht hervor, daß Dave in einer Weise bevormundet wird, wie es seinem Alter nicht entspricht, oder aber, daß er in seiner geistigen Entwicklung zurückgeblieben ist. Joe weist darauf hin, daß Dave über seinen Lohn nicht verfügen kann, weil er von der Mutter einbehalten wird. Daves Verhalten im folgenden läßt eher die zweite Vermutung wahrscheinlich werden. Obwohl er behauptet, ein Mann wie jeder andere zu sein, verfällt er in das kindliche Spiel ›Ich erzähle dir ein Geheimnis, wenn du mir versprichst, es nicht weiterzuerzählen‹ und gesteht verschüchtert, eine Waffe kaufen zu wollen. Der Kaufmann nimmt Dave nicht ernst und erzählt ihm in dem Glauben, daß dieser von seiner Mutter niemals die Erlaubnis zum Kauf einer Waffe bekommen wird, daß er einen Revolver für ihn habe: auch für Joe bleibt Dave nur ein kleiner Junge, »nothing but a boy«.

Daves Verhalten seiner Mutter gegenüber zeigt ebenfalls sehr kindliche Züge. Auch ihr erklärt er, daß er ein Mann sei und deshalb einen Revolver brauche, um die Familie gegen alles Böse zu verteidigen, wobei er seine Argumentation selbst widerlegt, da er eingesteht, daß sein Vater – ein ›richtiger‹ Mann – die Familie bislang ohne Waffe beschützen und ernähren konnte. Daves Mutter reagiert bestürzt auf seine Idee und hält ihren Sohn für verantwortungslos. Sie nennt ihn »child« und beschimpft ihn als »nigger« und

»boy«. Damit bewirkt sie genau das Gegenteil von dem, was sie bezweckt. Dave wird durch die Schimpftirade nicht zur Vernunft gebracht, sondern steigert sich weiter in seine falschen Vorstellungen von Selbstachtung und Männlichkeit hinein. Mit kindlichen Schmeicheleien wie »Ah loves yuh, Ma«, Betteleien und Versprechungen wie »Ah'll *never* ast yuh fer nothing no mo«, ringt er seiner Mutter die Erlaubnis ab, für zwei Dollar den Revolver zu kaufen. Zur Beruhigung ihres Gewissens geschieht dies unter der halbherzig gestellten Bedingung, die Waffe seinem Vater zu schenken.

Natürlich händigt Dave den gekauften Revolver nicht seiner Mutter aus, sondern versteckt ihn in kindlichem Eifer, um damit am nächsten Tag prahlen zu können, allerdings nicht ›männlich‹ und mutig vor den Landarbeitern, sondern vor dem Maultier Jenny. Der Unfall, der zur Verletzung des Maultiers führt, ist kein Beweis für die Unmündigkeit von Dave, wohl aber ist sein Verhalten zur Vertuschung des Unglücks als geistige Unreife zu werten. Als verantwortungsbewußter Mann hätte er sein Fehlverhalten eingestehen und die Folgen tragen müssen. Dave versucht aber, die Tat zu verschleiern. Dabei geht es ihm nicht in erster Linie darum, dem verwundeten Maultier zu helfen, sondern die Spuren seiner Handlung zu verwischen. Er will das Einschußloch mit Erde verstopfen, zwar auch, um die Blutung zum Halten zu bringen, aber hauptsächlich, um den sichtbaren Beweis seiner Tat zu verdecken. Sein Verhalten und sein Gemütszustand, die zu der verzweifelten Aktion führen, werden als ganz unmännlich beschrieben (»panic – weakly – his lips trembled«). Nach dem Tod des Tieres kann Dave nur selbstsüchtig daran denken, wie er mittels einer plausiblen Lüge der Verantwortung für seine Tat entgehen kann.

Die Erschießung des Maultiers hat auch symbolische Bedeutung. Die afro-amerikanischen Landarbeiter im Süden der USA wurden zur Entstehungszeit der Geschichte von vielen Plantagenbesitzern als billige Arbeitskräfte angesehen und oft nicht als vollwertige (zumindest nicht als gleichberechtigte) Menschen anerkannt. Auch Daves Strafe der zweijährigen Arbeit ohne Lohn kann als Ausnutzung der Afro-Amerikaner gedeutet werden, da letztendlich seine Arbeitskraft gegen die des Maultiers eingetauscht und entsprechend mit ihr gleichgesetzt wird. Mit seiner Tat befreit er sich symbolisch vom Joch der Versklavung seiner Vorfahren. Das ist eine notwendige Voraussetzung, um Selbstvertrauen zu gewinnen, vor allem, wenn er in einer Welt bestehen will, in der er wegen seiner Hautfarbe als Mensch zweiter Klasse angesehen wird.

Da Dave von allen nur als Kind gesehen wird, kann er nicht mit dem Verständnis seiner Mitmenschen für sein Problem rechnen. Um seine Persönlichkeit entwickeln zu können, ist er daher gezwungen, die ihn prägende Umgebung zu verlassen. Die angesprochene symbolische Befreiung von der rassistischen Unterdrückung läßt demnach ein positives Licht auf Daves Flucht fallen. Der Zug, auf den er spontan aufspringt, wird ihn wahrscheinlich in den Norden bringen, wo der Rassismus nicht so offen zutage tritt wie im Süden. Die Initiation des Protagonisten könnte damit begonnen haben: er könnte im Norden einen Neuanfang als Mann wagen.

Andererseits ist nicht zu übersehen, daß Dave vor der Verantwortung und vor seinem Leben als ›Leibeigener‹ und Kind flieht. Ausschlaggebend hierfür ist nicht die Strafe von 50 Dollar, die ihn erwartet, sondern die Erniedrigung, von den anderen Landarbeitern verlacht worden zu sein, und damit erkennen zu müssen, daß er nicht akzeptiert wird und wirklich nur »almost a man« ist. Unvorbereitet, ohne Perspektive und planlos macht er sich auf den Weg. Sein einziges Gepäck ist der nutzlose Revolver, für den er keine Munition hat und den er auch nicht verkaufen kann, da er veraltet und wertlos ist. Zudem zeigt Daves Flucht, daß er aus der Episode mit dem Maultier nichts gelernt hat (Butler, S. 152). Er stellt sich der Verantwortung nicht und flieht regelrecht vor dem Erwachsenwerden. Da er sich selbst aber nur als Mann und Erwachsener definieren kann, ist seine Selbstfindung zum Scheitern verurteilt. Die Bezeichnungen »nigger« und »boy« sitzen zu tief im Unterbewußtsein der meisten heranwachsenden Afro-Amerikaner, um eine normale Entwicklung zu gewährleisten.

Die beherrschenden Themen in *The Man Who Was Almost a Man* sind auch fast 60 Jahre nach der Erstveröffentlichung noch aktuell, denn die Wunden, die diese erniedrigenden Bezeichnungen hinterlassen haben, schlagen sich in der Sprache der jugendlichen Afro-Amerikaner noch heute nieder. Die übliche Anrede »man« der Afro-Amerikaner untereinander ist eine gegenseitige Versicherung, die Zeiten des rassistischen »boy« überwunden zu haben und als vollwertiges Mitglied der Gesellschaft akzeptiert worden zu sein, bzw. die moralische Aufmunterung, für das Erlangen dieses Zustands einzustehen.

Zusammenfassend läßt sich sagen, daß *The Man Who Was Almost a Man* den psychologischen Zustand eines jungen Afro-Amerikaners dramatisiert, der mit Verachtung behandelt wurde. Gleichzeitig zeigt die Geschichte die für alle Männer jeder Hautfarbe gültige Suche nach der eigenen Identität in einem fremd erscheinenden Universum (Stocking, S. 280).

In der Schlußfassung der Geschichte wurde neben dem Titel, der den anderen Titeln der Sammlung angeglichen wurde, Daves Nachname zu Saunders geändert. Eine literarische Anspielung wäre dies nur, wenn sich der Name auf Benjamin Franklins Pseudonym Richard Saunders beziehen würde. Unter diesem Namen veröffentlichte Franklin sein Kalenderjahrbuch *Poor Richard's Almanack* (1733–58), in dem dargestellt wird, wie der ›anständige Kleinbauer‹ zu leben habe. Die Ideen Franklins decken sich nicht im mindesten mit Daves Verhalten, dessen Handlungen durch die geänderte Namensgebung eine ironische Wertung erhalten. Zum anderen wird der Nutzen von Franklins Ethik in Frage gestellt, die auch Plantagenbesitzer der Südstaaten zu

einem moralischen Leben verpflichten sollte, was diese aber
nicht davon abhielt, ihre afro-amerikanischen Landarbeiter
bis hin zur Sklaverei und Leibeigenschaft auszubeuten. –
Der vorletzte Absatz der Erstfassung wurde ebenfalls geändert. Daves gedanklicher Einschub zwischen den Signalen
des Zuges wurde gestrichen, um seinen spontanen Entschluß, die Familie zu verlassen, noch zu verstärken.

Die Filmversion lehnt sich eng an die Kurzgeschichte an,
doch ließ sich durch das Umschreiben zu einem Drehbuch
eine Interpretation des Originals nicht vermeiden. Die Atmosphäre des Films ist positiver und optimistischer als die
der Geschichte, was durch die fröhliche Musik und Daves
freudige Erregung beim Verlassen der Heimat veranschaulicht wird. Trotzdem ist der Film sehr zu empfehlen, da soziale Umstände der afro-amerikanischen Landbevölkerung
und Zeitbezogenheit gut wiedergegeben werden.

Zu Wrights Lebzeiten fand die Erzählung wenig Beachtung. Erst später wurde sie als eindrucksvolles Zeitdoku-
ment wiederentdeckt, das unvoreingenommenen Lesern die
Lebensumstände der Afro-Amerikaner im Süden der USA
vor dem Zweiten Weltkrieg nahebringen kann.

Text: Richard WRIGHT: Eight Men. Cleveland / New York: Pyra-
mid, 1969. S. 9–21. – *Übersetzung:* Richard WRIGHT: Der Mann,
der nach Chicago ging. Übers. von Enzio von Cramon und Erich
Fried. Hamburg 1961.

Literaturhinweise: Lothar BREDELLA: Das Verstehen literarischer
Texte im Fremdsprachenunterricht. In: Die Neueren Sprachen 89
(1990) S. 562–583. – Robert J. BUTLER (Hrsg.): The Critical Response
to Richard Wright. Westport (Conn.) 1995. – Kenneth KINNAMON /
Michel FABRE (Hrsg.): Conversations with Richard Wright. Jackson
1993. – John E. LOFTIS: Domestic Prey. Richard Wright's Parody of
the Man Hunt Tradition in *The Man Who Was Almost a Man.* In:
Studies in Short Fiction 23 (1986) S. 437–442. – Fred STOCKING: On
Richard Wright and *Almos' a Man.* In: Calvin Skaggs (Hrsg.): The
American Short Story. New York ⁵1981. S. 275–281.

Film: Almos' a Man. Dir. Robert Geller. 36 Min. Institut für Film
und Bild in Wissenschaft und Unterricht. 1984.

ALEXANDER KOSLOWSKI

Eudora Welty: *A Visit of Charity*

Eudora Welty wurde 1909 in Jackson, Mississippi, geboren. Dort begann sie in den dreißiger Jahren ihre literarische Karriere, und dort lebt sie noch heute in der Nähe ihres Geburtshauses, das sie 1996 zu einem Wohn- und Arbeitszentrum für junge Schriftsteller umbauen ließ. Der Durchbruch als Schriftstellerin gelang ihr 1941 mit *A Curtain of Green*, einer Sammlung von Kurzgeschichten, der *A Visit of Charity* entstammt. Zu höchsten literarischen Ehren kam sie 1973, als sie für ihren Roman *The Optimist's Daughter* den Pulitzer-Preis erhielt. Auf der verwinkelten Landkarte literarhistorischer Einordnungen gehört Eudora Welty zu den Autoren der *Southern Renaissance*: Mit John Crowe Ransom, Katherine Anne Porter, William Faulkner, Tennessee Williams und Flannery O'Connor teilt sie die Verbundenheit mit den Menschen und Landschaften der amerikanischen Südstaaten sowie eine Sprache, in der die ›gotische‹ Dekadenz- und Verfallsatmosphäre einer von der Bürgerkriegsniederlage geprägten Region eindrucksvoll beschworen wird. Wie in vielen ihrer Erzählungen schildert sie auch in *A Visit of Charity* den Gegensatz zwischen menschlicher Anteilnahme und Ausschließung.

Protagonistin ist die vierzehnjährige Marian. Um ihre Gute-Taten-Punktewertung bei der Pfadfinderinnengruppe aufzubessern, besucht sie an einem kalten Wintermorgen ein Heim für alte Damen am Rande der Stadt. Sie erlebt es als einen Ort des Schreckens. Schon von außen strahlt das Gebäude Kälte und Unpersönlichkeit aus. In seinem Inneren führt sie eine roboterhafte Krankenschwester durch eine menschenverlassene, heruntergekommene Halle zu dem Zimmer zweier alter Frauen, in dem Marian angesichts der unheimlichen Bewohnerinnen und unter dem Eindruck der dort herrschenden Dunkelheit, Kälte und Feuchtigkeit das Gefühl entwickelt, in einer Räuberhöhle gefangen zu sein. Während ihr die erste alte Frau mit heuchlerischer Freundlichkeit begegnet in der Hoffnung, ein wenig Geld erbetteln zu können, zeigt sich Addie, die zweite Frau, offen abweisend und verbittert. Die Erkenntnis der schlimmen Situation, der Verzweiflung und Einsamkeit der beiden kommt Marian in einer Epiphanie: Am Bett der weinenden Addie erfährt sie eine Initiation in die Qualen des Altwerdens. Ohne noch ein Wort zu sagen, flieht Marian aus dem Heim. Sie verläßt den Ort, wie sie ihn erreicht hat: mit einem Autobus. Schließlich beißt sie herzhaft in einen Apfel.

Der Initiationsvorgang, den Marian am Bett der alten Addie durchlebt, steht im Zentrum der Erzählung. Marian wird zu Anfang als kleines Mädchen (»little girl«, S. 113) eingeführt und auch von der ersten alten Frau mehrfach so angeredet. In ihren Ängsten und ihrer Unsicherheit gegenüber allen Personen, denen sie begegnet, zeigt sie sich tatsächlich noch sehr kindlich. Angesichts ihres Alters von vierzehn Jahren ist diese Kindlichkeit eigentlich erstaunlich, aber sie ist eine Grundvoraussetzung für die ihr bevorstehende Initiation.

In ihrem Aufbau folgt die Erzählung einer symmetrisch organisierten Bewegungsabfolge des Mädchens: Zu Beginn kommt Marian mit dem Bus angefahren, betritt das Altenheim, trifft auf die Krankenschwester, läuft durch die Halle, besucht die alten Frauen, läuft wieder durch die Halle, trifft wieder auf die Krankenschwester, verläßt das Altenheim, fährt mit dem Bus davon. Die Initiationsszene liegt also im räumlichen Strukturzentrum der Erzählung, sie ist spiegelbildlich fest gerahmt durch die mit einer Busfahrt beginnende Annäherungssequenz und die mit einer Busfahrt endende Entfernungssequenz.

Beim Besuch des Heimes überschreitet Marian eine Reihe von Schwellen, die schon auf die Möglichkeit einer für sie gänzlich neuen Erfahrung hindeuten. Die erste Schwelle ist räumlicher Natur: Marian verläßt für den Besuch ihre gewohnte Lebenssphäre und fährt mit dem Bus an die Peripherie der Stadt, wo das Heim liegt. Dann überschreitet sie beim Betreten des Heimgeländes eine weitere Schwelle, sie tritt in eine farblose Welt ein: Marians gelbblonde Haare, ihr roter Mantel sowie ihr roter Apfel sind die einzigen farblich attraktiven Elemente in der gesamten Erzählung, und sie sind sämtlich mit dem Mädchen verbunden. Vor dem Heim und in dessen Räumen begegnet sie dagegen ausschließlich weißen, dunklen oder schwarzen Farbtönen. Den einzigen Akzent in dieser tristen Farblosigkeit der Heimwelt setzen Addies Augen, die wie ein schwärendes Zeichen ihrer Krankheit rötlich erscheinen. Die dritte Schwelle, die Marian überschreitet, ist die Grenze zwischen Licht und Dunkelheit: Mit dem Betreten des Gebäudes verläßt sie die strahlende Helligkeit des Tages (»a very cold, bright day«, S. 113) und gerät beim Eintritt ins Zimmer der alten Damen unerwartet in eine tiefe Finsternis (»How dark it was!«, S. 114).

Marians Besuch führt in eine lebensfeindliche Welt. Von außen ist das Altersheim eine bedrohliche, freudlose Erscheinung. Die weiße Fassade erstrahlt wie ein Eisblock, vor dem Eingang stehen dunkle, stachelige Büsche, die grotesker weise dazu gedacht sind, das Heim zu verschönern. Die schwer zu öffnende Eingangstür verstärkt den abweisenden Eindruck; Marian muß ihre Handschuhe ausziehen und erst die mitgebrachte Pflanze abstellen, um sie öffnen zu können. Diese Tür ist das Bindeglied zwischen der äußeren, abweisenden Erscheinung des Gebäudes und der in seinem Inneren herrschenden Hoffnungslosigkeit, denn sie macht es nicht nur schwer, das Gebäude zu betreten, sondern auch ebenso schwer, es zu verlassen. Für die alten, oft kranken Frauen, die das Heim bewohnen, ist diese Tür gleichsam eine Gefängnistür: Was ein vierzehnjähriges, gesundes Mädchen körperlich kaum schafft, wird ihnen ganz unmöglich sein.

Die einzige offizielle Vertreterin des Altenheimes, die Marian bei ihrem Besuch antrifft, bestätigt den äußeren Eindruck: Die Krankenschwester begegnet dem Mädchen kalt und unnahbar, anstatt es mit der Wärme und Einfühlungsgabe, die man von ihr erwarten dürfte, in das Heim einzuführen. Schon ihr Aussehen strahlt Kälte aus (»a woman in a white uniform who looked as if she were cold«, S. 113). Sie spricht wie ein Mann, lobt Marians Pflanze in einer unverständlichen botanischen Fachsprache und blickt auf ihre Uhr mit einer routinierten Drei-Schritte-Bewegung, die an eine militärische Gewehrpräsentation erinnert. Daß sie vor und nicht neben Marian durch die Halle geht, daß sie auf Marians Nachfrage (»Two what?«, S. 114) nicht antwortet, der alten Dame mit einem einzigen Wort begegnet (»Visitor‹«) und Marian wortlos in das Zimmer der beiden alten Damen geradezu hineinschubst (»Marian, suddenly propelled by the strong, impatient arm of the nurse«), illustriert ihre abweisende und unpersönliche Art. Wie wenig sie sich um die Dinge, die um sie herum geschehen, kümmert, beweist sie auch, als sie bei der Flucht des Mädchens gegen Ende der Erzählung ihre Uhren-Robotik wiederholt und Marian mechanisch die ebenso sinnlose wie unpersönliche Frage nach dem gemeinsamen Mittagessen stellt. So erweitert die Begegnung Marians mit der Krankenschwester die äußerliche Fremdartigkeit und Feindseligkeit des Altenheims um die Empfindung menschlicher Kälte in seinem Inneren.

Die beiden alten Frauen empfindet Marian als direkte Bedrohung. Schon als sie in der Halle hört, wie Addie ihren Rachen freimacht, ist es ihr erster Impuls davonzulaufen. Das Begrüßungslächeln der ersten Frau erschreckt sie bereits (»that terrible, square smile«, S. 114), und als sie im dunklen, kalten und feuchten Zimmer mit den Frauen allein ist, fühlt sie sich, als sei sie in einer Räuberhöhle gefangen und werde in Kürze ermordet. An dieser Stelle gipfelt Marians Empfindung, in eine fremde und feindselige Welt gekommen zu sein, in Todesangst. Die Umgebung und die Situation, in der sie sich befindet, überfordern sie und bewirken eine zunehmende Einschränkung ihrer Wirklichkeitswahrnehmung sowie ihres Vermögens, in der sie umgebenden Wirklichkeit zu agieren.

Zunächst erfolgt diese fortschreitende Lähmung auf der Bewegungsebene. Schon angesichts des Gebäudes verlangsamt sich ihre Gangart: Dem Eingang nähert sie sich langsam und geht nur zögernd die Stufen hinauf. In der Halle bleibt sie hinter der Krankenschwester zurück, und alleingelassen mit den alten Damen verfällt sie zunehmend in Starre. Aus dieser Sicht erscheinen ihr die Hände, mit denen die erste alte Dame ihr die Mütze vom Kopf nimmt und sie ins Zimmer zieht, schnell wie Vogelklauen (»quick as a bird claw«, S. 114). Die Pflanze wird ihr aus der Hand genommen, und sie fällt mehr als daß sie sich setzt auf einen Stuhl, auf dem sie schließlich steif und starr ausharrt. Mit dem Eintritt ins Zimmer verlangsamt sich auch ihr Herzschlag (»Her heart beat more and more slowly«, S. 114), bis er unmittelbar vor der Szene an Addies Bett fast ganz zum Stillstand kommt (»her heart nearly stopped beating altogether for a moment«, S. 117).

Doch die zunehmende Bewegungsunfähigkeit Marians erfaßt weitere Bereiche. So gerät unter dem Eindruck der Kälte und Härte der Krankenschwester auch ihre Sprache ins Wanken (»›No – but – that is, any of them will do‹, Marian stammered«, S. 113). Im Zimmer der Damen entgleiten ihr dann fast alle geistigen Fähigkeiten: Sprechen (»Marian stood tongue-tied«), Hören (»Perhaps she said something«), Sehen (»She could not see them very clearly«), Erinnerung (»Marian could not remember her name«), Bewußtsein (»without realizing that she had said a word«) und Verstehen (»A sheep or a germ? wondered Marian dreamily«) erstarren ebenso wie ihre Bewegungen und entziehen sich nacheinander ihrer Kontrolle (S. 114 f.).

An Addies Bett löst sich Marians Starre dann in einem

plötzlichen Erkenntnismoment vollkommen auf: Wie in einem Traum, mit großer Klarheit und von allen Seiten, blickt sie auf die alte Frau und ihren Zustand. Die bisherige, vor allem durch ihr schreckliches Schafsblöken erweckte Bedrohlichkeit Addies löst sich in deren Weinen auf, und sie erscheint Marian nun wie ein kleines, hilfloses Lamm. Durch den Anblick dieser symbolhaften Verwandlung aus ihrer Starre und Sinnenverwirrung erweckt, beginnt Marian nun, vollkommen selbständig zu handeln: Sie setzt sich ihre Mütze auf, die sie nicht selbst abgenommen hatte; sie verläßt, sich von der ersten alten Frau losreißend, das Zimmer, in das sie von dieser hineingezogen worden war, und läuft schließlich den Rückweg durch die Halle ohne die Führung der Krankenschwester, die sie zuvor zu den Damen geleitet hatte.

Marian hat sich mit ihrem Besuch und insbesondere dem Erlebnis an Addies Bett ein Stück Reife und Selbständigkeit erworben. Das Erkennen des Zustandes der alten Frauen ist für das Mädchen ein Schritt aus der Kindheit ins Erwachsensein, denn das Elend des Alters ist eine Erfahrung, die Kindern normalerweise vorenthalten bleibt. Entgegen Marians erstem Eindruck sind die beiden alten Frauen nicht Teil der Feindseligkeit des Altenheimes, vielmehr sind sie in dieser leb- und lieblosen Umgebung die tatsächlichen Gefangenen: Sie sind es, die in der ›Räuberhöhle‹ auf ihre ›Ermordung‹ warten.

Aus dieser neuen Perspektive werden auch die Verhaltensweisen der beiden Frauen verständlich. Die erste tritt Marian schmeichlerisch und mit kalkulierter Freundlichkeit gegenüber, weil sie in dem Besuch des Mädchens ihre einzige Chance wittert, ein wenig Geld zur – wenn auch minimalen – Linderung ihres andauernden Elends zu erhalten (»We don't have a thing in the world – not a penny for candy – not a thing!«, S. 117). Addie hingegen versucht gar nicht erst, ihre Verzweiflung vor der jungen Besucherin zu verstecken. Mit Vehemenz streitet sie gegen die Versuche der ersten Frau, Marians Sympathie zu wecken und läßt ihre Bitterkeit auch direkt an dem Mädchen aus, etwa wenn sie über die mitgebrachte Pflanze schimpft (»Stinkweeds«, said the other woman sharply«, S. 115). Auf der anderen Seite steckt in ihrer offen gezeigten Verzweiflung auch Berechnung (»This old woman was looking at her with despair and calculation in her face«, S. 116), sie versucht durch die mitleiderregende Schilderung ihrer Gefangenschaft die Sympathie des Mädchens für sich selbst zu gewinnen.

Und gerade Sympathie mit den alten Damen läßt Marian vermissen. Ihr Besuch ist eben entgegen dem Titel der Erzählung keine Visite aus Nächstenliebe, sondern ein ebenso auf den eigenen Vorteil bedachtes Unternehmen wie die Versuche der beiden Frauen, etwas Geld und Mitgefühl von ihr zu erheischen. Erzähltechnisch wird Marians Ausrichtung auf das Punktesammeln für ihre Gute-Taten-Liste dadurch unterstrichen, daß sich alle Verweise auf ihre über die geschilderten Ereignisse hinausgehende Zukunft nur auf die Übersetzung ihrer Taten in künftige Punktewertungen richten (S. 113, 116).

Die Erzählung endet mit Marians herzhaftem Biß in den zu Beginn der Handlung versteckten Apfel. Der Verzehr einer reifen Frucht ist seit Urzeiten eine symbolische Handlung, die den Erwerb von Reife bezeichnet: Evas und Adams Biß in den Apfel vom Baum der Erkenntnis bedeutete den Schritt von der paradiesischen Unwissenheit zur hart zu tragenden Erkenntnis der Welt. Mit ihrer letzten Handlung vollzieht Marian ihre Initiation symbolisch nach: Sie hat neues Wissen erlangt, aber zugleich auch ein Stück ihrer kindlichen Unschuld verloren. Ihre neue Erkenntnis wird ihr Leben nicht leichter machen.

Text: Eudory WELTY: The Collected Stories. New York: Harcourt Brace Jovanovich, 1980. S. 113–118.

Literaturhinweise: Elizabeth EVANS: Eudora Welty. New York 1981. – Charles E. MAY: The Difficulty of Loving in *A Visit of Char-*

ity. In: Studies in Short Fiction 6 (1968/69) S. 338–341. – Noel POLK: Going to Naples and Other Places in Eudora Welty's Fiction. In: Dawn Trouard (Hrsg.): Eudora Welty. Eye of the Storyteller. Kent 1989. – Peter SCHMIDT: The Heart of the Story. Eudora Welty's Short Fiction. Jackson 1991. – Wolfgang STAECK: Stories of Initiation. Model Interpretations. Stuttgart 1979. S. 61–66. – Ruth M. VANDE KIEFT: Eudora Welty. New York ²1987. – Ruth D. WESTON: Gothic Traditions and Narrative Techniques in the Fiction of Eudora Welty. Baton Rouge 1994.

GÜNTER AHRENDS

John Cheever: *The World of Apples*

John Cheever (1912–82) war das, was man in den Vereinigten Staaten einen WASP nennt: ein weißer amerikanischer Schriftsteller angelsächsischer Herkunft und protestantischen Glaubens. Er wurde in Quincy im Bundesstaat Massachusetts geboren, erhielt seine Ausbildung an der Thayer Academy, diente in der Armee, arbeitete beim Fernsehen und als Lehrer und siedelte sich schließlich als freier Schriftsteller in Ossining im Bundesstaat New York an (Donaldson). Cheever war ein sozial- und kulturkritischer Autor, der sich – hierin Salinger, Purdy und Updike vergleichbar – immer wieder mit dem Wertsystem der gehobenen amerikanischen Mittelklasse auseinandersetzte und viele seiner Kurzgeschichten im sozialen Sektor der amerikanischen Vorstädte lokalisierte.

Schon 1940 nahm Cheever seine intensive Kooperation mit dem *New Yorker* auf. Dieses Magazin fördert vor allem Autoren, die sich in ironischem Ton, auf hohem stilistischen Niveau sowie unter Verwendung mythischer Stoffe und literarischer Anspielungen mit Persönlichkeitskrisen und den Problemen des städtischen Alltags beschäftigen. Cheever veröffentlichte zahlreiche seiner Kurzgeschichten in diesem Magazin, bevor er sie in einen seiner sechs Sammelbände integrierte. Als vom *New Yorker* geprägter Schriftsteller war er ein Repräsentant der *well-made story*, der die konventionelle Erzählweise bevorzugte, doch teilte er mit den experimentellen amerikanischen Erzählern der sechziger und siebziger Jahre deren Interesse am Phantastischen und an der Mythologie (Ahrends).

Neben den Kurzgeschichten, die im sozialen Sektor der *suburbia* angesiedelt sind, hat Cheever eine Reihe von Erzählungen verfaßt, in denen Italien als Schauplatz fungiert.

In diesen Erzählungen, zu denen die hier zu erörternde Titelgeschichte der 1973 erschienenen Sammlung *The World
of Apples* gehört, hat Cheever das sogenannte *international
theme* aufgegriffen, das bei Henry James, Edith Wharton
und Bernard Malamud eine große Rolle spielt. In *The
World of Apples* porträtiert er den aus Vermont stammen-
den greisen amerikanischen Dichter Asa Bascomb, der sich
schon vor Jahrzehnten in einer kleinen italienischen Stadt
südlich von Rom niedergelassen hat. Als der an Robert
Frost erinnernde Naturpoet eines Tages in einem Wald einem kopulierenden Liebespaar begegnet, gerät er in eine
Identitätskrise. War er früher in der Lage, die Vielfalt und
Farbigkeit der Landschaft Neuenglands ebenso in seiner
Lyrik zu vergegenwärtigen wie deren Bitternis und Schwer-
mut, so erlebt er nun, daß sein von obszönen Gedanken be-
herrschtes Bewußtsein nur noch pornographische Literatur
hervorzubringen vermag. Im weiteren Verlauf schildert die
vorliegende Geschichte dann die Versuche Asa Bascombs,
diese Krise zu überwinden. Am Schluß der Erzählung
nimmt er ein Bad in einem Wasserfall und erlebt seine Wiedergeburt. Ob diese Feststellung des Erzählers für bare
Münze genommen werden kann, ist später zu erörtern.

Zweifel an den abschließenden Bemerkungen über Bascomb sind deshalb möglich, weil Cheever seinen Erzähler
mit unterschiedlichen Perspektiven operieren läßt. Bei der
Beschreibung der Identitätskrise werden dem Leser Einblicke in das Bewußtsein des Dichters eröffnet, indem der
Erzähler den Rezipienten unmittelbar mit den Fragen konfrontiert, die der verunsicherte alte Mann sich stellt. An anderen Stellen nimmt der Erzähler dagegen mit ironischen
Bemerkungen über den Protagonisten die Position eines di-
stanzierten Beobachters ein.

Diese Erzählperspektive wird schon zu Beginn der Geschichte etabliert. Der Erzähler bemerkt dort zum Beispiel,
daß sich Bascomb die Frage, warum der Nobelpreis ihm nie
zuerkannt worden ist, ausgerechnet in dem Moment auf-

drängt, in dem er einen lästigen Hornissenschwarm mit Hilfe eines Exemplars der Zeitung *La Stampa* zu vertreiben versucht. Außerdem erwähnt er, daß zu den zahlreichen Ehrungen, die dem Poeten zuteil wurden, ein Ofen in dessen Atelier gehört, den der Osloer P.E.N.-Club gestiftet hat. Ferner redet er in einem Atemzug von der linearen Genauigkeit Bascombs und von den widerspenstigen Haarlocken, die das unverwechselbare Kennzeichen des alten Mannes sind. Wichtig ist in diesem Zusammenhang auch der Hinweis, daß Bascomb ein verkannter Künstler ist – verkannt nicht etwa, weil der besondere Wert seiner Lyrik unentdeckt geblieben wäre, sondern weil seiner Dichtung Vorzüge unterstellt worden sind, über die sie gar nicht verfügt. So ist der oft gezogene Vergleich zwischen den Gedichten des Amerikaners und der Malerei Cézannes unangemessen, weil er sich bestenfalls auf die handwerklichen Fähigkeiten beider Künstler, nicht aber auf deren visionäre Kraft beziehen läßt.

Bei Licht besehen trägt auch das *international theme* zur Ironisierung des vermeintlichen Dichterfürsten bei. Im Gegensatz zu den anderen amerikanischen Erzählungen, die um dieses Thema kreisen, kommt es in *A World of Apples* nicht zu einer Konfrontation zwischen den Kulturen der neuen und der alten Welt. Der Erzähler hebt nachdrücklich hervor, daß es naiv gewesen wäre, wenn Bascomb angenommen hätte, seiner Kunst durch die Übersiedlung nach Europa eine neue Inspirationsquelle erschließen zu können. Welchen Grund der Dichter tatsächlich hatte, den Vereinigten Staaten den Rücken zu kehren, vermag der Erzähler nicht zu sagen, doch scheint er zu glauben, daß Bascomb sich der lästigen Aufmerksamkeit entziehen wollte, die ihm in seiner Heimat entgegengebracht wurde. Von einem Interesse des Amerikaners an der europäischen Kultur ist nur am Rande die Rede: Zwei reich geschmückte mittelalterliche Kirchen in einem verlassenen Ort erscheinen dem alten Dichter als Verkörperungen der grenzenlosen Macht der

menschlichen Imagination. Doch steht diesem Hinweis die
Bemerkung des Erzählers gegenüber, Bascomb vergewissere sich des Alters der Kirche in seinem Wohnort so, als
müßte er das Bauwerk einem anderen erklären.

Von der herben Schönheit der italienischen Landschaft
bleibt das Bewußtsein des amerikanischen Dichters letztlich
ebenso unberührt wie von Zeugnissen der europäischen
Kultur. Zwischen den wild aufragenden Gipfeln der Abruzzen und dem Ordnungsgefüge Bascombscher Verse besteht
ein markanter Gegensatz; das Wasser der Bergquellen, das
sich mit unmusikalischem Geräusch in die Brunnen in Bascombs Garten ergießt, wirkt nicht beflügelnd auf die Imagination des Poeten, sondern dient lediglich zur Kühlung seines Alkohols.

Streng genommen erscheint Bascomb als ein Dichter, der
die Wurzeln seiner Kreativität gekappt hat und nicht in der
Lage gewesen ist, seiner Kunst eine neue Kraftquelle zu erschließen. Weil er in Europa eigentlich nichts gesucht hat,
hat er dort auch nichts Wesentliches gefunden. Obwohl er
von seinen italienischen Mitbürgern geachtet und verehrt
wird, lebt er unter ihnen das Leben eines Fremden. Die
Werke, die er in seinem selbstgewählten Exil verfaßt hat,
haben keine nennenswerte Wirkung erzielt. Die Bewunderung, die er bei seinen europäischen Lesern noch immer genießt, beruht fast ausschließlich auf der Gedichtsammlung
The World of Apples, die in Vermont entstanden ist. Die
originelle Weise, auf die Cheever das *international theme*
adaptiert, und die ironische Wendung, die er diesem Thema
gibt, äußern sich darin, daß die Begegnung eines provinziellen amerikanischen Dichters mit einem der Zentren der
abendländischen Kultur so gut wie folgenlos geblieben ist.

Wenn Bascomb auf fremden Treppen und an fremden
Mauern entlang den beschwerlichen Weg von seiner Villa zur
Stadt erklimmt, empfindet er seinen Aufstieg wie einen Gang
durch die verschiedenen Schichten der ihm fremd erscheinenden Zeit. Mit dieser Bemerkung leitet der Erzähler über

zur Erläuterung der Einstellung, die Bascomb zu seiner Kunst hat. Da er von dem Glauben an die Erhabenheit der Kunst durchdrungen ist, beugt er der Gefahr vor, daß die vermeintliche Einzigartigkeit seiner Dichtung durch ein unrühmliches Lebensende beeinträchtigt wird. Das Schicksal einiger ihm nahestehender Kollegen, deren außergewöhnliche Kreativität in Akte der Selbstzerstörung umgeschlagen ist, dient ihm als abschreckendes Beispiel. Von den mythischen Dichtern Marsyas und Orpheus, an denen sich die selbstzerstörerische Tendenz der Imagination wie an seinen Kollegen bewahrheitet hat, distanziert er sich ebenfalls. Wie fragwürdig diese Versuche der Distanzierung sind, zeigt die Tatsache, daß Bascomb sich Dichter wie Hart Crane, Dylan Thomas und Ernest Hemingway zu seinen Vorbildern erkoren hat; denn deren Leben und Werk beweisen, daß die Verbindung zwischen außergewöhnlicher Kunst und tragischen Lebenserfahrungen unauflöslich ist (O'Hara, S. 75).

Auch für Bascombs Kunst gibt es keinen Freiraum, in dem sie unangefochten überdauern kann. Zwar hat der amerikanische Poet sich gegen mögliche Akte der Selbstzerstörung gewappnet, doch muß er erleben, wie die Quelle seiner Kunst aufgrund seines Alterns zu versiegen beginnt. Wie Cocteau ist Bascomb der Meinung, daß die Kunst durch die verborgenen Schichten der Erinnerung gespeist wird, doch ist er trotz der mehr oder weniger sinnlosen Gedächtnisübungen, die er sich auferlegt, nicht mehr in der Lage, aus diesen Schichten zu schöpfen (Stratmann, S. 48–50).

Er befindet sich also bereits in einem prekären Zustand, als er dem kopulierenden Liebespaar begegnet. In diesem Moment nimmt er einen Aspekt des Lebens wahr, der ihm bedeutungsvoller erscheint als die Suche nach der moralischen Schönheit und der Wahrheit, der seine Dichtung bisher gewidmet war. Doch ist er nicht dazu fähig, die neue Erfahrung in seiner Kunst zu verarbeiten. Durch die obszönen Gedanken, von denen sein Bewußtsein überschwemmt wird, kommt es zu einer nachhaltigen Trübung seines Wahrnehmungsvermögens, die wiederum dafür verantwortlich ist, daß die Imagination des Naturpoeten nur noch monströse pornographische Texte produziert. Damit hat sich an Bascomb eine Wandlung vollzogen, die dem Wandel entspricht, den der Erzähler von Cheevers Kurzgeschichte *Mene, Mene, Tekel, Upharsin* als Phänomen der amerikanischen Gegenwartskultur ausgemacht hat: Während die Literatur nur noch eine Randexistenz im Untergrund führt, ist der Platz, den sie früher innehatte, von der Pornographie eingenommen worden.

Die Degeneration von Bascombs Künstlertum geht mit einer moralischen Krise einher. Der von Scham erfüllte Dichter fragt sich, ob die Welt haltlos geworden ist und die sittlichen Gesetze ihre Gültigkeit eingebüßt haben. Außerdem sinnt er darüber nach, ob sein Stolz, sein Mut und sein Verlangen nach Liebe durch fadenscheinige und konservative gesellschaftliche Normen verdrängt worden sind. Ferner beschäftigt ihn die Frage, ob es zulässig ist, die allgegenwärtigen Zeichen der Unzucht als Antwort auf die ständig anwachsende Lebensangst zu deuten. In einem drogenabhängigen Homosexuellen, der ein idiotisches und häßliches Gesicht hat, sieht er für einen Augenblick eine engelgleiche Gestalt, die mit erhobenem Schwert gegen die Banalität des ›normalen‹ Lebens und gegen die moralischen Konventionen zu Felde zieht.

Alle Versuche Bascombs, seine künstlerische und moralische Krise zu bewältigen, erweisen sich zunächst als vergeblich. Bei einem Konzertbesuch in Rom wird er nicht von seinen unreinen Gedanken befreit, sondern zu hemmungslosen sexuellen Phantasien animiert; die Lektüre der erotischen Dichtungen von Petronius und Juvenal hat ebenfalls keinen therapeutischen Effekt, weil er sich den unverkrampften Umgang der römischen Dichter mit der Sexualität nicht zu eigen machen kann. Auch Bascombs Pilgerfahrt zu dem heiligen Engel von Monte Giordano scheint ein untaugliches Mittel der Krisenbewältigung zu sein. Zwar

benutzt der Protagonist für seine Reise eine ansteigende
Straße, was in Erzählungen, die eine Queste beinhalten,
gang und gäbe ist, doch setzt er seine Pilgerfahrt nach einiger Zeit als Anhalter fort. Dies ist nicht die einzige Kuriosi-
tät. Merkwürdig ist auch, daß Bascomb neben einer Herz-
muschel – dem üblichen Attribut von Pilgern, deren Ziel
der Schrein des Heiligen Jakob in Santiago de Compostela
ist – eine Opfergabe mitgenommen hat, die unpassender
nicht sein könnte. Und nachdem er die wertlose Medaille,
die ihm vom kommunistischen Regime der Sowjetunion
verliehen wurde, in den eisernen Käfig gelegt hat, der dem
heiligen Engel als Domizil dient, betet er nicht etwa für
seine eigene Erlösung, sondern für das Seelenheil jener von
ihm bewunderten Dichter, deren Werk oder Leben durch
tragische Erfahrungen geprägt worden ist.

Trotzdem erscheint die Pilgerfahrt als integraler Bestandteil von Bascombs Regeneration. Ein Traum während einer
Rast, in dem ein Tag aus seiner Kindheit lebendig wird, verdeutlicht dies ebenso wie die intensive Wahrnehmung eines
heraufziehenden Gewitters, die ihn mit Freude erfüllt, und
die Begegnung mit einem alten Italiener, der bereits im Besitz jenes Seelenfriedens ist, nach dem der amerikanische
Dichter noch sucht. Ein erster Hinweis auf den Erfolg seiner Suche ist die Nacht, die Bascomb nach seinem Besuch
beim heiligen Engel von Monte Giordano verbringt: Zunächst träumt er vom Frieden; danach registriert er eupho-
risch die Rückkehr seiner Lebensenergie. Seine eigentliche
Wiedergeburt vollzieht sich aber erst während seiner Heim-
reise: Beim Anblick eines Wasserfalls wird er erneut in die
Tage seiner Kindheit versetzt; vor seinem geistigen Auge
taucht das Bild seines Vaters auf, der sich mit der Hast eines
Liebhabers entkleidet, sich in einem Wasserfall erfrischt
und danach von unbändiger Lebensfreude erfüllt ist. Bascomb tut es seinem Vater gleich und scheint nach der Rückkehr seines Erinnerungsvermögens und nach dem intensi-
ven Kontakt mit der Natur wieder er selbst zu sein. Der

Hinweis des Erzählers auf das letzte Gedicht des Protagonisten, in dem wie in *The World of Apples* die Würde der
Natur besungen wird, weist in dieselbe Richtung.

Wenn sich dennoch die Frage stellt, ob die abschließende
Beurteilung des Protagonisten durch den Erzähler für bare
Münze genommen werden kann, so liegt das an dem ironischen Grundton der Geschichte, der nicht nur den Beginn
des Textes prägt. Auch bei der Beschreibung der Pilgerfahrt
ist er noch deutlich zu spüren, und selbst am Ende wird
er nicht gänzlich unterdrückt. Dem ironischen Ton stehen
aber einige Anzeichen gegenüber, die dafür sprechen, die
Schlußbemerkungen des Erzählers wörtlich zu nehmen. Zu
diesen Indizien gehören das Motiv des Wassers, dessen heilende Wirkung Cheever in mehreren seiner Kurzgeschichten betont hat (Kuhli-Kortmann, S. 118–120), sowie die
enge Verbindung mit der Natur und die intakte Beziehung
zur Vergangenheit, die von Cheever wiederholt als Stütz-
pfeiler einer stabilen Persönlichkeit herausgestellt worden
sind. Neben diesen Aspekten ist es das Motiv der Lebensangst, das *The World of Apples* mit anderen Kurzgeschichten Cheevers verbindet. Etliche der von Cheever porträtier-
ten Bewohner der amerikanischen Vorstädte ähneln Asa
Bascomb darin, daß sie unter dem Eindruck des Alterns
oder des Verfalls der bürgerlichen Werte von einer tiefen
Unsicherheit ergriffen worden sind.

Text: John CHEEVER: *The Stories.* New York: Alfred A. Knopf,
1978. S. 613–623.
   Literaturhinweise: Günter AHRENDS: Adonis in Amerika. Zur
Funktion transformierter Mythen in den Kurzgeschichten von John
Cheever. In: Anglia 103 (1985) S. 336–364. – Scott DONALDSON:
John Cheever. New York 1988. – Helga KUHLI-KORTMANN: Kul-
turkritik in der Kurzprosa John Cheevers. Frankfurt a. M. 1994. –
James O'HARA: John Cheever. A Study of the Short Fiction. Boston
1989. – Gerd STRATMANN: Memories Imperfectly Understood. Das
Mimetische und das Phantastische in den späten Short Stories John
Cheevers. In: anglistik & englischunterricht 44 (1991) S. 45–65.

FRANK ERIK POINTNER

Bernard Malamud: *Angel Levine*

Bernard Malamud (1914–86) wurde in Brooklyn als Sohn
russisch-jüdischer Emigranten geboren. Seine Eltern besa-
ßen ein kleines Lebensmittelgeschäft. Das Milieu, in dem
auch unsere Kurzgeschichte spielt, war Malamud also aus
eigener Erfahrung bestens bekannt. 1975 sagte er in einem
Interview: »I respond in particular to the East European
immigrants of my father's and mother's generation« (zit.
nach Stern, S. 56). Er selbst gehört zu jenen Juden der zweiten Generation, denen aufgrund einer fundierten Ausbildung der soziale Aufstieg gelang. Er besuchte die High
School und erwarb sowohl einen B.A. wie einen M.A. 1943
schrieb er seine erste Kurzgeschichte, aber erst 1952 erschien sein erster Roman, *The Natural*, dem weitere folgten. Außerdem publizierte er mehrere Sammlungen von
Kurzgeschichten, darunter *The Magic Barrel* (1958), wor-
aus *Angel Levine* entnommen ist. Neben seiner Schriftstel-
lertätigkeit war Malamud Universitätslehrer. Bis zu seinem
Tode lebte er mit seiner Familie in New York.

Zum Inhalt der Geschichte: Der jüdisch-amerikanische
Schneider Manischevitz hat bei einem Brand sein Geschäft
und damit seine Existenzgrundlage verloren. Sein Sohn ist
im Krieg gefallen, seine Tochter mit einem Taugenichts
durchgebrannt. Er selbst wird von starken Rückenschmerzen geplagt, die es ihm unmöglich machen, die geringste Arbeit zu verrichten. Als ob das nicht genug wäre, wird seine
Frau ernsthaft krank. Angesichts dieses Leides wird sein
Glaube an einen gnädigen Gott erschüttert. Eines Tages
taucht ein Schwarzer in seiner Wohnung auf, der sich mit
dem jüdischen Namen Alexander Levine vorstellt und sich
als von Gott gesandter Engel ausgibt. Er läßt Manischevitz
wissen, daß es ihm möglich sei, ihm zu helfen, wenn er um-

gekehrt bereit sei, an ihn zu glauben. Für den Schneider ist
es unmöglich, die Existenz eines schwarzen jüdischen Engels anzuerkennen. Mit dem Hinweis, daß er in Harlem zu
finden sei, empfiehlt sich Levine. Als seine Frau am Rande
des Todes steht, entschließt sich Manischevitz, Levine auf-
zusuchen. Er findet ihn in einer heruntergekommenen Bar,
beim Tanzen mit der korpulenten Besitzerin. Diese Szene
läßt den Schneider abermals an der Identität Levines als Engel zweifeln. Er kehrt nach Hause zurück, ohne Levine gesprochen zu haben. Der Arzt gibt seiner Frau nur noch wenige Tage zu leben. Manischevitz, gequält von der größten
Glaubenskrise seines Lebens, schläft ein und träumt von
Levine in der Gestalt eines Engels. Er beschließt, abermals
nach Harlem zu gehen, findet aber an dem Platz, an dem die
Bar stand, eine Synagoge. Er lauscht vier schwarzen Juden,
die Fragen des Talmud diskutieren. Schließlich findet er Levine, der äußerlich wie moralisch mehr als zuvor herunter-
gekommen ist, in Bellas Bar. Er bekennt vor allen Gästen
seinen Glauben, daß der Schwarze ein Jude und ein Engel
sei. Daraufhin geht Levine mit Manischevitz nach Hause
und fliegt vor den Augen des Schneiders davon. Als dieser
die Wohnung betritt, ist seine Frau geheilt.

  Zwei große Themenbereiche stehen in *Angel Levine*
im Vordergrund: zum einen das Verhältnis der beiden
großen ethnischen Minderheiten der Juden und Schwarzen
in den Vereinigten Staaten, zum anderen die Entstehung
von Glaubenskrisen und deren Bewältigung. Obwohl sich
beide Themen nicht eindeutig voneinander trennen lassen,
sollen sie doch der Klarheit wegen nacheinander behandelt
werden.

  Jüdische und schwarze Amerikaner stellen zwei große
Gruppen ethnischer Minderheiten in den USA. Man sollte
annehmen, daß Minoritäten zusammenhalten, um sich gemeinsam gegen die Mehrheit zu behaupten, aber das ist,
was Juden und Schwarze anbetrifft, nicht der Fall. Die
Gründe hierfür sind vielschichtig. Zur Zeit der großen jüdi-

schen Einwanderungswellen aus Osteuropa in den USA zwischen 1880 und 1920 verdingten sich die Einwanderer hauptsächlich als Arbeiter und niedere Handwerker. (Auch der Name Manischevitz läßt auf osteuropäische Herkunft schließen.) Die zweite Generation der eingewanderten Juden aber schaffte im allgemeinen den sozialen Aufstieg und stellte einen bedeutenden Teil der urbanen Mittelschicht. Dieses *climbing the social ladder* hält bis zum heutigen Tag an. Es erklärt, warum zur Zeit ein großer Teil der wirtschaftlichen Schlüsselpositionen in den USA von Juden besetzt ist. Schwarze Amerikaner aber waren und sind immer noch hauptsächlich den sozial weniger begünstigten Schichten zuzurechnen. Daß diese Tatsache bei den Schwarzen gelegentlich Neid hervorrief, ist verständlich. Schließlich fiel es Juden, die sich äußerlich nicht vom Establishment unterschieden, leichter, sich zu assimilieren. Wer aber den sozialen Aufstieg anstrebt, tendiert erfahrungsgemäß dazu, sich nach unten abzugrenzen. Dies führte dazu, daß Juden der schwarzen Bevölkerung gegenüber fast noch herablassender gegenüberstehen als die etablierte Oberschicht.

Angel Levine kann als Malamuds Versuch verstanden werden, einen Weg aufzuzeigen, wie sich jüdische und schwarze Amerikaner entgegenkommen könnten. Wenn man sich klarmacht, daß die Gruppe der Juden sich durch ihren Glauben, die der Schwarzen aber durch ihre Hautfarbe legitimiert, so können Überschneidungen nur in einer Richtung auftreten. Ein (weißer) Jude kann niemals schwarz werden, wohl aber ein Schwarzer Jude. (Nach traditioneller Auffassung ist nur derjenige Jude, der von einer jüdischen Mutter geboren wurde, doch sind in neuerer Zeit Konversionen zum Judentum durchaus möglich.) Levine hat den Haß der Schwarzen überwunden. Er hat den jüdischen Glauben angenommen und somit alles getan, um einen Ausgleich zwischen sich und dem etablierten Judentum zu schaffen: »Manischevitz asked, ›You are maybe Jewish?‹ ›All my life I was, willingly.‹« (S. 45) Wichtig ist, daß Levine aus freien Stücken konvertierte, was er nicht hätte tun können, ohne sich ausgiebig mit der jüdischen Religion auseinanderzusetzen. Er ist als eine Personifikation von Toleranz und Unvoreingenommenheit zu verstehen. Daß ausgerechnet der Schwarze den ersten Schritt tut, verdient Beachtung.

Somit liegt es nun beim Schneider, einen Ausgleich herzustellen, indem er das Jude-Sein Levines anerkennt. Nur so kann er erlöst werden, und nur so können beide, Levine und Manischevitz, ihre Ruhe finden. Denn je länger Manischevitz' Unentschlossenheit anhält, desto mehr zerfällt auch Levine, äußerlich und moralisch. Nur gegenseitige Toleranz kann beide retten. Und tatsächlich, erst als Manischevitz seinen Stolz ablegt, erst als er alle Demütigungen auf sich nimmt, werden die innigsten Wünsche der beiden Protagonisten erhört. Levine bekommt seinen Flügel und wird zum ›richtigen‹ Engel, und Manischevitz' schon tot geglaubte Frau gesundet. Die letzte Äußerung des Schneiders ist am aussagestärksten: »A wonderful thing, Fanny [. . .]. Believe me, there are Jews everywhere.« (S. 54)

Die Aussage ›es gibt Juden überall‹ ist vom Autor bewußt zweideutig gehalten. Zum einen kann dies bedeuten, daß überall Juden zu finden sind (selbst in Harlem!), ohne die Notwendigkeit, daß jeder ein Jude ist. Zum anderen aber kann man die Aussage so verstehen, daß, wo immer man auch hingeht, ausschließlich Juden anzutreffen sind. Das Jude-Sein wird zur Allegorie des Menschseins: wo immer man auch hingeht, trifft man Menschen. Manischevitz sieht ein, daß kein Unterschied zwischen ihm und Levine, zwischen Schwarzen und Juden, besteht und beendet somit seine und Levines Qualen, oder, auf einer höheren Ebene, den Haß zwischen den beiden großen ethnischen Minderheiten.

Für Malamud war das Buch der Bücher immer eine Quelle der Inspiration: »I'm influenced especially by the Bible, both Testaments« (zit. nach Stern, S. 56). Daher liegt es nahe, Manischevitz' religiöse Krise vor dem Hintergrund des alttestamentlichen Hiobbuches zu beleuchten. Die Gemeinsamkeiten liegen auf der Hand. Beide, Hiob und Manischevitz, verlieren binnen kurzer Zeit ihre Kinder und ihre Existenzgrundlage. Zusätzlich stellen sich schlimmste körperliche Leiden ein. Hiob wird zum Aussätzigen, Manischevitz leidet unter heftigen Rückenschmerzen, die es ihm unmöglich machen, einer geregelten Arbeit nachzugehen. Da beide zeit ihres Lebens Gott verehrt hatten, stellt sich die Frage nach der Gerechtigkeit Gottes.

Das Buch Hiob sieht Leid entweder als Prüfung des Frommen durch Gott oder als Folge von Vergehen, die durch konkreten Schmerz gesühnt werden. Besonders letzteres wird von Manischevitz in Erwägung gezogen, als er das Ausmaß seines Leids bedenkt (S. 47). Hiob selbst aber akzeptiert weder die These, daß Leid Prüfung, noch daß es Strafe sei. Nur die persönliche Gottesbegegnung kann die Gewißheit vermitteln, daß der Mensch das eigentliche Wesen Gottes nicht zu durchschauen vermag. Gott offenbart sich Hiob in einem Wirbelsturm. Für Manischevitz offenbart sich Gott in der Gestalt von Alexander Levine. Aber die Offenbarung an sich ist weder im Buch Hiob noch in *Angel Levine* geeignet, den Protagonisten von Leid zu erlösen. Ihm muß auch Glauben, in religiösem Sinne, geschenkt werden. Genau das ist Manischevitz' Problem. Im Kontext der Bibel verwundert es nicht, daß Hiob dem Wirbelsturm die Bedeutung beimißt, die ihm zukommt. Vergegenwärtigt man sich aber die Situation Manischevitz' im New York der fünfziger Jahre, stellt ein schwarzer jüdischer Engel den Glauben des Schneiders auf eine harte Probe. Hier überschneiden sich die Themen der ethnischen Vorbehalte und der Glaubenskrise.

Schon die Tatsache, daß sich der Schwarze als Alexander Levine, also mit einem unzweideutig jüdischen Namen vorstellt, wird von Manischevitz als »jest« (S. 45), als Scherz, aufgefaßt. Und als ob ein schwarzer Jude nicht genug wäre,

behauptet Levine noch, er sei ein Engel, geschickt von Gott,
aber begrenzt in seinem Handlungsspielraum. Die Reaktion
des Schneiders auf diese Enthüllung ist erstaunlich. Er fühlt
sich von Gott zum Narren gehalten. Er hatte Hilfe erwartet, aber nicht das – nicht einen schwarzen Engel, noch dazu
ohne Flügel, auf Bewährungsmission. Wie konnte man ihm
dies antun angesichts seiner beispielhaften Frömmigkeit?
»So if God sends me an angel, why a black? Why not a
white [...]?« (S. 47) Es ist also Levines Hautfarbe, die für
den Schneider einem ›Engel-Sein‹ im Weg steht, denn Manischevitz bestreitet nicht die Existenz von Engeln an sich.
Levines lapidare Antwort (»It was my turn to go next«),
zeigt, daß die Hautfarbe im Himmel irrelevant ist. Diese
Enthüllung ist zu viel für Manischevitz, und er bezeichnet
Levine als Betrüger. Daß hier auch ein wenig gekränkte Eitelkeit eine Rolle spielt, ist nicht von der Hand zu weisen.
Warum mußte ausgerechnet er, der fromme Schneider, einen
schwarzen Schutzengel bekommen? Somit kann Manischevitz' Zurückweisung Levines auch als ein Fingerzeig gegen
Gott, der ihn so enttäuscht hat, verstanden werden.

Erst als sich seine und seiner Frau Gesundheit wieder
verschlechtert, erinnert sich Manischevitz an Alexander Levine. Und wieder ist es die Hautfarbe des Engels, die ihn
zweifeln läßt. Trotzdem ist Manischevitz diesmal bereit, die
Existenz eines schwarzen Engels anzuerkennen. Er begibt
sich nach Harlem, um Levine zu suchen. Überraschend ist
die Reaktion eines Kollegen auf seine Feststellung, daß es
sich bei Levine vielleicht um einen Engel handle. Er akzeptiert das Engel-Sein Alexander Levines ohne einen Hauch
des Zweifels. Für einen Schwarzen ist demnach ein schwarzer Engel nichts Ungewöhnliches. Wiederum spielt also,
was den Glauben anbetrifft, die Hautfarbe die entscheidende Rolle, dieses Mal die Hautfarbe von Manischevitz'
schwarzem Kollegen.

Als Manischevitz Levine findet, wird er abermals auf die
Probe gestellt, obwohl die Hautfarbe des Engels seinem

Glauben nicht mehr im Weg steht. Levine sitzt armselig und betrunken in einer heruntergekommenen Bar – in dieser Hinsicht repräsentiert er die moderne Version eines *fallen angel* –, aber selbst das würde Manischevitz akzeptieren. Erst als er mit der Barbesitzerin in unmoralischer Weise tanzt, wendet sich der Schneider zum Gehen. Ein Engel mit dieser sittlichen Einstellung ist für ihn nicht vorstellbar.

Als er nach Hause kommt, liegt seine Frau im Sterben. Abermals sucht er Hilfe bei Gott, dieser aber hat ihn verlassen, genau wie er selbst Levine verlassen hat. Seine Glaubenskrise ist auf dem Höhepunkt (»He railed against God«, S. 50). Erschöpft fällt er in Schlaf und träumt von Levine, der vor einem stumpfen Spiegel seine Flügel in Ordnung bringt. Der Spiegel läßt das Bild nebulös erscheinen, als ob Levine auf einer Wolke säße. Somit könnte der Schwarze doch zu den himmlischen Heerscharen gehören. Die Interpretation von Träumen als Visionen, die realer sind als die sichtbare Welt, ist in der Weltliteratur weit verbreitet und wird besonders mit der Romantik und dem Idealismus in Verbindung gebracht. In ähnlicher Weise betrachtet Manischevitz den beflügelten Levine seiner Vorstellung als Zeichen des ›Engel-Seins‹ des realen Levine. Noch einmal macht er sich auf die Suche.

Die vier Schwarzen in der Synagoge an der Stelle, an der vorher Bellas Bar gestanden hatte, unterhalten sich über grundlegende Fragen des Talmud. Es fällt auf, daß auch im Hiobbuch vier Freunde versuchen, Hiob zum rechten Glauben zu bringen. Auch hier handelt es sich um drei Alte und einen Jungen, von denen der Junge, im Hiobbuch Elihu, der weiseste ist. Man vergleiche die Parallelität der Diskussion: »Elihu: ›Aber der Geist ist es in den Menschen und der Odem des Allmächtigen, der sie verständig macht‹.« (32,8) Und: »›God put the spirit in all things‹, answered the boy.« (S. 52) – »Elihu: ›Das vernimm, Hiob, steh still und merke auf die Wunder Gottes!‹« (37,14) Und: »He [God] put it in the green leaves and the yellow flowers.

He put it with the gold in the fishes and the blue in the sky. That's how come it came to us.« (S. 52)

Beide, Elihu und der Junge in der Synagoge, sehen im Menschen und der Natur Beweise für die Ubiquität Gottes, aber der Junge in *Angel Levine* geht noch einen Schritt weiter. Daß er sich hauptsächlich auf Farben bezieht, ist kein Zufall (grüne Blätter, gelbe Blumen, goldene Fische, blauer Himmel), und wir können hinzufügen: schwarze Menschen. Die Botschaft ist klar. Die Farbe an sich ist ohne Bedeutung. Was zählt, ist der göttliche Geist, und der ist in jedem Menschen zu finden. Somit liefert der Junge eine Interpretation des Talmud, die Manischevitz die Schamröte ins Gesicht treiben sollte.

Als Manischevitz die schwarzen Juden nach Alexander Levine fragt, wissen auch diese, daß es sich um einen Engel handelt. Wieder bekommen wir zu verstehen, daß für schwarze Juden, anders als für Manischevitz, ein schwarzer Engel nichts Ungewöhnliches ist.

Als Manischevitz Levine findet, ist dieser so weit vom äußeren Idealbild eines Engels entfernt wie nur möglich. Er verkörpert in jeder Hinsicht das amoralisch-halbseidene Stereotyp eines Schwarzen wie es durch die Vorstellung der Weißen geistert. Diesmal läßt sich der Schneider jedoch nicht abschrecken. Trotz aller Feindseligkeit, die ihm entgegenschlägt, geht er auf Levine zu. Auf die barsche Aufforderung Levines, ihm den Grund seines Kommens zu nennen, erkennt Manischevitz das Jude-Sein Levines an. Dies reicht jedoch nicht aus, um beide zu erlösen. Erst muß der Schneider vor allen Gästen zugeben, daß Levine ein Gesandter des Herrn ist. Dieses Eingeständnis stellt eine Erniedrigung dar, die Manischevitz erspart geblieben wäre, wenn er die Identität des Schwarzen gleich beim ersten Treffen anerkannt hätte. Levines Erlösung stellt sich sofort ein, und die gesamte halbseidene Gesellschaft verliert das Interesse an ihm.

Als die beiden bei Manischevitz' Wohnung ankommen, verabschiedet sich Levine und fliegt davon mit seinen neu erworbenen Flügeln, oder zumindest glaubt der Schneider sicher zu sein, daß er davonfliegt, denn der Autor läßt bewußt die Möglichkeit einer Halluzination offen. Manischevitz' Erlösung offenbart sich in Fannys Genesung.

Gegen Ende kehrt die Geschichte zur Ausgangsfrage zurück: ›Wie kann ich noch an einen gerechten Gott glauben, wenn er mir trotz meiner Rechtschaffenheit alle Schmerzen der Welt bereitet?‹ *Angel Levine* gibt eine Antwort, die sich mit der des Hiobbuches deckt. Der Mensch kann die Wege Gottes nicht durchschauen. Nur der Glaube an die göttliche Offenbarung kann ihn retten, auch wenn diese die Form eines schwarzen jüdischen, zeitweise gar halbseidenen und amoralischen, Engels hat.

Text: Bernard MALAMUD: The Magic Barrel. Harmondsworth: Penguin 1968. – *Übersetzung:* Bernard MALAMUD: Das Zauberfaß. Übers. von Annemarie Böll. Köln 1962.

Literaturhinweise: Peter FREESE: Die amerikanische Kurzgeschichte nach 1945. Frankfurt a. M. 1974. S. 180–245. – Rudolf HAAS: Malamud: *Angel Levine*. In: Karl Heinz Göller und Gerhard Hoffmann (Hrsg.): Die amerikanische Kurzgeschichte. Düsseldorf 1972. S. 307–317, 419 f. – Jeffrey HELTERMAN: Understanding Bernard Malamud. Columbia (S. C.) 1985. – Cynthia OZICK: Literary Blacks and Jews. In: Leslie A. Field und Joyce W. Field (Hrsg.): Bernard Malamud. A Collection of Critical Essays. Englewood Cliffs (N. J.) 1975. S. 80–98. – Willi REAL: *Idiots First* and Other Stories by Bernard Malamud. Teacher's Book. Paderborn 1981. S. 46–67. – Sidney RICHMAN: Bernard Malamud. New York 1966. – Daniel STERN: The Art of Fiction. Bernard Malamud [Interview]. In: Paris Review 61 (1975) S. 40–64. – Donna TALBOT: Malamud's *Angel Levine*. Manischevitz und Job. In: Language and Literature 8 (1983) S. 69–81.

Michael Weis

Saul Bellow: *A Father-to-Be*

Als jüngster Sohn russisch-jüdischer Einwanderer wurde
Saul Bellow 1915 in der kanadischen Provinz Quebec geboren. Später zog er mit der Familie nach Chicago. Begeistert
von der Großstadt und dem *American Way of Life* sah
sich der damals Neunjährige als ein städtischer ›Pfadfinder‹
nach dem Vorbild der Lederstrumpf-Romane. Schon früh
ein Bücherwurm, träumte er davon, einst Schriftsteller zu
werden. Dem Besuch der High School und einem abgebro-
chenen Literaturstudium folgte das mit Auszeichnung ab-
geschlossene Studium der Anthropologie. Mehrsprachig
aufgewachsen, zeigt die Fächerwahl, wie sehr die Kulturen-
vielfalt Chicagos ihn geprägt hatte. Wie der Anthropologe,
so wird später der Schriftsteller Bellow dem Individuum auf
der Spur sein und dessen Denkprozesse und Verhaltensweisen mit Vorliebe im Großstadtdschungel verfolgen, wo das
Ich sich allzu leicht verliert. 1937 brach Bellow seine Pro-
motion in englischer Literatur ab, da nach eigenem Bekun-
den die Arbeit daran sich stets in eine »story« verwandelte.
Indem er den Anthropologen-*Beruf* aufgibt und der inneren *Berufung* folgt, verwirklicht er den eigenen und zugleich amerikanischen Traum von Freiheit in Gestalt der
darüber erzählenden Person: des Romanciers.

Heute zählt Bellow neben Malamud und Salinger zu den
wichtigsten jüdisch-amerikanischen Autoren des Jahrhunderts. In Würdigung seines Œuvres wurde ihm 1976 der Literatur-Nobelpreis verliehen. Auch in neueren Arbeiten –
Aufsätzen, Short Stories und Novellen – ist Bellows Interesse an den ihn zentral motivierenden Fragen ungebrochen:
Welche Einstellung zum Leben benötigt der Mensch? Wie
gelingt es ihm, Hindernisse auf dem Lebensweg mit einer
an den listigen Odysseus wie die komisch-tragische Figur

der jüdischen Folklore, den Shlemiel, erinnernden Intuition halbwegs heil zu umschiffen? Bellow geht es dabei nicht um Variationen für ein Happy-end, sondern um die Aussöhnung seiner Figuren mit den *facts of life*. Möglichkeiten und Grenzen individueller Entfaltung werden nicht nur im Roman behandelt – oft eine regelrechte Biodyssee der Titelhelden, wie etwa in *Henderson the Rain King* (1959) oder *Herzog* (1964). Ebenso meisterhaft und beziehungsreich gestaltet Bellow diese in der prägnanten Short Story.

A Father-to-Be, erstmals 1955 im *New Yorker*, ein Jahr später zusammen mit dem viel gelesenen Initiationsroman *Seize the Day* erschienen, bietet dafür ein Beispiel. Hier wie in seinem ganzen Schaffen deckt Bellows Erzählkunst »dubious realities« (Bellow, S. 214) auf, die zunächst glauben machen, man könne in ihnen die persönliche Identität suchen oder finden. Von den *facts of life* desillusioniert, lernt der Mensch, mit und in der Wirklichkeit zu leben. Die Kraft der eigenen Fiktion wird genutzt, um den Blick des Lesers auf heilsame Wirkungen von Enttäuschungen zu lenken. Bellows Protagonisten müssen sich erst (in Illusionen) verlieren, um sich schließlich in der Wirklichkeit wiederzufinden.

Der Plot, eine in New York spielende Szenenfolge, wird in der für Bellow typischen dritten Person mit eingeflochtenen Dialogen erzählt (*third person narrative*). Der Protagonist, der 31jährige Chemieforscher Rogin, dient hierbei als ›Auge‹ Bellows. Was es suchend einfängt, wird zur Erzählperspektive. Der Weg zu seiner Verlobten Joan führt Rogin in zwei *corner shops*, wo er Einkäufe erledigen muß, sodann durch das unterirdische Verkehrsnetz der U-Bahn. Seine Beobachtungen regen Rogin zum assoziativen Nachdenken über ein Menschenlos an, das ihm ungerecht erscheint, da es das Individuum zu einer sklavengleichen Existenz verurteilt: »To suffer, to labor, to toil and force your way through the spikes of life [...]« (S. 151).

In der U-Bahn glaubt er, in einem weltmännischen

Gentleman seinem zukünftigen Sohn zu begegnen, wie dieser mit Vierzig wohl sein würde. Die Vorschau, die Rogin als Gegenbild oder Antithese zu sich imaginiert, schockiert ihn; besonders, da der Mitreisende ihm zugleich als Doppelgänger von Joan erscheint, die gern über ihre Verhältnisse lebt. Die doppelte Antithese (zum ›Sohn‹ und dessen Mutter) läßt ihn sein wenig durchsetzungsfähiges Wesen erkennen, das ihm die soziale Vereinnahmung durch andere schicksalshaft aufzuerlegen scheint. Er beschließt, einem Leben, das ihm perspektivenlos vorkommt, zu entfliehen: »Well, then, Rogin, you fool, don't be a damned instrument. Get out of the way!« (S. 152) Zuhause angelangt, bewirkt Joan mit einer Haarwaschung, die als Ritual zu deuten ist, jedoch eine überraschende Wende in Rogin. Er erkennt, daß sein nur auf die Rettung des Ich fixierter Fluchtplan ebenso Illusion war wie der Alptraum von seinem ›zukünftigen Sohn‹.

Die Geschichte zeigt, wie aus einer momentanen Verfassung heraus, die Rogin für geistige ›Klarsichtigkeit‹ (S. 145) hält, die Revision der Lebenseinstellung plötzlich zu einem inneren Bedürfnis werden kann. Bellow macht deutlich, daß der Mensch seine Rolle als Gruppenwesen vor allem aus der Persönlichkeitskrise entwickelt, gerade wenn als ›Bürde‹ (S. 154) empfundene soziale Verpflichtungen dem subjektiven Wollen und Wünschen entgegenstehen. Das krisenhaft erlebte Suchen und Finden der ›eigenen‹ Rolle wird durch *flashbacks*, die Details zu Rogins prekärer Situation liefern, ohne das Erzähltempo zu verlangsamen, schnell vorangetrieben: alles passiert an einem nachweihnachtlichen Sonntagabend – vielleicht am Dreikönigstag (*Epiphany*) oder zur ›verkehrten Zeit‹ des Karnevals, der *silly season*, zu der Rogins clownesk geschildertes Auftreten paßt (S. 143; Zeitangaben; der Junge im Cowboy-Kostüm, S. 146; das Leben als »carnival of transit«, S. 151).

In einer seiner kürzesten Short Stories bietet Bellow eine beachtliche Fülle an Themen, die alle über Rogins ›besondere Verfassung‹ (S. 143) an diesem Abend miteinander verknüpft sind. Drei Erzähl- und Bedeutungsschienen der Geschichte treten deutlich hervor.

Gleich im ersten Satz verschafft Bellow dem Leser ebenso gewaltsam Zugang zu Rogins Innerem, wie es dessen ›Einfälle‹ zu tun pflegen: »The strangest notions had a way of forcing themselves into Rogin's mind« (S. 143). Die Einfälle, besonders während der U-Bahnfahrt (»Thoughts very often grow fertile in the subway«, S. 149), zeigen den ›Passagier‹ Rogin als einen in der Entscheidungsnot fixierten Zauderer, wie ihn Roland Barthes als »mythologische Figur« in der kleinbürgerlichen Welt des *Weder-Noch* entdeckt hat (*Mythen des Alltags*, Frankfurt a. M. 1996, S. 144). So bedrückt Rogin zum einen die Rolle des *breadwinner.* Die Last der Verantwortung ist dreifach: für Joan, deren üppigen Lebensstil er finanziert; für seinen Bruder, dem er das College bezahlt; und für seine pensionierte Mutter, die jetzt in doppeltem Sinn Zuwendung fordert – nicht zuletzt für die Verhätschelungen von Kindesbeinen an, die nun ›zurückzuzahlen‹ sind (S. 148). Den Gegenpol bildet die Rolle des isoliert und autonom forschenden Chemikers: Beruf und Berufung zugleich. Hierin ähnelt Rogin einem modernen Prometheus, dem mythologischen Lichtbringer und Säulenheiligen aller Wissenschaft. Mit dem Wissen (und Leid) schaffenden Prometheus wetteifert er geradezu im Bild der eigenen ›zündenden‹ Erfindungen: der sich selbstentfachenden Zigarette und billigerem Motorenbrennstoff. Nach ihnen richten sich sein Denken und seine Identität. Anzumerken ist, daß Bellow durch die phantastisch wie fiktiv wirkenden Erfindungen gleichzeitig Rogin und den konsumorientierten *American Way of Life* ironisch parodiert: eben einen Karneval veranstaltet. Auf die doppelte Funktion von Rogins *Erfindungen* verweist auch sein ›synthetischer Eiweißstoff, der die gesamte Eierindustrie revolutionieren sollte‹ (S. 150).

Ihm liegt der Typ des Wissenschaftlers, der sich anschickt,

den Göttern die Geheimnisse des Lebens (die Eiweißformel) zu entreißen, wie Prometheus einst das Feuer. Der Umgang mit seinen Nächsten ist dagegen an einem Impasse angelangt. Unentschieden steht Rogin am Scheideweg – isoliertes Wissenschaftlertum *oder* sich der Versorgerrolle ergeben und auf Wunder hoffen: »Ye gods, but he needed money! As never before.« (S. 148)

Selbst die Haltung zu Joan ist ambivalent. Einerseits verehrt er sie wie eine Ikone. Hier zeigt sich auch Bellows Neigung zum literarischen Verweis. Bei Rogins Beschreibung der Geliebten greift er auf Shakespeares vieldeutige Sonett-Kunst (Sonette 18 und 130) zurück: »There was really nothing to compare her sweet, small, daring, shapely, timid, defiant, loving face to. How difficult she was, and how beautiful« (S. 147). Trotzdem leidet Rogin unter Joans extravagantem Konsumverhalten (S. 144, 153), ohne aber zu merken, daß es ihm längst selbst zu eigen geworden ist, wie sein ›Kaufrausch‹ im Delikatessenladen verrät.

Zwischen den Polen von Anpassung und Protest unentschieden hin- und hergerissen, kennt die Selbstanalyse nach der visionären Begegnung mit dem ›Sohn‹ nur noch eine Konsequenz: gegen die Instrumentalisierung nicht zu rebellieren. Dazu ist er zu schwach. Das Heil liegt in der Flucht. Wie der seinem Schicksal ergebene Gnom in der U-Bahn, dessen hermaphrodite Natur Rogin fasziniert, fügt er sich zuhause bei Joan widerspruchslos der sprachlichen Neutralität, dem Säuglingsstadium: »›Oh, my baby. You're covered in snow. [...] It's all over its little head‹ – her favorite third-person endearment.« (S. 153) An die Stelle der Mutter, die mit einer entzogenen Liebesgeste das Ende der bis ins Junggesellendasein verlängerten Kindheit besiegelt hatte, tritt nun die sexuelle Bezugsperson: eine Art Ersatzmutter. Erst jetzt wirkt Joan direkt auf Rogin als eine sinnliche Erfahrung des Weiblich-Erotischen. Bei der Haarwaschung im Körperkontakt mit ihm, wie bei einer Geburt oder der Taufe, entläßt sie Rogin in die neue Rolle eines Lebenspart-

118 *Michael Weis*

ners: Joan »pressed against him from behind, surrounding him, pouring the water gently over him« (S. 154). Im introspektiven Blick auf das Spiegelbild im Wasser durchschaut Rogin die Illusion ·völliger Freiheit von interpersonalen Verpflichtungen. Erst in der Geist und Körper, Immaterielles *und* Materielles umfassenden Bindung zum Mitmenschen tritt sein ›geheimes, liebendes‹ Wesen zutage (»his own secret loving spirit overflowing into the sink«, S. 155).

Der psychologischen Entwicklung ist ein weiterer wichtiger Themenstrang verbunden. Die Milieubeobachtungen auf dem Weg zu Joan lösen bei Rogin regelrechte Erkenntnisschübe über die Verhältnisse auf dieser Welt aus. Die erste Epiphanie oder Erleuchtung erlebt er, als vor seinen Augen eine Shampoo-Flasche in Papier eingewickelt wird: »a clear idea suddenly arose in Rogin's thoughts: money surrounds you in life as the earth does in death. Superimposition is the universal law. [...] It was extraordinary how happy he became and, in addition, clear-sighted.« (S. 145)

Im Delikatessenladen malt sich Rogin aus, wie der Händler, den er in unbewußter Parodie seiner Lage als einen Banditen um den mexikanischen Freiheitshelden Pancho Villa schildert, weniger ›klarsichtigen‹ Kunden die Speisenreste vom Tage noch für teures Geld andrehen würde: Spätaufstehern, Singles und Leuten, ›deren Blick nach innen gerichtet war‹ (S. 146). Ironischerweise identifiziert er sich mit keiner dieser Gruppen, denen er, der Noch-Junggeselle und Denker, doch angehört. Alles verweist auf die universale Gültigkeit der Geld- und Überlagerungstheorie – bei anderen. Sogar der kleine Puertoricaner im Cowboy-Kostüm, den Bellow aber vielleicht gerade wegen seiner Fremdheit die Symbolgestalt des hier ›sprachlos‹ agierenden *American Dream* spielen läßt, legt Rogins Theorie nahe: die fremde Kultur, die vom Cowboy-Kostüm eingekleidet und damit selbst überlagert wird.

Angesichts des ›Sohnes‹ löst die Theorie dann ursächlich einen Schock bei ihm aus: »Lacking in dominant traits as

compared with Joan, his heritage would not appear. [...]
Rogin was frightened and moved.« (S. 151) Er merkt, daß
der Kern seiner Theorie er selbst ist. Er ist es, der ›überlagert‹ und verschwinden wird. Die als Entdeckung inzse-
nierte und soziologisch durchaus interessante Überlagerungstheorie zielt weniger auf die Erfassung der Wirklichkeit ab. Vielmehr deckt sie Schicht um Schicht Rogins leicht
zu ›überlagerndes‹ Wesen auf. Die Rahmenhandlung – die
Besorgung, die Joan ihm kokett, doch ohne Widerspruch zu
dulden, aufträgt – ist symptomatisch dafür. Als soziales Wesen kann man der Fremdbestimmung nicht entgehen. Die
Suche nach Selbstbestimmung wird zur normalen Gegen-
reaktion. Daran ist ›absolut nichts Falsches‹, wie Joan bei
der zärtlichen Untersuchung von Rogins Kopfhaut später
feststellt (S. 154).

Ein drittes Thema der Geschichte tritt so hervor. Bellow
wählt ein Motiv der literarischen Tradition, um Rogins er-
ratische Beobachtungen zum Ausdrucksträger zu gestalten:
die Suche oder Quest, die Bellow hier in ihrer psychologischen Variante als Weg zur Selbsterkenntnis und Selbstfindung aufbereitet. Einst Topos spätmittelalterlicher Grals-
dichtung wurde das Quest-Motiv in der Renaissance zum
Träger ganzer Philosophien. In der amerikanischen Literatur, z. B. bei Melville oder Salinger, erlebte es eine weniger
philosophisch, dafür psychologisch vielschichtigere Wiedergeburt.

Bellow erinnert an die alten Motivquellen: in einem von
zwei Tramps sieht Rogin ein ›ritterliches Symbol‹ (S. 148).
Diesem traurigen Don Quijote der Großstadt fühlt er sich
weit überlegen, da der Tramp lange in der irren Illusion
lebte, sein Tippelbruder wüßte nichts von seinem Alkoholismus. Noch glaubt Rogin, mit seinem sprichwörtlichen
Forscherdurchblick im Gegensatz zur breiten Masse zu wissen, ›was für ein kleines Licht das Licht des Bewußtseins‹ ist
(ebd.). Natürlich weiß er es genausowenig wie die anderen,
mit denen er »happy« (ebd.) am unterirdischen Transpor-

tiert-Werden, am »great carnival of transit« (S. 151) teil-
nimmt. Nicht die singuläre, sondern eine kollektive Suche
nach der eigenen Rolle im Leben und der Bestimmung des
Ichs ist es, die sich mit der symbolischen U-Bahnfahrt vollzieht. Frei verläuft die Suche nie. Sie bewegt sich in den
(für die ›Reisenden‹ unsichtbaren) ›Schienen‹ des Lebens.
Scharfsinnig verweist Bellow mit der ferngelenkt im Dun-
keln geführten U-Bahn auf die symbolische Bedeutung des
Vehikels für diesen *Transit* (Übergang). Offen bleibt, wer
die Fahrt des Lebens fernsteuert. Joan bringt sie mit ihrem
›Instinkt‹ und ihrer entgegen Rogins außergewöhnlichen
Forschertaten ›regulären Gabe‹ (S. 155) im Gestus der Haarwaschung zumindest einen Schritt voran.

Schon die Amerikanische Unabhängigkeitserklärung von
1776 bemühte das Motiv der Suche in der berühmten Wendung vom Recht des Einzelnen auf ›das Streben nach Glück‹
(»the pursuit of happiness«). Die Quest wurde so zur vielleicht populärsten aller amerikanischen Ideen, eben weil sie
der amerikanischen Mentalität quasi im Moment der Geburt zum Auftrag gegeben ist. Ihr historisches Wesen faßt
Buster Keatons Stummfilmwestern von 1925 in eine grif-
fige, formelhafte Order: *Go West!* Der Weg nach Westen ist
– Rogins Panik, in vierzig Jahren *so* seinem Sohn begegnen
zu müssen, beweist es – zugleich immer auch Metapher für
den analogen Lauf des Lebens; ist Metapher für das Nachdenken über die (eigene) Zukunft. Bellow gestaltet das Motiv der Suche also zweifach: das Leben als momentane und
permanente Quest. An der Schnittstelle zum mittleren Lebensabschnitt wird die aus Rogins Forschernatur rührende
Suche nach Orientierungspunkten (die *einst* hinter ihm stehende Mutter, die *jetzt* hinter ihm stehende Joan) zur existentiellen Notwendigkeit. Deshalb auch anfangs die Be-
tonung seines Schwellenalters: »Just thirtyone« (S. 143).
Gerade krisenhaft durchlebte Lebensschwellen, sogenannte
liminale Phasen, wie Pubertät, Adoleszenz, die *midlife cri-
sis*, sind universale Sozialisationserfahrungen.

Vom Junggesellendasein wendet sich mit der Bindung an
Joan auch Rogins Leben. Die Einführung in die neue Le-
bensphase eines ›zukünftigen Vaters‹ geht, wie eine Initiation, mit der Krise der Person einher. Und auch *A Father-
to-Be* endet, wie eine Initiation, mit einem Erlösungsritual,
das vor allem die Zukunft garantieren soll: mit der Haarwaschung (›Taufe‹). Das bürgerliche Privatritual beschließt
nicht nur die zunächst irrende Suche, die dann vergessen
wird, wie Rogin den Zorn auf seinen »son-to-be« vergißt
(S. 155). Vielmehr macht es die aus der Erlebnisperspektive,
dem *past tense*, erzählte Story über Rogins Selbstfindung
zugleich zur Parabel einer umfassenderen Quest: die stän-
dige Suche nach Anknüpfungspunkten, nach Kontinuität
für die eigene Person im sozialen Rollenspiel des Lebens.

Text: Saul BELLOW: Mosby's Memoirs and Other Stories. New
York: Viking Press, 1968. S. 143–155. – *Übersetzung:* Saul BELLOW:
Mosbys Memoiren und andere Erzählungen. Übers. von Walter
Hasenclever. Köln 1973.
Literaturhinweise: Saul BELLOW: Where Do We Go from Here.
The Future of Fiction. In: Irving Malin (Hrsg.): Saul Bellow and the
Critics. New York 1967. S. 211–220. – Malcolm BRADBURY: Saul
Bellow. London 1982. – Marianne FRIEDRICH: Character and Nar-
ration in Bellow's Short Fiction. Heidelberg 1992. – Ruth MILLER:
Saul Bellow. A Biography of the Imagination. New York 1991.

JENS MARTIN GURR

Peter Taylor: *Promise of Rain*

Peter Taylor (1917–94) ist als ein Meister der Kurzgeschich-
tenform, ja sogar als der beste amerikanische Kurzgeschich-
tenautor aller Zeiten bezeichnet worden (*Critical Essays*,
S. 1-21). Dennoch ist er in Deutschland fast unbekannt.
Selbst in den USA ist er erst nach der Verleihung dreier
renommierter Preise in den Jahren 1986 und 1987 (PEN-
Faulkner-Preis, Ritz-Hemingway-Preis, Pulitzer-Preis) ins
Bewußtsein einer breiten Öffentlichkeit getreten.

Taylor wurde als viertes Kind einer reichen, alteingesesse-
nen Juristen- und Politikerfamilie in Trenton, einer Kleinstadt in Tennessee, geboren. Entscheidend geprägt wurde er
nicht nur durch seine Herkunft, sondern auch durch sein
Studium an verschiedenen Universitäten des Südens. So
studierte er bei John Crowe Ransom, Allen Tate und Robert Penn Warren, führenden Schriftstellern und Kritikern,
an deren technischer Perfektion er seinen Stil schulte. Noch
vor Abschluß des Studiums, im Alter von zwanzig Jahren,
publizierte er seine ersten Kurzgeschichten. Von 1945 bis
1983 unterrichtete er an amerikanischen Universitäten *creative writing*. Taylor veröffentlichte über 70 Kurzgeschichten und Erzählungen, daneben drei Romane und mehrere
Theaterstücke. Bedeutsam war seine Verbindung zur Wochenzeitschrift *The New Yorker* (siehe meinen Beitrag über
Thurber im vorliegenden Band), in der seit 1948 zahlreiche
seiner Geschichten erschienen. Als einer der letzten großen
epischen Erzähler der Südstaaten starb er im November
1994 kurz nach dem Erscheinen seines Romans *In the Tennessee Country*.

Der Grund für seine späte Anerkennung ist vor allem in
der Eigenart seines Werkes zu suchen. Seine Abstammung
aus einer reichen Südstaatenfamilie, in der verschiedene Ge-

nerationen unter einem Dach lebten und in der schwarze
Dienstboten zum Haushalt gehörten, sowie eine Gesellschaft, in der die hierarchische Ordnung aus der Zeit vor
dem amerikanischen Bürgerkrieg noch weitgehend Bestand
hatte, haben ihn geformt. Seine Geschichten spielen fast alle
in der weißen Oberschicht Tennessees, meist in der Zeit vor
dem Zweiten Weltkrieg, und sind – wie er selbst betont hat
– zum großen Teil autobiographischen Ursprungs. Taylor
entwirft in ihnen ein genaues Bild der Gesellschaft jener Zeit. In einem unaufdringlichen, leisen Stil erzählt er
scheinbar nebensächliche Ereignisse aus dem Familienleben,
dem Zusammenleben mit den schwarzen Hausangestellten
und aus dem gesellschaftlichen Umfeld der Personen.

In diesen subtilen Charakterskizzen und Familienpor-
traits gibt es selten offen ausbrechende Konflikte. Taylor
beschreibt fast nie Gewaltszenen, erotische Motive werden
höchstens angedeutet, und so enden auch die Konflikte un-
spektakulär – ohne Mord, Ehebruch oder Flucht. Oft besteht die Lösung nur in einer neuen Einsicht in die Wertvor-
stellungen, Gefühle oder Probleme des Anderen, die ein
tieferes Verständnis erlaubt. Spannung im herkömmlichen
Sinn findet man bei Taylor kaum. So nimmt der Erzähler
bisweilen schon früh den guten Ausgang eines Konflikts
vorweg, die Spannung liegt nicht in dem, *was* geschieht,
sondern im *wie*, in den Umständen.

Auch wenn Taylor nur über eine bestimmte Gesell-
schaftsschicht in einer bestimmten Zeit schreibt, auch wenn
Tennessee für ihn nicht nur ein Bundesstaat der USA ist,
sondern ein sein Denken prägender Ausdruck eines Le-
bensgefühls und einer Weltanschauung, darf dies nicht als
unkritische Verherrlichung der Vergangenheit oder gar als
Zeichen eines beschränkten Horizonts gedeutet werden.
Denn so sehr sich Taylor seiner privilegierten Herkunft bewußt war und so sehr er die Annehmlichkeiten dieser Stellung zu schätzen wußte, so sehr sah er auch die Probleme
und Ungerechtigkeiten. Auch solche Figuren, die einseitig

der Vergangenheit nachtrauern, dürfen nicht mit dem Autor gleichgesetzt werden: sie werden häufig als beschränkt und weltfremd entlarvt.

Taylor beschreibt seine Figuren mit Einfühlungsvermögen, psychologischem Verständnis und Einsicht in grundlegende menschliche Probleme. Unangemessen sind deshalb die wenigen kritischen Stimmen, die ihn als einen »langatmigen und rückwärtsgewandten« Erzähler bezeichnen, dessen »lächerliche, unwichtige, oberflächliche, dumme Weiße aus den Südstaaten [...] niemals irgendwelche menschliche Bedeutung erlangen« (Barbara Raskin, *New Republic*, 18. Oktober 1969, S. 29 f.). So wichtig Lokal- und Zeitkolorit in seinen Geschichten auch sind, die dargestellten Probleme und Konflikte sind allgemein menschliche: Generationskonflikte, die Zerrüttung von Familien, der Einfluß der Modernisierung auf das menschliche Leben, die Wirkung der Vergangenheit und des kulturellen Erbes auf die einzelnen. Taylor ist nur insoweit Regionalist, als er das ihm vertraute Milieu einem Werk zugrunde legt, das in seinen Themen breit gefächert ist.

Die Geschichte *Promise of Rain* erschien im Januar 1958 zunächst unter dem Titel *The Unforgivable* im *New Yorker*. Als *Promise of Rain* erschien sie dann in zwei von Taylors Sammelbänden: 1959 in *Happy Families Are All Alike*, 1985 in *The Old Forest and Other Stories*, einer Sammlung von ausgewählten Kurzgeschichten und Erzählungen aus den Jahren seit 1941.

Der Erzähler, Will Perkins, berichtet aus einem zeitlichen Abstand von mehr als zwanzig Jahren über seine Schwierigkeiten im Verhältnis zu seinem damals sechzehnjährigen Sohn Hugh Robert während der frühen dreißiger Jahre. Hugh Robert beobachtet sich ständig im Spiegel, provoziert auf vergleichsweise harmlose Weise seine Eltern, durchlebt seine ersten Probleme mit Mädchen und begeht die üblichen Dummheiten. Für einen Sprecherziehungskurs in der Schule beschäftigt er sich mit der eigenen Stimme und

nimmt sich auf Tonband auf. Was seinem Vater zunächst
nur als letzter Beweis für Hughs Eitelkeit und Oberfläch-
lichkeit gilt, erweist sich, wie im nachhinein auch die Beschäftigung mit seinem Spiegelbild, als ehrliche und intensive Suche nach Selbsterkenntnis. Zu dieser Einsicht aber
kommt der Vater erst nach dem letzten in der Geschichte
geschilderten Ereignis. Als Ersatz für ein wegen Regen ab-
gesagtes Baseball-Spiel wird eine von Hugh gesprochene
Aufnahme im Radio gesendet. Aus der Reaktion seines
Sohnes auf die gemeinsam gehörte Sendung wird dem Vater
klar, daß diese ein entscheidendes Ereignis für Hugh war,
das seinen weiteren Weg prägen sollte (S. 114).

Es ist hilfreich, mit dem Zeitgerüst zu beginnen, das sich
aus verschiedenen Zeitangaben und Andeutungen herausle-
sen läßt. Die Geschichte umfaßt einen Zeitraum von ungefähr eineinhalb Jahren, vom Winter 1933/34 bis zum Mai
1935, spielt also in der Zeit der Weltwirtschaftskrise. Hughs
intensive Beschäftigung mit seinem Spiegelbild fällt in den
Winter 1933/34, als er 16 Jahre alt ist (S. 90 f.). Im darauf
folgenden Sommer beobachtet Will Perkins ihn in der Stadt
(S. 95 ff.), im Winter macht Hugh seine Sprechübungen
(S. 106 ff.). Das Schlüsselereignis, die Radiosendung, findet
im Mai nach diesem Winter statt (S. 110 ff.). Daraus läßt sich
schließen, daß Hughs Vater – wie übrigens auch Taylors Vater – 1884 geboren sein muß (»I had just turned fifty«,
S. 97), während Hugh – wie Taylor selbst – Jahrgang 1917
ist. Schließlich läßt sich noch zeigen, daß Will Perkins mit
einem Vierteljahrhundert Abstand, als über Siebzigjähriger,
auf diese Zeit zurückblickt (S. 96).

Obwohl über die eineinhalb Jahre weitgehend chronolo-
gisch berichtet wird, schweift der Erzähler häufig von der
eigentlichen Entwicklung ab (assoziatives Erzählen). So
gibt es mehrere Vorwegnahmen späterer Ereignisse, etwa
wenn der Erzähler berichtet, sein Sohn sei inzwischen Re-
gisseur an einem kleinen New Yorker Theater geworden:
»Quite naturally [Miss Arrowood] must nowadays imagine

herself to have been his first great influence and inspiration, but if Miss Arrowood has ever gotten to New York and found her way over to the East Side, to that little cubbyhole of a theater where my son Hugh Robert directs plays, I'll bet she doesn't understand the kind of plays he puts on any better than I do« (S. 109). Wie hier und anderswo aus dem informellen Ton des Erzählers und den scheinbar zufälligen Zeitsprüngen hervorgeht, haben wir uns vorzustellen, der Erzähler blicke aus einigem Abstand auf zentrale Ereignisse in der Jugend seines Sohnes zurück und erzähle einem gedachten Zuhörer seine Erinnerungen.

Folgende Passage verdeutlicht Taylors assoziative Erzähltechnik: »Hugh wouldn't even *talk* about going to college – not to any local college that I could afford to send him to. Since the war, of course, he has gotten himself some kind of degree at Columbia University on the G. I. Bill. But during high school, when we mentioned college to him, he only laughed at the idea.« (S. 105) Griffith (S. 75–84) spricht anhand solcher Beispiele von der »Memoirentechnik« (*memoir technique*) in Taylors Erzählungen, Paine (S. 26) vom »abschweifend-rückblickenden Monolog« (*digressive retrospective monologue*) – ein Ausdruck, den Taylor selbst für sehr passend hielt. Diese Technik ist besonders geeignet, Will Perkins' Verhältnis zu seinem Sohn darzustellen: sie erlaubt es, sowohl die Einstellung des Vaters zur Zeit des Geschehens als auch sein Verständnis der Ereignisse aus späterer Sicht überzeugend vor Augen zu führen. So wird deutlich, daß er das Verhalten seines Sohnes, der sich ständig im Spiegel beobachtet, zunächst falsch einschätzt, indem er ihn für oberflächlich hält (S. 91–95).

Scheinbar nebensächliche Schilderungen von kleinen Gesten und Szenen, etwa Hughs Versuch, seinen Vater durch die baumelnden Knieschnallen an der Hose zu provozieren, und versteckte Bemerkungen des Erzählers geben dem Leser eine genaue Vorstellung vom schwierigen Verhältnis des Vaters zu seinem Sohn, wobei die Spannungen unter der

Oberfläche bleiben und nur angedeutet werden. So kommt dem Vater bei der bloßen Beschreibung von Hughs Gewohnheit, alles ordentlich zu verstauen, der Gedanke, dieser könne in wenigen Minuten seine Sachen zusammensuchen und von zu Hause fortlaufen.

Als Will Perkins seine Enttäuschung über Hugh reflektiert, wird diese Befürchtung erneut deutlich: »It's hard having your youngest be the one who disappoints you. I sat there searching for my pipe, thinking that I could just imagine how the letter he would leave would look on the library table« (S. 105). Das dabei vorherrschende Gefühl der Entfremdung von Hugh wird an anderer Stelle sehr bildhaft formuliert: »It was as though Hugh and I were drifting about through two different cities that were laid out on the very same tract of land« (S. 103). Es ist charakteristisch für die Vorsicht und Kultiviertheit, mit der die Taylor seinen Erzähler berichten läßt, daß dieser sehr deutliche Vergleich sofort relativiert und teilweise zurückgenommen wird: »But probably even to mention that feeling of mine is carrying things too far« (S. 103).

In der rückblickenden Beschreibung der letzten entscheidenden Szene wird nochmals deutlich, daß Will Perkins seinen Sohn völlig falsch einschätzt. Zunächst unterschätzt er die Bedeutung der Radiosendung für Hugh und hofft gar, sie würde entfallen, damit er der Übertragung des Baseball-Spiels zuhören kann (S. 112); sodann glaubt er, sein Sohn müsse wegen der Störgeräusche im Radio verzweifelt sein, bis er erkennt, daß der sie gar nicht wahrgenommen hat (S. 114). Nach diesem Schlüsselerlebnis taucht der Gedanke, Hugh könne davonlaufen, erneut auf, diesmal aber mit anderem Hintergrund. Der Vater erkennt, daß Hugh mit diesem Ereignis zum Mann gereift ist und sich von der Familie zu lösen beginnt.

Die Geschichte gehört zur Kategorie der *stories of initiation*: es wird ein Erlebnis geschildert, das für einen jungen Menschen einen entscheidenden Schritt auf dem Weg ins Er-

wachsenendasein markiert. Die Besonderheit dieser Geschichte aber ist, daß das Ereignis für Hughs Vater mindestens ebenso wichtig ist wie für seinen Sohn. Die Einsicht in
den Charakter seines Sohnes bedeutet auch für ihn eine
neue Stufe des Bewußtseins. Die Geschichte schließt mit
den Worten: »It is a discovery you are lucky to make at any
age, and one that is no less marvellous whether you make it
at fifty or fifteen. Because it is only then that the world, as
you have seen it through your own eyes, will begin to tell
you things about yourself« (S. 115).

Neben der erwähnten Übereinstimmung in den Ge-
burtsdaten lassen sich weitere autobiographische Züge in
dieser Geschichte aufzeigen. So ist Hugh wie Taylor selbst
jüngstes von vier Kindern; auch die Konflikte um Hughs
Ausbildung und sein Widerwille gegen den vom Vater ge-
wünschten College-Besuch tragen Züge von Taylors Aus-
einandersetzungen mit seinem Vater. Wie die Familie Perkins war auch Taylors Familie während der *Great Depression* in finanziellen Schwierigkeiten (S. 94; *Conversations*,
S. 88). Das bedeutet aber nicht, daß die Geschichte autobiographisch gelesen werden soll, sondern verdeutlicht nur,
was schon im Zusammenhang mit Taylors Vorliebe für die
Oberschicht Tennessees gesagt wurde. Zwar greift er für
seine Geschichten auf ein ihm bekanntes Milieu zurück,
gibt den geschilderten Ereignissen und Zuständen aber eine
neue, allgemeine Bedeutung. Der Text macht deutlich, daß
sich eine Taylor-Geschichte nicht im Lokal- und Zeitkolorit erschöpft, so bedeutsam auch die ausführlich geschilderten Hintergründe für seine subtilen psychologischen Studien sind.

Obwohl *Promise of Rain* nicht zu Taylors bekanntesten
Geschichten gehört, hat er sie in zwei seiner Sammelbände
aufgenommen – ein Zeichen für die besondere Stellung, die
er ihr in seinem Gesamtwerk zuweist. So ist die deutsche
Ausgabe, in der sieben von vierzehn Texten aus *The Old
Forest* versammelt sind, mit gutem Grund nach ihr benannt.

Die aufgezeigten Eigenschaften dieser Erzählung, vor allem Taylors souveräne Handhabung der *memoir-technique*, erlauben es, sie als ein charakteristisches Beispiel seiner Erzählkunst zu betrachten.

Text: Peter TAYLOR: The Old Forest. Harmondsworth: Penguin, 1987. S. 90–115. – *Übersetzung:* Peter TAYLOR: Aussicht auf Regen. Übers. von Karin Polz. Stuttgart 1989.

Literaturhinweise: Catherine Clark GRAHAM: Southern Accents. The Fiction of Peter Taylor. New York 1994. – Albert J. GRIFFITH: Peter Taylor. Boston ²1990. – Hubert H. MCALEXANDER (Hrsg.): Conversations with Peter Taylor. Jackson 1987. – Hubert H. MCALEXANDER (Hrsg.): Critical Essays on Peter Taylor. New York 1993. – Peter NICOLAISEN: Ein anderes Amerika. Über die Kurzgeschichten Peter Taylors. Neue Zürcher Zeitung, Beilage Literatur und Kunst, 3./4. Juli 1982. – J. H. E. PAINE: Interview with Peter Taylor. In: Journal of the Short Story in English 9/3 (1987) S. 14–35. [Peter-Taylor-Nummer.] – James Curry ROBISON: Peter Taylor. A Study of the Short Fiction. Boston 1988.

Stefan Meetschen

J. F. Powers: *Dawn*

James Farl Powers wurde 1917 in Jacksonville, Illinois, geboren. Als Katholik gehörte er zu einer benachteiligten Minderheit, ein Faktum, das den Themenkreis seines Erzählwerks entscheidend beeinflußt hat. Auf einer von Franziskanern geleiteten Schule in Quincy zeichnete er sich vor allem als Basketballspieler aus. Nach der Abschlußprüfung zog er 1935 mit seinen Eltern nach Chicago, wo er in verschiedenen Berufen (u. a. als Versicherungsangestellter und Chauffeur) den Härten des amerikanischen Arbeitsmarktes in der Spätphase der Great Depression (1929–39) ausgesetzt war. Während des Zweiten Weltkriegs durchlebte er eine religiöse Krise und wandelte sich zum Pazifisten. Als Wehrdienstverweigerer wurde er – wie der gleichaltrige amerikanische Lyriker Robert Lowell – zu einer mehrjährigen Gefängnisstrafe verurteilt, von der er bis zu seiner Begnadigung dreizehn Monate absaß. Danach schrieb der inzwischen verheiratete Powers Artikel für den *Catholic Worker* sowie preisgekrönte Kurzgeschichten für den *New Yorker*. Er hat wenig publiziert. Neben seinem Hauptwerk, dem Roman *Morte D'Urban* (1962), für den er mit dem National Book Award ausgezeichnet wurde, liegen vor: die Kurzgeschichtenbände *Prince of Darkness* (1947) – 1963 unter dem Titel *Lions, Harts, Leaping Does* neu aufgelegt –, *The Presence of Grace* (1956) und *Look How the Fish Live* (1975) sowie ein zweiter Roman, *Wheat That Springeth Green* (1988).

In Powers' Kurzgeschichte *Dawn* aus dem Band *The Presence of Grace* sorgt ein Brief mit der Aufschrift »*The Pope*« und »*Personal*« (S. 11) für Wirbel. Warum liegt er ausgerechnet zwischen den Peterspfennig-Umschlägen der Kathedrale und nicht zwischen den üblichen der Sonn-

tagskollekte? (Beim Peterspfennig handelt es sich um eine
freiwillige Gabe der Katholiken zugunsten des Papstes.)
Wer hat den Brief geschrieben, und vor allem: was beinhal-
tet er? Von der Haushälterin des Hilfspfarrers der Kathedrale bis zum Bischof der Diözese weiß darauf niemand
eine Antwort. Niemand will ihn öffnen, niemand für seine
Beförderung die Verantwortung übernehmen.

Besonders Pater Udovic ist in Nöten. Es war sein Vorschlag, die uralte Kollekte dadurch populär zu machen, daß
man den dafür bestimmten Tag um einen Monat vorverlegt,
damit der Bischof dem Heiligen Vater in Rom den Erlös
persönlich überreichen kann. Jetzt droht ihm diese Idee
zum Verhängnis zu werden, wenn nicht umgehend und
ohne viel Aufhebens der anonyme Schreiber ausfindig gemacht wird. Wirre Träume rauben ihm den Seelenfrieden:
Ist der Schreiber ein Kind, ein kühner alter Protestant oder
eine Witwe? Warum meldet sich niemand auf die Bekannt-
machungen? Hat Pater Udovics Vorgänger auf dem Kanz-
lerposten, Monsignore Renton, ihm dieses Unheil aufge-
halst? Er fürchtet das Schlimmste für seinen weiteren Weg
in der Kirchenhierarchie. Schließlich klärt sich alles auf:
Eine Witwe, Mrs. Anton, gibt sich als Absenderin zu erkennen und gesteht vor dem Bischof und Pater Udovic, daß
sich in dem Umschlag lediglich eine Dollarnote befinde.
Den Brief mit der Post zu schicken, sei ihr zu riskant gewesen: »Some flunky'd get hold of it! Same as here! Oh, don't
I know!« (S. 22)

Sind diese Vorwürfe berechtigt? Pater Udovic kümmert
sich doch gewissenhaft um die Aufklärung des scheinbar so
mysteriösen Geschehens und respektiert sogar das Briefge-
heimnis. Dem Bischof gegenüber will er keine Schwächen
zeigen, sondern als ideenreicher und überlegen handelnder
Priester auffallen. Aber es ist offensichtlich, daß er darunter
leidet, seine Fähigkeiten nicht ungehemmt entfalten zu
können. Die Gründe dafür sind weniger in seiner Position
(und damit allgemein in der Kirchenstruktur) als in seiner

fehlenden persönlichen Reife zu suchen. Gerade weil er sich so eifrig um des Rätsels Lösung bemüht, versagt er als Priester. Sein Ehrgeiz, der ihm in einem bürgerlichen Beruf gut anstünde, ist Beweis seiner fehlenden Demut. Seine vermeintliche Gewissenhaftigkeit erweist sich, theologisch gesprochen, als Sünde.

Erst unter diesen Umständen wird der Brief mit seinem im Rückblick banalen Inhalt zu einer Bedrohung, die eine charakterliche Wandlung bewirken kann – zumindest wird eine solche am Ende der Geschichte angedeutet. Dort denkt Pater Udovic über seine Begegnung mit Mrs. Anton nach: »He realized that they had needed each other to arrive at their sorry state« (S. 23). Damit gewinnt der Titel der Geschichte symbolische Bedeutung: die dunkle Nacht des Egoismus hat ein Ende, der Morgen der Selbsterkenntnis kann anbrechen.

Daß *Dawn* die Geschichte eines priesterlichen Versagens ist, wird deutlich, wenn man sich die Aufgaben eines Geistlichen in Erinnerung ruft. Die Priesterweihe ist ein Sakrament, durch das die Sendung, die Christus seinen Aposteln anvertraut hat, in der Kirche bis ans Ende der Zeit ausgeübt wird. Dem Katechismus der katholischen Kirche zufolge ist dieses Sakrament »auf das Heil der anderen hingeordnet«. Dazu kommt der Auftrag aller Christen – ganz gleich auf welcher Stufe der kirchlichen Hierarchie –, der säkularen Welt das Evangelium, die Frohe Botschaft, zu verkünden. Davon ist in *Dawn* keine Rede. Verkündigt wird hier nur, der Verfasser des Briefes möge sich umgehend beim Gemeindepfarrer melden. Auch das Seelenheil der Mitmenschen spielt für Pater Udovic keine Rolle. Im Mittelpunkt seines Handelns steht das eigene irdische Wohlergehen. Seine größte Schwäche ist sein fehlender Glaube, das spirituelle Vakuum, in dem er als Verkünder des Wortes Gottes lebt.

Für seine Charakterstudie bedient sich Powers der personalen Erzählperspektive. Den Hauptteil der Erzählung machen Pater Udovics Taten, Gedanken und Gefühle aus. Auch die anderen am Geschehen beteiligten Figuren (der Bischof, Monsignore Renton, der Vikar, Mrs. Anton) sehen wir aus dem Blickwinkel der Hauptfigur. Auf diese Weise erhalten wir Einblick in die Fühl- und Denkweisen des Paters und können Rückschlüsse auf seinen Charakter ziehen. Weder Gebete noch Meßfeiern scheinen in seinem Leben eine große Rolle zu spielen, jedenfalls werden sie mit keinem Wort erwähnt. Die einzigen Bezugsgrößen für ihn sind der Papst und der Bischof, also jene Personen, die auf seinen Rang in der kirchlichen Hierarchie Einfluß haben (oder haben könnten) – kein Gott, dem er sich verantwortlich fühlte und den er an tiefere Schichten seiner Existenz rühren ließe. Bezeichnend ist die Unbefangenheit, mit der er sich sowie dem Bischof und Monsignore Renton einzureden versucht, der Umschlag enthalte nur die Gabe einer harmlosen Seele, einen geistlichen Blumenstrauß (»a spiritual bouquet«, S. 17), der gewiß längst auf das himmlische Konto des Papstes eingezahlt worden sei. Wie sein Peterspfennig-Vorschlag illustriert auch diese offen geäußerte Vermutung seinen Hang, kirchliche Gebräuche den eigenen Zwecken dienstbar zu machen, ohne Verständnis für ihre tiefere religiöse Bedeutung.

Powers' indirekte – an keiner Stelle auktorial vorgetragene – Kritik am Verhalten der Hauptfigur wird deutlich, wenn wir einen weiteren erzähltechnischen Kunstgriff in Betracht ziehen. Die erzählte Zeit der Geschichte umfaßt nicht weniger als drei Wochen, Zeit genug für einen Priester, seinen geistlichen Pflichten nachzukommen. Doch für den Pater verlieren diese Pflichten auf seiner Jagd nach dem Absender des Briefes jede Bedeutung. Die satirische Tendenz steigert sich zur Groteske: die dreiwöchige intensive Suche endet mit einer banalen Enthüllung. Doch immerhin: die Enthüllung führt zur *metánoia*, zur Umkehr, der charakterlichen Wandlung der Hauptfigur.

Dieser gegen Ende der Geschichte angedeutete, durch

Mrs. Antons Erscheinen ausgelöste und vom Titel her rück-
wirkend beglaubigte Sinneswandel der Hauptfigur ist von
John V. Hagopian in seiner Monographie über Powers kritisiert worden: »Powers tacks on a not very credible final
paragraph in which Father Udovic is made to experience
insight and humility« (S. 108). Ganz unberechtigt ist diese
Kritik nicht: Wieso macht das Gespräch mit der eher unsympathisch wirkenden Witwe einen so tiefen Eindruck auf
den Pater, daß er sich seiner Charakterfehler schlagartig bewußt wird? Auf die Frage, weshalb die Geschichte mit diesem Abschnitt schließt, sind zwei Antworten möglich.

Erstens hat Powers mehrfach betont, daß er die Kunst iri-
scher Short-Story-Autoren der ersten Hälfte unseres Jahrhunderts außerordentlich schätzt. Wer mit ihren Werken
vertraut ist, wird sich an zahlreiche Erzählungen erinnern,
in denen sich die Kritik am irischen Klerus gegen Ende
symbolisch verdichtet. Insbesondere James Joyce und Mary
Lavin haben es darin zur Meisterschaft gebracht, während
andere Autoren der Gefahr platten Moralisierens nicht immer entgangen sind. So büßt z. B. in Sean O'Faolains Kurzgeschichte *The Man Who Invented Sin* (1947) die Kritik an
der priesterlichen Hauptfigur in der grellen Symbolik des
Schlusses ihre Glaubwürdigkeit ein. Der Hang zu symbolischer Verdichtung in zahlreichen englischsprachigen Erzählungen unseres Jahrhunderts, darunter auch auf unsere
Geschichte, ist vor allem auf den Einfluß von Joyce zurückzuführen. Powers selbst hat ihn als den größten Meister
moderner Kunstprosa bezeichnet.

Zweitens treten die Hauptfiguren unserer Erzählung
(teilweise unter anderem Namen) in dem fünfzehn Jahre
später erschienenen Roman *Morte D'Urban* wieder auf, so
daß *Dawn* als Präludium zu Powers' Hauptwerk gelten
kann. Der Roman handelt u. a. von einem Priester, der sich
zunächst wie ein Public-Relations-Manager gebärdet und
kein anderes Ziel hat, als die Kirche in ein ebenso moder-
nes wie effizientes Dienstleistungszentrum umzuwandeln.

Doch dann erweist sich ein Sportunfall – ironischerweise wird der Priester vom Bischof beim Golfspielen schwer verletzt – als Wendepunkt in seinem bislang nach außen hin so erfolgreichen, doch oberflächlichen Leben und führt ihn auf den Weg zu Demut und geistlicher Reife. Hier taucht, nicht ohne burlesken Unterton, das Schlußmotiv der Kurzgeschichte als ein zentrales Thema des Romans wieder auf.

Die von Powers sparsam, aber wirkungsvoll verwendete gestische Symbolik trägt zum Verständnis der Figuren und ihrer Beziehungen bei. So wird beispielsweise die Unsicherheit des Bischofs im Umgang mit dem Brief zu Anfang der Geschichte aus seinen Handbewegungen deutlich: Zunächst öffnet sich die Hand entschlossen über dem Umschlag, doch dann hält sie – als Ausdruck der Mutlosigkeit – inne und sinkt auf die Schreibtischkante. Dadurch fühlt sich Pater Udovic ermutigt, ungebeten auf des Bischofs Ledersofa Platz zu nehmen, was dieser mit wacher Intuition als eine Verletzung der eigenen Macht- und Intimsphäre wertet und mit dem kaum verhüllten Verweis ahndet: »Was there something else, Father?« (S. 12) Worauf dieser sich beflissen erhebt und aus dem Arbeitszimmer eilt. Gegen Ende der Geschichte sind die drei Hauptpersonen in eben diesem Raum versammelt. Der Bischof hält Abstand zu Mrs. Anton und dem Pater und bleibt nahe der Tür. Sein Manschettenzupfen wird von Pater Udovic als Signal ausgelegt, das Verhör schleunigst zu beenden. Kurz darauf verläßt der Bischof das Zimmer – fast fluchtartig, ohne ein Schmunzeln über diese absurde Bagatelle des Kirchenalltags.

Die Hauptfigur und das Thema von *Dawn* sind repräsentativ für Powers' Erzählwerk und fordern zu einem Vergleich mit anderen Kurzgeschichten auf, in denen er mit Ironie und Verständnis die Priester als Bürger zweier Welten zeigt, schwankend zwischen Erhabenheit und Lächerlichkeit – »on this foot a sandal and on this foot a custommade shoe« (Powers 1964, S. 16).

Pater Udovic ist kein Einzelfall: Selten können Powers'

Priesterfiguren mit der für ihr Amt erforderlichen Reife aufwarten. So gewährt in der Erzählung *Zeal* (ebenfalls aus der Sammlung *The Presence of Grace*) die unerwünschte Begegnung mit einem einfachen und als lästig empfundenen Pfarrer samt seiner Pilgergruppe während einer Zugfahrt einem Bischof Einblick in sein unvollkommenes Glaubensbekenntnis. In *Lions, Harts, Leaping Does* (1943) muß ein sterbender Franziskanerpater seiner starken Weltverhaftetheit ins Auge blicken, die ihn von seinem Schöpfer trennt. Verzweifelt hält er über sich selbst Gericht, alleingelassen mit einem Kanarienvogel und einem einfältigen Mitbruder, der ihm Gedichte des spanischen Mystikers San Juan de la Cruz vorliest. Die Analogien zwischen den Versen und dem Zustand des Sterbenden deuten darauf hin, daß sein physisches Leiden als Weg zur Läuterung verstanden werden kann. Von einer solchen Erfahrung der Gottverlassenheit ist Pater Burner in *Prince of Darkness* (1946) weit entfernt. Ihm fehlen nicht nur Selbstzweifel und jeder Hauch von Heiligkeit, sondern auch die letzte Entschiedenheit für das Böse, das *non serviam*, was ihn fast in die Nähe eines kirchlichen Sozialfalls rückt.

Die aufgeführten Beispiele zeigen, daß es Powers nicht um fromme Erbauung, nicht um Trost für katholische Leser geht. Vielmehr möchte er – darin Autoren wie Flannery O'Connor und James Purdy vergleichbar – allgemein vor der zunehmenden Trivialisierung und moralischen Verrohung der amerikanischen Gesellschaft warnen. Als Schauplatz wählt er die katholische Kirche: einmal, weil er von ihr Widerstand gegen die Unmenschlichkeit (z. B. den in *The Trouble* behandelten Rassenhaß) erwartet, den eine säkularisierte Gemeinschaft aus eigener Kraft nicht aufzubringen vermag; andererseits, weil die Kirche jederzeit selbst zu einem Schlachtfeld werden kann, wo die Konflikte zwischen gesellschaftlichen Forderungen und religiösen Zielsetzungen ausgetragen werden – bis ins Innere des einzelnen Geistlichen hinein.

Zugleich aber zeigen Powers' Geschichten, daß charakterliche Entwicklung und moralische Vollkommenheit möglich sind. Das Ziel eines jeden Menschen – einer Bemerkung Powers zufolge: seine Heiligkeit – kann auch in einer Welt der Gewalt, des Geldes, des Egoismus und des oberflächlichen Vergnügens angestrebt werden. Diese Überzeugung unterscheidet ihn, wie Evelyn Waugh schreibt, von den meisten amerikanischen Erzählern seiner Generation: »Man has a purpose and a proper place in creation in Mr. Powers' stories as he has not in those which superficially resemble them – *The New Yorker* school« (zit. nach Shannon, S. 41). Es wäre ein Trugschluß anzunehmen, daß für Ironie und Humor in Powers' Geschichten kein Platz wäre. Schließlich sagt er selbst: »I see the human situation as essentially comic« (zit. nach Hagopian, S. 3).

Text: J. F. POWERS: The Presence of Grace. Garden City, N. Y.: Doubleday, 1956. S. 11–23. – *Übersetzung:* J. F. POWERS: Gesammelte Erzählungen. Übers. von Elisabeth Schnack. Reinbek 1968.
Literaturhinweise: Julia B. BOKEN: J. F. Powers. In: Patrick Meanor (Hrsg.): American Short-Story Writers since World War Two. Detroit 1993. S. 266–275. – John V. HAGOPIAN: J. F. Powers. New York 1968. – Michael HOENISCH: James F. Powers: *Prince of Darkness*. In: Peter Freese (Hrsg.): Die amerikanische Short Story der Gegenwart. Interpretationen. Berlin 1976. S. 84–89. – J. F. POWERS: The Catholic and Creativity (1964) [Interview]. In: Fallon Evans (Hrsg.): J. F. Powers. St. Louis 1968. S. 1–22. – James P. SHANNON: J. F. Powers on the Priesthood (1952). In: Fallon Evans (Hrsg.): J. F. Powers. St. Louis 1968. S. 39–47.

Klaus W. Vowe

J. D. Salinger: *Just Before the War with the Eskimos*

Jerome David Salinger, 1919 in New York geboren, unternahm schon 1940 erste Versuche als Schriftsteller. 1942 wurde er zur US-Armee eingezogen und kämpfte auf dem europäischen Kriegsschauplatz. Auf dem Vormarsch durch Frankreich lernte er Hemingway kennen, der ihn in seinen schriftstellerischen Bemühungen bestärkt haben soll. Nach einer Reihe von Kurzgeschichten publizierte Salinger 1951 seinen einzigen Roman *The Catcher in the Rye*, der zu einem der erfolgreichsten Werke der amerikanischen Literatur des 20. Jahrhunderts wurde. 1953 folgten die *Nine Stories*; in diesem Band findet sich auch die 1948 in der Zeitschrift *The New Yorker* erschienene Kurzgeschichte *Just Before the War with the Eskimos*. 1961 und 1963 publizierte Salinger weitere Erzählungen (*Franny and Zooey*, *Raise High the Roof Beam*, *Carpenters* und *Seymour – an Introduction*). Bis auf die Erzählung *Hapworth 16, 1924*, die 1965 im *New Yorker* veröffentlicht wurde und 1997 mit Salingers Einverständnis in Buchform neu aufgelegt wurde, hat er sich nie wieder geäußert und verweigert sich konsequent dem Literaturbetrieb. Der Star der US-Literatur der fünfziger und sechziger Jahre lebt heute zurückgezogen in Cornish, New Hampshire.

Das Geheimnis seines Schweigens und die wütende Ernsthaftigkeit, mit der Salinger seine Privatsphäre verteidigt, haben ihn zu einer mythischen Figur werden lassen; das hat sein Werk auch der Gefahr pathologischer Aneignung ausgesetzt. Der Mörder John Lennons bekannte 1980, die Motivierung für seine Tat sei ihm aus der Lektüre von *The Catcher in the Rye* zugeflogen, in dem der jugendliche Held Holden Caulfield vergeblich und selbstzerstörerisch gegen die kalte, konformistische und verständnislose Welt der Erwachsenen rebelliert. Mit großem Erfolg hat William Patrick Kinsella von Kanada aus die Apotheose Salingers als ›Guru auf dem Gipfel‹ betrieben. In seiner 1982 veröffentlichten Salinger-Hommage *Shoeless Joe* entführt der Ich-Erzähler Jerome D. Salinger nicht nur auf eine verrückte Reise durch die USA, sondern entrückt ihn schließlich gemeinsam mit den Geistern großer Baseball-Heroen in die imaginierte Welt des amerikanischen Traums, der nur noch als metaphysische, die Gegenwart historisierende Transzendenz zu denken ist.

Zum Inhalt der Geschichte: Der Schauplatz ist New York, kurz nach dem Zweiten Weltkrieg, wahrscheinlich 1946 oder wenig später, denn im Kino kann man Jean Cocteaus *La Belle et la Bête* sehen. Die beiden Teenager Virginia (»Ginnie«) Maddox und Selena Graff fahren mit dem Taxi nach Hause. Sie spielen regelmäßig Tennis miteinander, obwohl Ginnie die aus reichem Hause stammende Selena für ›bescheuert‹ hält. Da Ginnie Selenas seit langem ausstehenden Anteil an den gemeinsamen Auslagen eingefordert hat, ist die Stimmung zwischen beiden nicht die beste.

Im Wohnzimmer der Graffs wartet Ginnie auf ihr Geld. Dabei macht sie die Bekanntschaft mit zwei seltsamen Mannsbildern. Da ist zunächst Selenas 24jähriger Bruder Franklin: Er hat sich mit einer Rasierklinge in den Finger geschnitten und leidet ungemein. Aber nicht nur an der Schnittwunde, sondern auch daran, daß ihn Ginnies ältere Schwester Joan vor Zeiten – 1942/43 – nicht erhört hat. Es macht ihm auch zu schaffen, daß er wegen seiner Herzkrankheit nicht als Soldat hat dienen können und über drei Jahre in einer Flugzeugfabrik in Ohio arbeiten mußte. Er schenkt Ginnie ein Sandwich mit Huhn und warnt, die Welt stehe kurz vor dem Krieg mit den Eskimos. Für diesen Krieg würden demnächst statt der Jungen die Sechzigjährigen eingezogen.

Nach Franklins Abgang erscheint Eric. Ihn hat Franklin in Ohio kennengelernt. Auch Eric war für den Armeedienst nicht tauglich: Allem Anschein nach ist er homosexuell. Eric verzweifelt an der Menschheit: Ein Freund hat ihn gerade verlassen. Ob das damit zusammenhängt, daß in seinem engen Appartement auch noch der Hund seiner Mutter Quartier genommen hat? Auf jeden Fall möchte er Franklin zum Besuch des Films *Die Schöne und das Biest* abholen.

Als Selena endlich Ginnie aus der Begegnung mit den Herren der Schöpfung erlöst, verzichtet Ginnie auf das Geld und verabredet sich lieber mit ihrer Tennispartnerin für den Abend. Auf dem Heimweg wirft sie das Sandwich-Geschenk nicht fort: »A few years before, it had taken her three days to dispose of the Easter chick she had found dead on the sawdust in the bottom of her wastebasket.«

Eigentlich geschieht in dieser rätselhaften Alltagsgeschichte nicht viel. Ein 15jähriges Mädchen manövriert sich in eine Situation, aus der heraus seine Haltung zu einer Mitschülerin sich von Rivalität und borniertiter Ablehnung zu Kameradschaft und positiver Akzeptanz hin verändert. Was für eine Situation ist das?

Zu Beginn ist die Situation von Widersprüchen gekennzeichnet, die das Verhältnis zwischen den Teenagern Selena und Virginia bestimmen. Die Widersprüche werden aus der Sicht Ginnies vermittelt. Diese Perspektive wird in der gesamten Geschichte durchgehalten; sie ist neugierig und frisch, vorlaut und altklug und dennoch fähig zur komisch-ironischen Distanz. Ginnie Maddox, von deren äußerer Erscheinung der Leser wenig mehr erfährt als daß sie über 1,70 m groß ist, wird so vor allem durch *ihre* Sicht auf die Dinge, auf sich selbst und auf die anderen Personen im Leser-Bewußtsein präsent. Sie ist überdies eine Person, die ihre vermeintliche Überlegenheit über andere nicht nur in krassen Urteilen kultiviert, sondern dafür auch eine nicht unerhebliche Vorstellungsgabe nutzt: In ihrer Familie inszeniert sie eine satirische Darstellung des Familienlebens der Graffs, und bei ihrem Besuch dort lehnt sie sich als visionäre Innenarchitektin gegen die ›spießige‹ Einrichtung auf.

Der Erzähler objektiviert wenig, hält sich zurück und überläßt die Darstellung und Interpretation des relativ handlungsarmen Geschehens weitgehend seiner Hauptfigur. Die Erfahrungen mit Franklin, Eric und Selena werden so mittels der Erzählperspektive zum Spiegel der sich vor den Augen des Lesers vollziehenden Entwicklung der Virginia Maddox.

Ginnie hütet sich, den Gebrauchswert der ›bescheuerten‹ Selena zu unterschätzen, bringt die Mitschülerin doch immer eine Menge frischer Tennisbälle mit. Beide besuchen dieselbe Privatschule und stammen aus gutsituierten Familien. Ginnie erhält nur ein relativ geringes Taschengeld; Selena muß sich darum keine Sorgen machen. Die Finanzierung der gemeinsamen Heimfahrt nach dem Spiel spitzt die Widersprüche zwischen Ginnies penibler Kleinlichkeit und Selenas gedankenloser Großzügigkeit bis zum ›feindseligen Schweigen‹ zu. Am Schluß der Geschichte geht Ginnie auf ihre Mitschülerin zu. Was hat die Lösung der Widersprüche bewirkt?

Die Lösung liegt im Kernbereich der Geschichte, in der eine Begegnung der Geschlechter inszeniert wird, nach der die Spannung in der Beziehung zwischen Selena und Virginia gelöst zu sein scheint. Die burschikose Ginnie heißt nicht von ungefähr Virginia, die Jungfräuliche. Sie begegnet den Männern Franklin und Eric, deren geschlechtliches Rollenverständnis nicht gerade von ausgeprägter Selbstverständlichkeit im Sinne der gesellschaftlichen Konvention ist. Franklin und Eric werden nicht als Musterstücke der Gattung Mann vorgeführt. Im Kosmos des zeitgenössischen US-amerikanischen Publikums zu Beginn der fünfziger Jahre mußten beide als Außenseiter gelten. Ginnie ist unsicher: Handelt es sich bei Franklin um einen Jungen oder um einen Mann? Auf jeden Fall hat sie noch nie jemanden gesehen, der so lustig-albern aussieht. So einer hat sich in ihre Schwester Joan verliebt, ihr acht Briefe geschrieben und sich wohl nie getraut, sie anzurufen. So einer ist herzkrank, schamlos und ungepflegt, ohne Haltung und Manieren, raucht ›französisch‹, hat nicht gedient und ist ein lächerliches Gegenstück zu Ginnies prospektivem Schwager, dem Kapitänleutnant zur See. So einer hat ein fast ebenso vernichtendes Urteil über Menschen wie sie, denn offensichtlich befindet er sich in einem tiefen Widerspruch zur Gesellschaft. Wer so die Zigarettenkippe aus dem Fenster schnippt und verächtlich die Passanten als ahnungslose Opfer des nächsten Krieges betrachtet, der empfindet sich als Querschläger seiner Zeit. Franklins bissige Attitüde weckt Virginias Interesse vor allem deshalb, weil sie sich mit einer an die Nerven gehenden Weinerlichkeit verbindet. Wem die Rasur schon zum selbstmörderischen Abenteuer wird, dem muß einfach zu helfen sein.

Das ist bei Eric anders. Kaum ist Franklin abgegangen, erscheint er als der nächste Mann auf der Wohnzimmer-Bühne, ›ein junger Mann Anfang dreißig‹, dessen gepflegte äußere Erscheinung dennoch keine ›wirkliche Information‹ über ihn zuläßt. Die liefert er dafür in einer nahezu ununterbrochenen Suada eitler Selbstdarstellung: vom treulosen Freund über Ginnies Kamelhaarmantel, die Bahamas zu den Hundehaaren auf der Hose und Cocteaus Kultfilm *La Belle et la Bête* von 1946 – ›absolut genial‹. Sein Redestrom läßt kaum einen Erzählerkommentar noch Ginnies Fragen zu.

Fast hätte ihm Ginnie am Schluß ihrer Begegnung doch noch das eigentliche Geheimnis ihrer Existenz entlockt, wenn nicht Selena wieder erschienen wäre. Ginnie bricht die Unterhaltung ab und verläßt mit Selena den Raum, ohne sich von Eric zu verabschieden. Sie will von Selena mehr über Franklin wissen und verabredet sich mit ihr für den Abend. Die Situation, ihre komplexe Begegnung mit dem anderen Geschlecht, ist abgeschlossen. Sie hat sich in dieser Situation verändert. Sie ist in dieser Begegnung reifer geworden. Sie akzeptiert Selena als ihresgleichen, als Vertraute.

Salinger bestimmt die Situation aber noch in anderer Weise. Virginia gewinnt ein neues Verständnis von sich und ihrer gesellschaftlichen Umwelt in einer Vorkriegssituation: ›Kurz vor dem Krieg gegen die Eskimos.‹ Doch ein General könnte sich kurz nach dem Ende des Zweiten Weltkriegs wohl kaum eine absurdere Situation vorstellen als einen Krieg gegen die 40 000 Bewohner der arktischen und subarktischen Regionen Nordamerikas und der sibirischen Küste. Man muß deshalb schon Franklin heißen, um nach dem Ende des Zweiten Weltkriegs statt eines sicheren allgemeinen Friedens einen Krieg gegen die Eskimos zu prophezeien. Das dürfte einen wirklich Kalten Krieg geben. Einen Krieg, zu dem nur die eingezogen werden, die im wehrunfähigen Alter von 60 Jahren sind. Einen Krieg für die, die ihr Leben gelebt haben.

In angloamerikanischen Ohren hat der Name des Propheten Franklin durchaus Heldenklang – da schwingt nicht nur die Erinnerung an den Gründervater der USA, Benjamin Franklin (1706–90), den Propagandisten einer planmäßigen und gottesfürchtigen Lebensweise und den Erfinder des Blitzableiters, mit. Auch Sir John Franklin, der englische Erforscher der Arktis, der nur wenige Meilen vor seinem Ziel, der Entdeckung der Nordwestpassage zwischen Pazifik und Atlantik, am 11. Juni 1847 in der Eiswüste elendig zugrunde ging, mag zur ironischen Distanzierung des literarischen Helden von den Helden der Geschichte dienen. Pionier Franklin: Er hat sich in den Finger geschnitten. So tief, wie wohl noch niemand vor ihm, eine Erfahrung, die ihn in besonderer Weise vor anderen auszeichnet, aber auch isoliert, auf jeden Fall aber zum Pionier macht: ›eine besonders isolierende Form des Pionierens‹.

Auch Eric entspricht keineswegs der Vorstellung, die sein historischer Name hervorrufen könnte. Eric – so hießen norwegische Seefahrer und Abenteurer im ersten Jahrtausend, darunter Eric der Rote, der im 10. Jahrhundert Grönland erkundete und dessen Sohn Leif Ericson der sagenhafte Entdecker Nordamerikas gewesen sein soll. Nicht auszudenken, wenn Eric der Rote sich der Pflicht zur Reproduktion seines Geschlechts widernatürlich entzogen hätte!

Es ist auch möglich, daß das ungleiche und sich doch so ähnliche Paar Franklin und Eric seine Urbilder in Franklin Pangborn und Eric Blore hatte, zwei Schauspielern, die vor allem in Musicals der dreißiger und vierziger Jahre gemeinsam komische Nebenrollen besetzten (French, S. 72).

Ginnies ungewöhnliche Begegnung mit diesen besonders merkwürdigen Vertretern des anderen Geschlechts hat sie die Grenzen ihrer eigenen Welt der privaten Mädchenschule und ihrer Kleinlichkeit überwinden lassen. Während Eric ihr in seiner Egozentrik einen unliebsamen Spiegel eigenen Verhaltens offeriert – er verzichtet sogar darauf, ihren Namen zu erfahren –, hat Franklin sie gerührt und interessiert. Er fordert sogar ihre Hilfe heraus. Sie wächst an der Begegnung und lernt. Sie lernt zwischen Tatsachen und den Meinungen darüber unterscheiden, und daß auf Fragen nicht immer eine befriedigende Antwort zu erwarten ist. Auch, daß ein wahres Wort nicht immer das richtige sein muß. Es kann sogar die Kommunikation, das gegenseitige Verstehen, erschweren. So will Ginnie Franklin trösten: im Krieg gegen die Eskimos müsse er ja wegen seiner Konstitution nicht dabei sein. Dieser Trost ist jedoch unangebracht: »*You* wouldn't have to go, anyway‹, Ginnie said, without meaning anything but the truth, yet knowing before the statement was completely out that she was saying the wrong thing.« Denn sie berührt seine Schwäche als Mann, der seine ihm von der Gesellschaft zugedachte Heldenrolle nicht spielen kann. Daß sie ihre Antwort als falsch erkennt, beweist ihre gewachsene Sensibilität, die sich in einem verantwortungsvollen Umgang mit der Verletzlichkeit anderer niederschlägt.

Bisher erstreckte sich Ginnies Mitgefühl nicht viel weiter als bis zum verstorbenen Osterküken. Vielleicht ist es die wenig strahlende Männlichkeit Franklins, die sie nun die Schwächen anderer Menschen akzeptieren läßt und die Sphäre ihres Mitgefühls erweitert. Vielleicht akzeptiert Ginnie deshalb das Geschenk von Franklin. Auch wenn es ein irgendwie toter Vogel ist, gar nicht niedlich, ein Huhn-Sandwich, noch dazu von gestern, das sicher scheußlich schmeckt und nicht mehr frisch ist und nicht mehr jung. Aber eben würdig ihres Erbarmens.

Text: J. D. SALINGER: For Esmé – with Love and Squalor and Other Stories. London: Hamish Hamilton, 1953. S. 79–96. – *Übersetzung:* J. D. SALINGER: Kurz vor dem Krieg gegen die Eskimos und andere Geschichten. Übers. von Annemarie und Heinrich Böll. Köln 1961.

Literaturhinweise: James E. BRYAN: J. D. Salinger. The Fat Lady and the Chicken Sandwich. In: College English 23 (1961) S. 226–229. – Peter FREESE: Die amerikanische Kurzgeschichte nach 1945. Frankfurt a. M. 1974. S. 97–179. – Warren FRENCH: J. D. Salinger, Revisited. Boston 1988. – Horst GROENE: Jerome David Salinger: *Uncle Wiggily in Connecticut.* In: Peter Freese (Hrsg.): Die amerikanische Short Story der Gegenwart. Interpretationen. Berlin 1976. S. 110–118. – Henry A. GRUNWALD (Hrsg.): Salinger. A Critical and Personal Portrait. New York 1962. – Frederick L. GWYNN / Joseph L. BLOTNER: The Fiction of J. D. Salinger. Pittsburgh 1960. – Kenneth HAMILTON: J. D. Salinger. Grand Rapids 1967. – James E. MILLER: J. D. Salinger. Minneapolis 1965.

Karin Plewka

Shirley Jackson: *The Lottery*

Shirley Jacksons Kurzgeschichte *The Lottery* ist besonders im angloamerikanischen Bereich sehr bekannt; sie wird in nahezu jedem Sekundärwerk über die Gattung erwähnt, sie findet sich in interdisziplinären Studien (z. B. aus den Bereichen Soziologie und Psychologie), sie gehört zum Standardkanon der amerikanischen Literatur in High Schools und Colleges sowie zu den Texten, die in »guidelines for gender-balanced curriculum in English Grades 7–12« empfohlen werden.

Shirley Jackson (1919–65) wurde in San Francisco geboren und verbrachte ihre Kindheit und Jugend in Burlingame, Kalifornien, und Rochester, New York. Nachdem sie die Universität von Rochester nach kurzer Zeit wegen Depressionen verlassen mußte, immatrikulierte sie sich 1937 an der Universität von Syracuse, die sie 1940 mit einem B.A. verließ. Im selben Jahr heiratete sie den Kritiker Stanley Edgar Hyman, mit dem sie u. a. das Literaturmagazin *Spectre* herausgab. Später zog die Familie mit vier Kindern nach Vermont.

Shirley Jackson hatte früh zu schreiben begonnen; mit zwölf Jahren gewann sie einen Preis für ein Gedicht, und sie schrieb während ihrer Zeit an der High School und der Universität. Ihre erste bekanntere Veröffentlichung war die Geschichte *My Life with R. H. Macy* (1941). Zu ihren Werken zählen Kurzgeschichten sowie humorvolle Erzählungen über ihr Familienleben, die gesammelt in *Life Among the Savages* (1953) und *Raising Demons* (1957) erschienen. Zu einer völlig anderen Art von Literatur gehören die Romane *Hangsaman* (1951), *The Haunting of Hill House* (1959) und *We Have Always Lived in the Castle* (1962), die Shirley Jacksons Werke für psychologische und psychoana-

lytische Interpretationsansätze zugänglich machen und mit
dafür verantwortlich sind, daß die Autorin gelegentlich als
Vetreterin des Schauerromans angesehen wird.

The Lottery erschien am 28. Juni 1948 im *New Yorker*.
Die Reaktion der Leser war unerwartet heftig; viele waren
schockiert von der Darstellung des grausamen Rituals, dessen ganze Brutalität erst am Ende der Geschichte deutlich
wird, und ließen die Verfasserin wissen, daß sie *The Lottery*
abstoßend fanden und die Geschichte besser nie geschrieben worden wäre. Shirley Jackson hat sich 1960 in ihrem
Essay *Biography of a Story* zur Entstehung der Kurzgeschichte und zu den Leserreaktionen geäußert (*Come Along
with Me*, S. 211–224).

Der eher beschauliche Anfang von *The Lottery* führt die
Leser in ein Dorf, dessen Bewohner sich zu einer zunächst
nicht näher erläuterten traditionellen Lotterie zusammen-
finden. Die Bewohner werden beschrieben, einige ihrer Namen werden genannt, man erfährt erste Einzelheiten über
die Lotterie. Schließlich beginnt die Lotterie; Mitglieder der
einzelnen Familien werden nach bestimmten Regeln aufge-
rufen und beginnen, Lose zu ziehen. Als alle Lose gezogen
sind, werden diese überprüft. Es stellt sich heraus, daß Bill
Hutchinson ein besonderes Los gezogen hat, was seine
Frau Tessie zu einer panikartigen Reaktion veranlaßt. In einem neuen Durchgang ziehen alle Mitglieder der Familie
Lose. Diesmal ist es Tessie Hutchinson, die einen schwarzen Punkt auf ihrem Los hat. Sie wird daraufhin von den
Mitgliedern der Dorfgemeinschaft gesteinigt.

Das Dorf, in dem sich das Geschehen abspielt, könnte
überall in Amerika sein; Shirley Jackson ist bemüht, von
Anfang an das Bild einer typischen *rural community* zu entwerfen. Obwohl sich die Kurzgeschichte ganz auf dieses
eine Dorf konzentriert, gibt es zwei Hinweise, daß es nicht
um die speziellen Gebräuche einer kleinen isolierten Gemeinschaft geht: Im ersten Abschnitt werden größere Städte
erwähnt, in denen die Durchführung der Lotterie mehrere

Wochen dauert (S. 225); später ist die Rede von einem Dorf
im Norden, in dem der Brauch abgeschafft werden soll
(S. 230).

Die Figuren, die in der Geschichte erwähnt werden, sind
dem Standardrepertoire entnommen. Die Kinder, Jugendlichen und Erwachsenen scheinen ganz normale Bewohner
eines kleinen Dorfes zu sein, und auch diejenigen, die näher
beschrieben werden, weisen keinerlei Besonderheiten auf.
Über Mr. Summers, der die Lotterie durchführt, erfahren
die Leser beispielsweise, daß er sich in der Dorfgemeinschaft sehr engagiert und daß seine Frau eine Xanthippe ist;
Old Man Warner ist eine Art Dorfältester, der sich mit den
Veränderungen und Neuerungen, die die Zeit mit sich
gebracht hat, überhaupt nicht anfreunden kann. Interessant
in diesem Zusammenhang ist die Auswahl der Namen. Die
Dorfgemeinschaft setzt sich aus Mitgliedern zusammen,
deren Vorfahren unterschiedlicher Herkunft waren (z. B.
Delacroix: Frankreich; Zanini: Italien; Dunbar: Schottland).
Hinzu kommt, daß ein Teil der Namen eine symbolische
Bedeutung nahelegt. Der Name Delacroix (»vom Kreuz«),
den die Dorfbewohner offensichtlich nicht mehr richtig verstehen, kann als Hinweis auf das Opfer gelesen werden.
Mr. Adams ist der erste Mann – oder der erste Mensch –,
der ein Los zieht; und er steht zusammen mit Mrs. Graves
am Ende der Geschichte in der ersten Reihe der Dorfbewohner, die Tessie Hutchinson umbringen.

Die Darstellung der Lotterie als Kernstück der Kurzgeschichte ändert sich in deren Verlauf. Zuerst geht es hauptsächlich um die Entstehung der Tradition und um die Gegenstände, die für die Durchführung verwendet werden.
Die Lotterie wurde von den Gründern des Dorfes initiiert
und gehört seitdem zum Jahresablauf der Menschen; das
von Old Man Warner zitierte Sprichwort »Lottery in June,
corn be heavy soon« (S. 230) zeigt, daß die Lotterie zum
normalen Brauchtum gehört, was auch durch die Gleichstel-
lung der Lotterie mit »square dances«, »teen-age club« und

»Halloween program«, die alle von Mr. Summers organisiert werden (S. 226), impliziert wird. Der wichtigste Gegenstand ist die schwarze Kiste, aus der die Lose gezogen werden. Aussehen und Geschichte werden ausführlich geschildert, und es wird deutlich, daß diese Kiste und die mit ihr verbundene Tradition unantastbar sind, auch wenn sich im Laufe der Zeit das eine oder andere verändert hat (S. 227).

Später wird die Lotterie nicht mehr beschrieben, sondern die Leser werden Zeugen ihrer Durchführung. Auf diese Weise wird nicht nur ein Teil der Regeln erklärt; die unterschiedlichen Reaktionen der Dorfbewohner dienen auch als Kommentar für die Leser. Am Anfang sind die Menschen noch gut gelaunt; es wird gelacht. Als Mr. Summers anfängt, die Namen aufzurufen, wird es still. Mr. Adams wirkt ebenso nervös wie Mr. Summers: »They grinned at one another humorlessly and nervously« (S. 229). Nachdem das letzte Los gezogen ist, entsteht erneut eine lange Pause, danach ein kurzes Durcheinander. Schließlich, als die Familie Hutchinson als diejenige feststeht, die das Los getroffen hat, versuchen die anderen, denen nun nichts mehr passieren kann, die Lotterie möglichst schnell zu Ende zu bringen. Bill Hutchinson reagiert eher resigniert, während seine Frau Tessie bis zum Ende verzweifelt versucht, ihr Schicksal abzuwenden.

Der Schockeffekt der Kurzgeschichte beruht auf mehreren Aspekten. Erstens müssen die Vorstellungen, die normalerweise mit dem Begriff »Lotterie« verbunden sind, revidiert werden. Es gibt zwar einige Hinweise im Text, daß hier mit diesem an sich positiven Ereignis irgend etwas nicht stimmt, und dem Lesepublikum wird nach und nach klar, daß es bei dieser Lotterie nicht um etwas Erfreuliches, einen Hauptgewinn geht. Dennoch bereitet der Verlauf der Geschichte nicht auf die sinnlose Brutalität am Ende vor. Zweitens spielt eben diese offenkundige Sinnlosigkeit des Vorgangs eine wichtige Rolle. Der Sinn des ursprünglichen

Rituals ist verlorengegangen, die Dorfbewohner ahmen nur noch die Form nach, die vorschreibt, daß diejenige Person, auf die das Los fällt, stirbt. Drittens wirkt das plötzliche Versagen aller zwischenmenschlichen Beziehungen schockierend. Shirley Jackson bemüht sich von Anfang an, die Bewohner des Dorfes als freundliche Mitmenschen darzustellen. Sie kommen offensichtlich gut miteinander aus, und trotz einiger kleinerer Mißstimmigkeiten scheint es keinen größeren Streit zu geben. Plötzlich, unter dem Einfluß des Regelwerks der Lotterie, werden alle Bindungen freundschaftlicher oder familiärer Art außer Kraft gesetzt, und so hält auch Tessie Hutchinsons jüngster Sohn Davy am Ende Steine in der Hand (S. 233).

Im nachhinein wird klar, daß die Lotterie zunächst die Familien im Dorf dazu zwingt, in einem Konkurrenzkampf um ihr Leben gegeneinander anzutreten, danach die Mitglieder der ausgelosten Familie. Dabei sind die Regeln so präzise, daß es für alle Verwandtschaftsverhältnisse eine Regelung gibt, sich also niemand entziehen kann. Hinzu kommt, daß es den Lesern unmöglich ist, die Haltung der Dorfgemeinschaft nachzuvollziehen. In der Kurzgeschichte gibt es keinerlei erkennbare Rechtfertigung für den Tod Tessie Hutchinsons. Für die Dorfbewohner jedoch ist die Tradition allein Grund genug, Blut zu vergießen: »but no one liked to upset even as much tradition as was represented by the black box« (S. 226). Allerdings wird diese Aussage in der Kurzgeschichte stark relativiert, wenn beschrieben wird, daß die Kiste für den Rest des Jahres in einem Regal verstaubt und die Papierlose vom Wind verweht werden (S. 227, 231).

Das soll nicht bedeuten, daß alle Details, die die Wirkung dieser Kurzgeschichte ausmachen, bereits beim ersten Lesen bewußt aufgenommen werden. Einzelne Mechanismen werden erst nach wiederholter Lektüre deutlich, wenn die Leser plötzlich erkennen, wie früh in der Kurzgeschichte die ersten Hinweise auf den Ausgang auftauchen. Dies gilt insbesondere für Aussagen, die beim ersten Lesen harmlos wirken müssen, wie beispielsweise die wiederholte Beobachtung, daß die Jungen Steine aufhäufen; was als Spiel erscheint, gewinnt rückblickend eine tödliche Bedeutung.

Wenn die Kurzgeschichte in der Sekundärliteratur erwähnt wird, geschieht dies häufig nur in knapper Form. Handelt es sich um eine ausführlichere Interpretation, beschäftigt sie sich meist mit Themen wie dem Bösen in der menschlichen Natur, der Gewalt einer Gruppe gegen einzelne oder mit Mythologie und Brauchtum. Das am häufigsten angesprochene Thema ist das des Sündenbocks. Allerdings ist zu beachten, daß es sich bei dem beschriebenen Vorgang, in dessen Verlauf eine unschuldige Person für andere den Kopf hinhalten muß, um eine Umdeutung des ursprünglichen jüdischen Rituals handelt, auf das der Begriff »Sündenbock« Bezug nimmt. In diesem Ritual werden zwei Ziegenböcke ausgewählt. Der eine, den das Los trifft, wird geopfert, was dem Schicksal Tessie Hutchinsons entspricht. Der zweite wird symbolisch mit allem Bösen der Gemeinschaft beladen und weggejagt; er entkommt also, was der englische Begriff *scapegoat* auch ausdrückt. Dieser Vorgang hat eine besondere Bedeutung in einer Gemeinschaft, die sich so von ihren Sünden reinigt, während in der Kurzgeschichte gerade die Sinnlosigkeit der Tötung eine wesentliche Rolle spielt.

Als Shirley Jackson *The Lottery* schrieb, konnte sie nicht ahnen, wie heftig die Leser auf ihre Kurzgeschichte reagieren würden. Auf der anderen Seite schenkt die Sekundärliteratur diesem Text nicht übermäßig viel Beachtung, obwohl er noch immer viel gelesen wird. Der Grund dafür ist vermutlich, daß es sich bei *The Lottery* um eine klar geschriebene und eigentlich leicht verständliche Kurzgeschichte handelt. Die Geschichte ist jedoch offen und läßt eine Reihe unterschiedlicher Auslegungen zu, gerade weil nur wenig erklärt wird. Daher eignet sie sich durchaus für Interpretationen mit psychoanalytischen, mythologischen

oder anderen Ansätzen, weil diese Erklärungen liefern, die
der Text verweigert. Die Frage, ob solche Auslegungen im
Sinn der Verfasserin sind, bleibt offen; Shirley Jacksons einziger Kommentar zu Intention und Inhalt von *The Lottery*
lautete: »It was just a story I wrote.«

Text: Shirley JACKSON: Come Along with Me. Part of a Novel,
Sixteen Stories, and Three Lectures. Hrsg. von Stanley Edgar Hyman. New York: The Viking Press, 1968. S. 225–233. – *Übersetzung:* Die besten klassischen und modernen Gruselgeschichten.
Hrsg. von Mary Hottinger. Übers. von Peter Naujack. Zürich 1968.

Literaturhinweise: Horst BRINKMANN: Shirley Jackson: *The Lot-
tery.* In: Peter Freese (Hrsg.): Die amerikanische Short Story der
Gegenwart. Interpretationen. Berlin 1976. S. 101–109. – A. R.
COULTHARD: Jackson's *The Lottery.* In: Explicator 48 (1990)
S. 226–228. – Lenemaja FRIEDMAN: Shirley Jackson. New York
1975. – John V. HAGOPIAN: *The Lottery.* In: J. V. H. und Martin
Dolch (Hrsg.): Insight I. Analyses of American Literature. Frankfurt a. M. ²1964. S. 129–132. – Helen S. NEBEKER: *The Lottery.*
Symbolic Tour de Force. In: American Literature 46 (1974) S. 100–
107. – Jay A. YARMOVE: Jackson's *The Lottery.* In: Explicator 52
(1994) S. 242–245.

Peter Hühn

Grace Paley: *The Long-Distance Runner*

Grace Paley wurde 1922 als Tochter jüdischer Immigranten
aus Rußland in New York geboren. Ihr Leben verlief zunächst in konventionellen Bahnen (Heirat, Familie, Mutter-
schaft), ehe sie sich seit den sechziger Jahren in den politischen Protestbewegungen gegen Rassendiskriminierung,
Vietnamkrieg und Nuklearbewaffnung sowie als Femini-
stin engagierte. Seit den fünfziger Jahren hat sie Kurzgeschichten geschrieben. Ihre drei Sammlungen – *The Little
Disturbances of Man* (1959), *Enormous Changes at the Last
Minute* (1974) und *Later the Same Day* (1985) – verschaff-
ten ihr rasch eine hohe Reputation. Das Charakteristikum
ihrer Kurzgeschichten ist die realistische Wiedergabe von
Alltagserfahrungen aus weiblicher Perspektive in einer so-
zial und ethnisch spezifischen Umgebung (marginalisierte
Gruppen wie Juden oder Farbige in New York) und in au-
thentischer Umgangssprache, besonders in den Dialogen.
Aufgrund ihres Ansehens als Autorin hat sie seit 1966 an
Colleges in New York *creative writing* unterrichtet.

   The Long-Distance Runner (aus *Enormous Changes at
the Last Minute*) kann in der Konzentration auf die alltags-
weltlichen Erfahrungen einer Frau als typisch für Grace Pa-
leys Kurzgeschichten gelten. Dieser Realismuseffekt wird
durch die Form der Erlebniserzählung in der ersten Person,
durch die Schauplatzwahl (New York City) sowie durch
die Charakterisierung der Protagonistin Faith erzeugt, die
mit oder ohne Namensnennung in zahlreichen Geschichten
von Paley auftritt – als geschiedene Mutter jüdischer Abstammung (S. 180, 186) mit ihren Kindern Richard und Anthony und ihrem Freund Jack – und als quasi-biographi-
sche Identifikationsfigur wirkt. (Zur Selbst-Distanzierung
verfremdet Paley aber bewußt die autobiographischen Be-

züge, z. B. hat sie auch eine Tochter und war nie alleinerziehend.)

Die Erfahrung, die diese Kurzgeschichte erzählt, ist die Reaktion einer Frau auf eine Umbruchssituation in ihrer Lebensmitte (im Alter von 42 Jahren), in der die weitgehende Selbständigkeit ihrer Kinder die emotionale und zeitweilig auch praktische Loslösung aus den bisherigen Bindungen und Zwängen sowie die Erprobung neuer Lebensmöglichkeiten gestattet. Der Plot besteht in einem Bewußtwerdungsprozeß, den die Protagonistin durchläuft und den sie aus ihrer Sicht wiedergibt. Als dessen Ergebnis gewinnt sie über die Aufarbeitung ihrer Vergangenheit ein neues Verständnis sowohl ihrer selbst als auch der Welt und wird dadurch frei für die Entwicklung neuer Zukunftsperspektiven.

Die Plot-Entwicklung wird strukturell und thematisch durch die Spannung zwischen einem dynamischen und einem widerständigen Faktor konstituiert, zwischen der Dynamik des Laufens und dem Hemmnis in der Konfrontation mit den Schwarzen. Was die Dynamik betrifft, so fungiert der Langstreckenlauf durch die Umgebung ihres New Yorker Wohnbezirks als Ausdruck für Faiths neue Freiheit gegenüber bisherigen Bindungen und für ihren Drang in die Weite. Zentral für das Motiv des Joggens ist seine Ambivalenz zwischen der Realistik der sportlichen Aktivität und der Symbolik der Neu-Orientierung im Lebensgang. In diesem Sinne dient der Langstreckenlauf der Erkundung der räumlichen Umgebung wie der biographischen Herkunft: »I wanted to go far and fast [. . .] round and round the county from the sea side to the bridges, along the old neighborhood streets [. . .], before old age and urban renewal ended them and me« (S. 179). Die Symbolik des Laufens wird zur Begründung der Zurückweisung einer passiven Betrachtungshaltung weiter expliziert: »I had already spent a lot of life lying down or standing and staring. I had decided to run« (S. 181). Der Abschied von den Kindern stellt sich als lebensgeschichtliche Trennung dar: »I kissed the kids goodbye. They were quite old by then. It was near the time for parting anyway. [...] I told them they could take off any time they wanted to. Go lead your private life, I said. Only leave me out of it.« (S. 180)

Aber der Aufbruch in Freiheit und Mobilität stößt unerwartet auf eine Freiheitseinschränkung, die eine neue Rückbindung an die eigene Vergangenheit erzwingt. Faith muß die Erfahrung ihrer Kindheit unter veränderten sozialen und ethnischen Bedingungen noch einmal durchlaufen, ehe sie sich endgültig lösen und neu orientieren kann. Die eigenen früheren Sozialisationsumstände als Weiße werden ihr bewußt in der Konfrontation mit den gegenwärtigen Sozialisationsbedingungen der Schwarzen, die nach Fortzug der Weißen in deren alte Wohngegend nachgerückt sind. Inhalt der vom Plot vermittelten Erfahrung ist somit der Zusammenstoß ethnischer Gruppierungen, die Begegnung der weißen Protagonistin (jüdischer Herkunft) mit Schwarzen, was zur Relativierung der eigenen Einstellungen und Vorurteile wie zum Kennenlernen andersartiger Haltungen führt.

Die Andersartigkeit der Kultur der Schwarzen manifestiert sich sowohl in ihrer Sprache, ihrer Varietät des Englischen, als auch in ihrer Haltung. In den gegenseitigen Einstellungen ist die Konfrontation asymmetrisch. Negativen Vorurteilen auf seiten der Schwarzen stehen positive bei Faith gegenüber. Die Schwarzen sind von vornherein verbal aggressiv, beleidigend oder ironisch, z. B.: »Look at her! Just look! When you seen a fatter ass?« (S. 181) Demgegenüber bringt Faith unbeirrt ihre positive Einstellung zum Ausdruck, trotz ironisch-abschätziger Anwürfe: »We loved our block. – Tough black titty. – I like your speech, I said. Metaphor and all. – Right on. We get that from talking.« (ebd.) Gegen die Mischung aus »contempt and anger« schon bei den Kleinsten glaubt Faith kontrafaktisch an deren grundsätzliche Gutmütigkeit und Friedlichkeit (S. 182).

Zwar gelingt es Faith mit ihrer positiven Grundhaltung und beharrlichen Sympathiewerbung, die Mißtrauensbarriere zu zwei Individuen, zur Pfadfinderin Cynthia und zu Mrs. Luddy, der Nachmieterin ihrer alten Wohnung, zu überwinden, doch auch diese kommunikative Annäherung leidet unter Spannungen und Rückschlägen, die die große Distanz zwischen den ethnischen Gruppen verraten. Faith antagonisiert Cynthia ungewollt mit dem hypothetischen Angebot, sie bei Verlust ihrer Mutter bei sich aufzunehmen: Sie habe sich neben den Söhnen immer ein Mädchen gewünscht. Cynthias hysterische Reaktion wird von einem Negativvorurteil gesteuert, das zwar auf eine historische Kollektiverfahrung zurückgeht, aber hier ungerecht ist: »I know them white boys. They just gonna try and jostle my black womanhood« (S. 187). Die Spannungen zwischen Mrs. Luddy und Faith beschränken sich auf Zurechtweisungen. So reagiert Mrs. Luddy auf Faiths Heimkehrabsicht mit der verächtlichen Bemerkung: »Go on now! Get! You wanna go, I guess by now I have snorted enough white lady stink to choke a horse. Go on!« (S. 188) Als Faith sich über Schmutz und Chaos in New York empört (»Some one ought to clean that up«), fragt sie ironisch: »Who you got in mind? Mrs. Kennedy?« (S. 190)

Es bleibt offen, wie Faiths extrem positive Voreingenommenheit gegenüber den vielfach krassen negativen Vorurteilen der Schwarzen einzuschätzen ist. Man mag hier eine zeitbedingte Tendenz zur Idealisierung der Schwarzen und zur kompensatorischen Nachsicht für historisches Unrecht oder einen Hinweis auf die generelle Unangemessenheit und leichte Umkehrbarkeit von Vorurteilen sehen.

Den ethnisch bedingten Spannungen zwischen Faith und den beiden schwarzen Frauen stehen aber geschlechtsspezifische Gemeinsamkeiten im Insistieren auf weiblicher Selbständigkeit gegenüber. Cynthia verbittet sich die Einmischung eines Altersgenossen (S. 184), Mrs. Luddy ist alleinerziehend und kommt, trotz ihres Vergnügens an Sexualität, auch ohne Männer aus (S. 192). Faith grenzt weibliche Kreativität sarkastisch gegen männliche Destruktivität ab: »First they make something, then they murder it. Then they write a book about how interesting it is« (S. 189). Allerdings bestehen Gradunterschiede in der Selbständigkeit. Während Cynthia noch mutterabhängig ist und kindlich undifferenziert reagiert und Faith von Mrs. Luddy als unerfahren kritisiert wird (»Girl, you don't know nothing«, S. 189, 192), beweist diese gerade in ihrer Mutterrolle Stärke (»But you can't raise a decent boy when you liquor-dazed every night«, S. 192).

Der entscheidende Plot-Impuls geht davon aus, daß die beiden Frauen Faith, gegen ihren Willen, mit ihrer vergangenen Kindheit konfrontieren. Faith sträubt sich zunächst gegen einen Besuch in ihrer alten Wohnung und bereits gegen die bloße Erinnerung: »Cynthia, I said, I don't want to go any further. I don't even want to remember.« Und: »I don't want to see my father and mother's house now.« (S. 186) Zur Abwehr von Cynthias Drängen verfällt sie sogar auf die Lüge vom Tode ihrer Mutter – als indirekter Ausdruck für den verborgenen Wunsch deutbar, sich in ihrer Lebensmitte endgültig von der Vergangenheit und ihrer damaligen Abhängigkeit als Tochter abzukoppeln und der Zukunft zuzuwenden. Paradoxerweise zwingen ihr die unbeabsichtigte Antagonisierung Cynthias und die Angst vor ihren schwarzen Helfern erneut diese Rolle gegenüber Mrs. Luddy auf. Aus Angst fällt sie in die Kindesrolle zurück und gewinnt nur dadurch Einlaß in ihre alte Wohnung zu der schwarzen Mutter (S. 187).

Faith lebt dann in Mrs. Luddys Haushalt vor allem als Lernende und Abhängige. Der Versuch, die Mutterrolle zu spielen, etwa bei der Versorgung der Kinder (S. 188) oder bei der Förderung von Donalds Lesefähigkeiten (S. 192 f.), scheitert (S. 193). Mrs. Luddy behandelt sie vielfach wie eine Tochter. Sie gibt ihr nicht nur Anweisungen (wann sie zu bleiben bzw. zu gehen hat), sondern zeigt ihr auch ihre Unwissenheit und Unreife. Sie spricht von für Faith fremden erwachsenen Erfahrungen, wie den »physical pleasures« mit Männern und Wein im Unterschied zu Faiths noch kindlicher Vorliebe für »cream cheese« (S. 192) oder von der Erinnerung an das Sklavendasein ihrer unmittelbaren Vorfahren und deren Befreiung (S. 194).

Faiths Sehnsucht nach schwesterlich gleichrangigem Erfahrungsaustausch (S. 192) zwischen Frauen über spezifisch weibliche Probleme erfüllt sich nur ansatzweise und punktuell, etwa beim Gespräch über das Verhalten der Männer und über männliche und weibliche Kreativität (S. 189). Hierbei kommuniziert Faith signifikanterweise nicht nur ihre eigenen Kindheits- und Familienerfahrungen (S. 189, 192), sondern erkennt auch die kreativen Leistungen ihrer Mutter an, wie sie die Wohnung künstlerisch zu ihrer Welt umschuf (»This is my place«, S. 189). Von beiden Frauen werden immer wieder die Erfahrungen in der Linie der Mütter und Großmütter thematisiert. Dies geschieht – wie der Erfahrungsaustausch generell – über das Erzählen von Geschichten.

Die Funktion von Faiths Konfrontation mit Mrs. Luddy und mit ihren Erinnerungen an die eigene Jugend für die Plot-Entwicklung bleibt zunächst implizit, da sie sich darauf beschränkt, im Prozeß des Erlebens ihre Erfahrungen lediglich zu registrieren, ohne über sie zu reflektieren. Konsequenzen sind erst an ihrem anschließenden Verhalten ablesbar. Daß sie unterwegs einer Gruppe junger (weißer) Mütter ihre Fehlentwicklung voraussagt (»In fifteen years, you girls will be like me, wrong in everything«, S. 196), veranschaulicht Faiths neu entwickeltes Bewußtsein von der Beschränktheit einer weißen, wohlsituierten, bürgerlichen Lebens- und Sichtweise, die sie selbst jetzt überwunden hat, die aber diese Frauen noch repräsentieren.

Faiths potentielle Einstellungsänderung kann sich bei ihrer Heimkehr zunächst nicht praktisch äußern, da das Verhalten ihrer (rein männlichen) Familienmitglieder etablierten Mustern der Routine folgt, in die auch sie sofort wieder einbezogen wird, als sei sie nie fortgewesen. Ihr wird also nicht einmal die Möglichkeit einer Veränderung zugestanden. Die Routine innerhalb der Familie ist durch eine Mischung von Kooperation, Abgrenzung und Streit gekennzeichnet. Einerseits trägt Faiths Freund Jack zum Familienleben bei (Geld, Instruktion von Sohn Richard). Andererseits treten Divergenzen zwischen Sohn Anthony, Jack und Faith auf über die Zuwendungen für dessen Gemeindearbeit und über die Verteilung von Geld für Zigaretten. Anthony läßt Jack in den Central Park fahren, ohne ihn über seine Schließung zu informieren. Alle drei Männer leben in der üblichen Routine, sind nur mit sich selbst beschäftigt und zeigen kein Interesse an Faiths Abwesenheit. Erst nach einem Anstoß von ihrer Seite (»Did I lose weight?«) stellen sie Fragen. Faiths Versuche, von ihrem Besuch in ihrer Kindheitsumgebung zu erzählen, stoßen bei allen auf Unverständnis. Richard sieht darin nur kindisch nostalgische Erinnerung (»Cut the baby talk«), die anderen können gar nichts damit anfangen: »What?« (S. 198)

So scheinen Faiths Aufbruch in die Weite und ihre kurze Rückkehr zu ihren Ursprüngen in ihrem eigenen Verhalten und in ihrer Beziehung zu anderen keine Konsequenzen zu haben, noch nicht einmal kommunizierbar zu sein und somit auch keinen Anstoß zu einer Plot-Entwicklung abzugeben. Erst im letzten Absatz beginnt sie über genau diese anscheinende Konsequenzenlosigkeit zu reflektieren, sich über die Bedeutung ihrer eigenen Erfahrungen Klarheit zu verschaffen und sie als typisch für Frauen mittleren Alters zu verallgemeinern. Sie erklärt die Nicht-Kommunizierbarkeit mit der Komplexität der Situation (»Because it isn't usually so simple«) und der Seltenheit eines derartigen Verhaltens (»Have you known it to happen much nowadays?«). Sodann expliziert sie Inhalt und Struktur ihrer Erfahrung, indem sie die gesamte Geschichte verallgemeinernd nacherzählt, um abschließend Relevanz und Bedeutung abstrakt

zu definieren: »She learns as though she was still a child
what in the world is coming next.« Faith thematisiert also
ihre gegenüber Mrs. Luddy wieder eingenommene Tochter-
rolle der Lernenden und abstrahiert das Gelernte mit Bezug
auf die zukünftige Gesellschaftsentwicklung.

Der genaue Inhalt dieses Lernprozesses läßt sich als Einführung der weißen Protagonistin in die Lebensbedingun-
gen und Einstellungen der schwarzen Bevölkerung deuten.
Es ist ein Lernprozeß im Sinne einer Öffnung gegenüber
neuen zukunftsträchtigen Wirklichkeiten, etwa der Kultur
der ethnischen Minoritäten. Faith geht in ihre eigene Sozia-
lisation zurück, um an ihr die Andersartigkeit der Gegenwart um so intensiver zu erfahren und sich damit zu einem
neuen mentalen Aufbruch zu stimulieren – während ihre
Familie in der herkömmlichen Routine verharrt. Die besondere ethnische Komponente dieser Erfahrung, also Faiths
positive Vor-Einstellung zu den Schwarzen und ihr wach-
sendes Verständnis für sie, verweist dabei zeitgeschichtlich
auf die späten sechziger und die siebziger Jahre, die Bürgerrechtsbewegung und deren Unterstützung durch sympa-
thisierende Weiße (zu denen auch Grace Paley gehörte).
Möglicherweise steckt eine zusätzliche Implikation in dem
Hinweis auf Faiths jüdische Abstammung. Traditionell
unterstützten die amerikanischen Juden stets die Emanzipa-
tionsbewegung der Schwarzen – im Bewußtsein der gemeinsamen ethnischen oder religiösen Marginalisierung
innerhalb der angelsächsisch-christlichen Mehrheitskultur.

Die praktischen Konsequenzen dieser Erfahrungen für
Faiths Zukunft bleiben offen. Aber indirekt wird eine wei-
tergehende Kommunikation über diese neuen Erfahrungen
im Sinne einer Verständigung mit den *Lesern* angedeutet:
»Have *you known* it to happen much nowadays?« Das Prä-
sens (zusammen mit dem Zeitadverb »nowadays«) in der
Generalisierung von Faiths Erlebnissen postuliert deren
Allgemeingültigkeit und Aktualität. Die generalisierende
Schlußreflexion greift die realistisch-symbolische Ambiva-

lenz der erzählten Ereignisse vom Anfang wieder auf und unterstreicht abermals die übertragene Bedeutungsebene der Neuorientierung des Lebensweges.

Strukturierung und Abgrenzung der Geschichte vermeiden die vielfach für kurzgeschichtentypisch gehaltene Abruptheit von Beginn und Schluß. Der Anfang ist lebenszeitlich motiviert, das Ende formuliert eine Art Fazit. Zusätzlich konstituieren Anfang und Ende durch die Markierung mit symbolischen Bedeutungsimplikationen die Kohärenz der Geschichte. Der vorherrschende Duktus der Erzählung ist realistisch. Die Erzählerin berichtet die Ereignisse und ihre Reaktionen, ohne sie zu deuten oder in einen Relevanzzusammenhang zu plazieren. Erst am Schluß stellt sich das Problem der Interpretation auch ihr, indem der Mißerfolg ihrer Erzählversuche für die Familienmitglieder sie zur abstrahierenden Definition des Sinns für sich selbst treibt. Das bloße Wiederholen (»I repeated the story«) genügt nicht (»it isn't usually so simple«).

Die Geschichte inszeniert in ihrer unreflektierten Realistik während des Lebensvollzugs einerseits und in der retrospektiven Deutung des Sinns vom Abschluß her andererseits die prinzipielle Bedeutungsstruktur von Plots, wie sie Peter Brooks in *Reading for the Plot* (Oxford, 1984) beschreibt: Erst nach Durchleben einer Ereignisfolge ist ihr Sinn als Geschichte definierbar. Durch diese Struktur erhält die Kurzgeschichte die spezifische Form eines (Selbst-)Erkenntnisplots. Der genaue Inhalt der Erkenntnis bleibt jedoch offen und muß sich in der zukünftigen Lebenspraxis erweisen, zumal die Konsequenzen von Faiths positiver Voreingenommenheit ambivalent sind: einseitige Idealisierung oder Verständnisbereitschaft. Das Ende von *The Long-Distance Runner* präsentiert sich weniger als klärender Abschluß denn als Öffnung und Aufbruch zu Neuem.

Text: Grace PALEY: Enormous Changes at the Last Minute. New York: Farrar, Straus and Giroux, 1988. S. 177–198.

Literaturhinweise: Judith ARCANA: Grace Paley's Life Stories. A Literary Biography. Urbana (Ill.) 1993. – Neal D. ISAACS: Grace Paley. A Study of the Short Fiction. Boston 1990. – Dena MANDEL: Keeping Up with Faith. Grace Paley's Sturdy American Jewess. In: Studies in American Jewish Literature 3 (1983) S. 85–98. – Ronald SCHLEIFER: Grace Paley. Chaste Compactness. In: Catherine Rainwater und William J. Scheick (Hrsg.): Contemporary American Women Writers. Narrative Strategies. Lexington 1985. S. 31–49. – Jacqueline TAYLOR: Grace Paley. Illuminating the Dark Lives. Austin 1990.

MICHAEL HANKE

James Purdy: *Color of Darkness*

James Purdy (geb. 1923) schrieb seine ersten bedeutenden
Kurzgeschichten in den frühen fünfziger Jahren. Doch
keine renommierte Zeitschrift, kein Verlag war damals
bereit, sie einem größeren Publikum vorzustellen. Einer
Randnotiz zu einem der zahlreichen ablehnenden Bescheide
mußte er sogar entnehmen, daß er als Schriftsteller nicht das
geringste Talent habe. Purdy hat diese Demütigungen nicht
vergessen. Die Hochachtung einzelner berühmter Autoren
wie Edith Sitwell und einflußreicher Kritiker wie Tony Tanner hat seine Abneigung gegen das literarische Establishment nicht im geringsten zu dämpfen vermocht. Bis heute
hat er keine Gelegenheit versäumt, die amerikanische Lite-
raturszene (einschließlich des mächtigen *New Yorker*) und
einige ihrer prominentesten Repräsentanten zu attackieren
(darunter Salinger und Updike).

Die meisten seiner Hauptthemen verdankt er eigenen
Kindheitserfahrungen – Themen, die einen großen Teil der
amerikanischen Kritik unangenehm berührt und zu scharf
ablehnenden Reaktionen provoziert haben. Doch Purdy
weiß, worüber er schreibt. Er stammt aus einer zerrütteten
Ehe, die geschieden wurde, als er drei Jahre alt war. Wie unter einem psychischen Zwang gestaltet er immer wieder die
alptraumhaften Erfahrungen von Kindern: ihre Suche nach
dem verlorenen Vater, der verlorenen Mutter, die Gleichgültigkeit, die Verständnislosigkeit und den Haß, der ihnen
vom verbliebenen Elternteil entgegenschlägt. Gewiß, solche
Motive klingen gelegentlich bereits in der älteren amerikanischen Literatur an, doch selten so klar konturiert wie bei
Purdy. Er läßt uns nicht im Zweifel darüber, wie es den
meisten dieser Kinder weiter ergeht. Sie straucheln als Jugendliche an der Schwelle zum Erwachsenenalter und gera-

ten in finanzielle – und dadurch oft auch sexuelle – Abhängigkeit reicher Geldgeber, wie der Held seines ersten (von Edward Albee für die Bühne adaptierten) Romans *Malcolm* (1959).

Da Purdy von Anfang an keinen Kontakt zu kommerziell ausgerichteten, auf ein konventionelles Publikum zielenden Zeitschriften unterhielt, konnte er es sich erlauben, weitere Probleme wie Vergewaltigung, Abtreibung und Kriegsverstümmelung aus der Dunkelzone des Tabus zu holen. Die damit verbundene Gesellschaftskritik erschien einem dem Zweiten Weltkrieg vermeintlich geläutert entstiegenen Amerika völlig unangebracht: »Our entire moral life is pestiferous and we live in a completely immoral atmosphere [...]. I believe the human being under capitalism is a stilted, depressed, sick creature, that marriage in the United States is homosexuality, and homosexuality a real disease [...]. I don't believe America has any future.« (Zit. nach Schott, S. 300.)

Purdys Werk wurde kurzerhand als überholte Spielart symbolistischen Erzählens beiseite geschoben, sein Name erscheint in kaum einer einschlägigen Anthologie amerikanischer Short Stories. Die Breitenwirkung von Salinger und Updike ist ihm damit versagt geblieben. Trotzdem übt er in seinen besten Romanen und Kurzgeschichten auf unvoreingenommene Leser eine ebenso zwingende wie unvergleichliche Wirkung aus, die der Kluft zwischen seinem unpathetisch-lakonischen Sprachstil und der Ungeheuerlichkeit seiner Themen entspringt. »I am writing *me*«, sagt er selbst, »I go on writing to tell myself at least what I have been through« (zit. nach Schott, S. 301.)

Neben 13 Romanen hat Purdy 35 Kurzgeschichten in drei Sammelbänden vorgelegt: *Color of Darkness* (1957), *Children Is All* (1962) und *The Candles of Your Eyes* (1988). Der erste Band enthält zudem die von manchen Kritikern als sein Hauptwerk angesehene längere Erzählung *63: Dream Palace*, der zweite die Kurzdramen *Children Is*

All und *Cracks*, während der letzte als reine Erzählsammlung Kurzgeschichten aus einem Zeitraum von fast einem Vierteljahrhundert vereinigt.

In der Titelgeschichte des Bandes *Color of Darkness* behandelt Purdy das Schicksal eines Kindes am Beispiel einer Dreieckssituation besonderer Art. Schon in diesem Frühwerk zeigt er sich auf der Höhe seiner Begabung. Unter der Regie eines allwissenden, weitgehend im Verborgenen agierenden Erzählers läßt er epische Beschreibungen und knappe Reflexionen ungezwungen in dialogische Szenen münden. Er versteht es, Menschen in scheinbar alltäglichen Situationen vorzustellen, die in einem zögernd in Gang kommenden Gespräch aneinander vorbeireden oder einander mißverstehen.

Drei Personen treten auf: der namenlos bleibende (für andere Männer in ähnlicher Lage repräsentative) achtundzwanzigjährige Vater, sein etwa sechsjähriger Sohn Baxter sowie die alte geh- und sehbehinderte Hausangestellte Mrs. Zilke. In einem nicht mehr als drei Tage umfassenden Handlungszeitraum gestaltet Purdy auf knapp 14 Seiten die wachsende Entfremdung zwischen einem Vater und seinem mutterlos aufwachsenden Sohn. Von Leitmotiven (wie dem Gedächtnisverlust des Vaters) und Symbolen (wie dem Ehering) gestützt, ist die äußere Handlung so konzipiert, daß sie Einblick in das Innenleben der Figuren gewährt.

Die Paradoxie des Geschehens besteht darin, daß ausgerechnet die einfühlsame Haushälterin den Prozeß der Entfremdung in Gang setzt und damit das Gegenteil dessen erreicht, was sie im Sinne hat. Höflich, aber unmißverständlich rät sie dem beruflich erfolgreichen Mann, ein zweites Mal zu heiraten. Sie möchte, daß der Junge im Kreis einer intakten Familie aufwächst: »it's too bad he's an only child« (S. 3). Der Vater scheint sie jedoch nicht zu verstehen: »Doesn't he have other children over here, though« (ebd.). (Das Fehlen eines Fragezeichens signalisiert, wie mehrfach in der Erzählung, daß es sich möglicherweise um ein als

Scheinfrage getarntes Ausweichen handelt.) Immerhin geht er auf Mrs. Zilkes Vorschlag ein, Baxter ein Haustier als Spielgefährten zu verschaffen. Doch damit kann und will sich dieser nicht begnügen. Die Liebe zum Vater schlägt um in Haß. Er tritt ihn in die Leiste, flüchtet die Treppe hinauf und ruft ihm, der sich unter den Augen der Haushälterin vor Schmerzen auf dem Boden krümmt, eine obszöne Verwünschung zu.

Purdy steht in der Erzähltradition von Herman Melville, Stephen Crane und Sherwood Anderson. Auch sie verzichten auf eine abwechslungsreiche Handlung (und die damit normalerweise einhergehende Spannung) und bieten statt dessen eine atmosphärisch und psychologisch einleuchtende Entfaltung und Intensivierung der Ausgangssituation. *Color of Darkness* läßt sich als eine groß angelegte Exposition verstehen; der Blick in die Zukunft bleibt dem Leser verwehrt. Nicht die Rebellion des Sohnes und deren mögliche Konsequenzen sind interessant, sondern deren Ursache.

Im Rahmen der auktorialen Perspektive erzählt Purdy fast durchweg personal, aus der Sicht des Vaters. Die Präsenz eines allwissenden Erzählers macht sich nur selten bemerkbar und erschließt sich selbst dann nur bei sorgfältiger Lektüre, so wenn er den Gedächtnisverlust des Mannes kommentiert (»a thing which *should* have been terrifying but which was not«, S. 1), Baxters Zuneigung zu seinem Vater erwähnt (»the boy never seemed to be able to get close enough to his father«, ebd.) oder mit leiser Ironie auf eine typische Verhaltensweise aufmerksam macht (»hidden from them in a halo of expensive pipe smoke«, S. 9 f.).

Es wäre jedoch ein Irrtum anzunehmen, die auktoriale Perspektive diene dazu, das Verhalten des Vaters einer moralischen Kritik zu unterziehen. Denn Purdy versperrt uns nicht nur den Blick in die Zukunft, sondern auch den in die Vergangenheit, über die wir nur wenige sichere Aussagen treffen können. Statt dessen beleuchtet er das empfindliche, jederzeit bedrohte Gleichgewicht der ungewöhnlichen

Dreierkonstellation. Wenn er den Beruf des Vaters verschweigt und das erzählte Geschehen ausschließlich im Haus lokalisiert, so hält er die Geschichte von gesellschaftskritischen Untertönen frei, die den Blick vom Hauptproblem ablenken könnten. Und dieses Problem – die Einsamkeit der beiden Hauptfiguren – ist, wie oft in Purdys Kurzgeschichten, privater Natur und kann, wenn überhaupt, nur von den betroffenen Personen selbst gelöst werden.

Zu Beginn der Erzählung erfahren wir, daß der junge Mann verheiratet war, sich an seine Frau aber kaum noch erinnern kann. Obwohl er weiterhin ihren Ring am Finger trägt, gelingt es ihm nicht, sich ihre Augenfarbe ins Gedächtnis zu rufen. Später wird ihm bewußt, daß er sich nicht einmal an die Augenfarbe der ihm jetzt am nächsten stehenden Menschen (Baxter, Mrs. Zilke) erinnern kann. Der Titel der Erzählung symbolisiert nicht nur den Gedächtnisverlust des Vaters, sondern auch sein Unvermögen, anderen Menschen seine Aufmerksamkeit, geschweige denn seine Fürsorge oder Liebe zu schenken. Diese tief verwurzelte Gleichgültigkeit führt nicht nur ihn, sondern auch seinen Sohn in die Einsamkeit.

Seinen Lebenssinn findet er im Beruf. Er arbeitet in Washington und hält sich für einen erfolgreichen Mann (»I'm a success«, S. 3). Er ahnt zwar, daß für seine Gefühlsstarre ein gerüttelt Maß an Egoismus verantwortlich ist (»I could remember people if I wanted to«, S. 5), aber er läßt sich dadurch nicht aus der Fassung bringen (»He didn't care«, ebd.). Er ahnt auch, daß er seinem Sohn gegenüber Verpflichtungen hat – Verpflichtungen, denen er sich als nicht gewachsen erweist. Mit anderen Worten: er war (und ist) für eine Ehe und erst recht für die Erziehung von Kindern nicht reif genug. Diese Unreife und Gefühlskälte konstatiert Purdy als einen angeborenen, offenbar irreparablen Defekt, der sich jeder moralischen Bewertung entzieht.

Purdy liebt die Kunst des Verschweigens und der Andeutung. Dies zeigt sich deutlich in den wenigen Passagen, die das zerbrochene eheliche Verhältnis behandeln. Die Mutter wird nur mit einem Aspekt ihres Wesens vorgestellt: ihrer angenehmen und beruhigenden Stimme. Die Stimme ist das einzige, an das sich ihr Ehepartner noch erinnern kann. Er empfindet den Verlust seiner Gattin nicht als schmerzlich. Für ihn war sie ein Mädchen, mit dem er einmal ausgegangen war, mehr nicht (»his ›wife‹, who had run off, was just any girl he had gone out with«, S. 6). Hat sie ihr Eheversprechen ebenso leichtfertig gegeben wie er? Purdy legt diese Frage nahe, beantwortet sie aber nicht, denn angesichts der Einsamkeit des Kindes ist sie irrelevant. Wichtiger ist die Tatsache, daß sich der Vater als unfähig erweist, die Sehnsucht seines Sohnes nach Liebe zu verstehen oder gar zu erfüllen. Baxter spürt diese Unfähigkeit mit der geschärften Sensibilität des vernachlässigten Einzelkindes, als der Vater sich bückt, um ihm den Ehering aus dem Mund zu nehmen: »the boy vaguely realized this was the first time the father had ever made the motion of playing with him« (S. 12).

Purdy steuert die Sympathien des Lesers nicht nur über die Erzählperspektive, sondern auch über eine kunstvoll eingesetzte Symbolik. Er läßt sich mit Recht als Symbolist bezeichnen, wenn man darunter einen Autor versteht, der Bilder bewußt als Schlüssel zum Verständnis, gelegentlich aber auch zur Verrätselung seiner Werke einsetzt. Ein Symbol hat nicht nur einen einzigen unwandelbaren Sinn, sondern gewinnt diesen aus dem Kontext. Es ist oft bemerkt worden, daß in Purdys Kurzgeschichten scheinbar beiläufige, wenn nicht gar völlig unwichtig anmutende Details, und zwar sowohl Objekte wie Handlungen und spontane Gesten, durch wiederholte Erwähnung immer größere Bedeutung und damit den Charakter von Leitsymbolen erhalten. Ein Eigenname (*Don't Call Me by My Right Name*), ein Bart (*Cutting Edge*), ein defekter Kühlschrank (*Man and Wife*), ein verschmutzter Teppich (*Scrap of Paper*) – all dies kann in Purdys Erzählungen das problematische Verhältnis zwischen Menschen auf symbolische Weise zum Ausdruck bringen.

In *Color of Darkness* erfährt das Zentralsymbol der vergessenen Augenfarbe seine Ergänzung durch den Tabaksqualm, den der im Sessel sitzende Vater wie einen göttlichen Verhüllungszauber um sich legt (man beachte das Wort »halo«, S. 9). Wenn ihm seine Zeitungslektüre schon keine räumliche Distanz zur häuslichen Umgebung gestattet, so erlaubt sie es ihm, sich zumindest in Gedanken aus dem Familienalltag zu entfernen: »›All right‹, the father said, and he opened the newspaper and began to read about Egypt« (S. 7). Auch Baxter möchte der bedrückenden häuslichen Atmosphäre entfliehen. Das bezeugen seine zum Teil selbstgebastelten Spielzeuge und sein Umgang mit ihnen: der von ihm geworfene Papiervogel landet in einem Philodendron-Strauch; in seinem Bett schmiegt er sich zur Bestürzung des Vaters an ein riesiges Spielzeugkrokodil.

Im ganzen Text finden sich Indizien, die das Verhalten des Mannes zu exkulpieren scheinen. Auf Baxters Frage, ob er bei ihm bleiben dürfe, nickt er und gibt zur Antwort: »You can stay with me always« (S. 2). Er bezahlt eine Hausangestellte, um den Jungen im eigenen Haus versorgen zu können und stimmt dem Kauf eines Haustieres zu, ja er wird nicht einmal handgreiflich, als Baxter ihn tätlich angreift. Purdy vermeidet jede Schwarz-Weiß-Malerei. Doch spätestens der Abschluß der Geschichte macht deutlich, daß selbst die vermeintliche Toleranz des Vaters wenig mehr ist als ein Synonym für Gleichgültigkeit.

Mit psychologischem Gespür wird die Unreife eines Mannes bloßgelegt, der aus seiner ehelichen Bindung gefallen ist. Er sieht in Mrs. Zilke nicht nur eine Ersatzmutter für seinen Sohn, sondern auch für sich selbst. Baxter erscheint ihm als jüngerer Bruder. Er entzieht sich seinen Pflichten als Vater, indem er sich selbst auf die Stufe des Schutzbedürftigen stellt. Zugleich baut er das Verantwortungsgefälle seinem Sohn gegenüber dadurch ab, daß er ihn in ein partnerschaftliches Verhältnis einbindet. Einem solchen, auf gleichartigen Interessen und Pflichten gründenden Verhältnis ist Baxter jedoch nicht gewachsen. Daher sucht der Vater (auf Empfehlung der Haushälterin) wenigstens mit einem Ersatz für die verlorene Mutter aufzuwarten: mit einem Haustier. Das harmlose Verhalten des verstörten jungen Hundes – er pinkelt auf den Teppich – bietet den Anlaß für jenen Haßausbruch, mit dem Baxter sich am Schluß der Geschichte gegen seinen Vater Luft verschafft. Es ist ein verzweifelter Versuch, in Wort und Tat auf seine Lage aufmerksam zu machen.

Color of Darkness muß jeden Leser irritieren, der handfeste Aussagen über den Charakter der Hauptfigur erwartet. In *Why Can't They Tell You Why*, einer weiteren Erzählung über das Leben zu zweit – in der an die Stelle des jungen Vaters eine junge Witwe tritt –, räumt Purdy jeden Zweifel am maliziösen Charakter des verbliebenen Elternteils aus. Verglichen mit dieser Mutter bietet der Vater in *Color of Darkness* geradezu ein Musterbeispiel väterlicher Güte.

Die Beziehung zerbricht auch deshalb, weil der Vater der Gefühlsspontaneität seines Sohnes nicht gewachsen ist. Der Junge weist ihm die Rolle der Mutter zu. Doch diese Rolle glaubt der Vater an seine Hausangestellte abgeben zu dürfen. Mrs. Zilke ist es, die für die Tröstung des Jungen zuständig ist, ihn zu Bett bringt, ihm Gutenachtgeschichten vorliest. Der Vater fühlt sich dadurch überfordert, was Baxter zutiefst verstört. »Don't look funny like that«, sagt er, nachdem er den Vater zum zweiten Mal geküßt hat. »Like what?« fragt dieser und erhält die Antwort: »Like you didn't know anything« (S. 6). Die Naivität des Vaters trennt ihn von seinem Sohn.

Die Geschichte hätte mit der verspäteten Initiation des Mannes enden können, der sein Wesen als Vater entdeckt und ihm gerecht zu werden versucht. Statt dessen endet sie mit einem – künstlerisch überzeugend gestalteten – Mißklang. Der Tritt und der obszöne Fluch bleiben ohne erkennbare Wirkung. Seinen Schmerz heroisch verbeißend, begnügt sich der Vater mit der selbstironischen Bemerkung: »Tell me where he learned a word like that« (S. 13). Was seine Haushälterin ebenso prompt wie pflichtschuldig zu kommentieren weiß: »I don't know what's happening to people.« Und den Ehering betreffend, fügt sie hinzu: »I've put your ring up here for safekeeping.« Dieser hat seinen Wert jedoch längst verloren. Die Tatsache, daß der Vater ihn abstreift, daß der Sohn ihn als Spielzeug bezeichnet und behandelt (»a golden toy«, S. 12), beweist, daß er nur noch zur Erinnerung an jene Familiengemeinschaft taugt, deren Symbol er einst gewesen ist. Und selbst diese Erinnerung droht zu verblassen.

Text: James PURDY: Color of Darkness. Eleven Stories and a Novella. New York: New Directions, 1957. S. 1–13. – *Übersetzung:* James PURDY: Die Farbe der Dunkelheit. Übers. von Helene Henze. Reinbek 1959.

Literaturhinweise: Stephen D. ADAMS: James Purdy. London 1976. – Günter AHRENDS: Defective Perceptiveness, Amnesia and Malcommunication in Purdy's *Color of Darkness.* In: Literatur in Wissenschaft und Unterricht 22 (1989) S. 30–40. – Frank BALDANZA: James Purdy's Half-Orphans. In: The Centennial Review 18 (1974) S. 255–272. – Henry CHUPACK: James Purdy. Boston 1975. – Peter FREESE: Die amerikanische Kurzgeschichte nach 1945. Frankfurt a. M. 1974. S. 321–351. – Dieter MEINDL: James Purdy: *Don't Call Me by My Right Name.* In: Peter Freese (Hrsg.): Die amerikanische Short Story der Gegenwart. Interpretationen. Berlin 1976. S. 175–183. – Webster SCHOTT: James Purdy. American Dreams. In: The Nation 198 (1964) S. 300–302. – Edith SITWELL: [Einleitung]. In: James Purdy: *Color of Darkness.* Philadelphia 1961. S. 9–14. – Tony TANNER: [Einleitung]. In: James Purdy: *Color of Darkness* & *Malcolm.* New York 1974. S. 5–22.

FRITZ-WILHELM NEUMANN

James Baldwin: *Going to Meet the Man*

> Wir, in der Bürgerrechtsbewegung, wollten für
> Menschen kämpfen. Wir wollten eine Nation
> befreien, nicht allein die Schwarzen in den
> USA. Der Grund für unsere Bewegung war
> die jahrhundertelange Lynchjustiz in den Staa-
> ten, die Kastrationen, die Brandstiftungen,
> die unrechtmäßige Gefangennahme von vielen
> Schwarzen, kurz gesagt: der Anlaß war die Kri-
> minalität gegen Schwarze in dem Land, in dem
> ich geboren wurde. Als wir die Bürgerrechtsbe-
> wegung begannen, war die Lage in den USA so
> katastrophal, daß kein Schwarzer mehr von ir-
> gend etwas überrascht oder verängstigt werden
> konnte. Er wußte einfach, daß er unter seinen
> Mördern geboren wurde und lernen mußte,
> seine Mörder zu überleben. – Wir haben mit
> der Bürgerrechtsbewegung die Nation nicht be-
> freit. Das ist unsere Schuld.
>
> *... gegen die US-Gesellschaft. Gespräche mit
> Henry Miller und James Baldwin* (1977)

Die Ermordung von Malcolm X, Martin Luther King, Jr.,
und den Kennedy-Brüdern, offene Konflikte, brennende
Slums und der Krieg in Vietnam: diese Ereignisse kenn-
zeichnen das Klima einer Epoche, für die Baldwins Kurzgeschichte *Going to Meet the Man* (mit »the man« ist der
weiße Amerikaner gemeint) repräsentativ ist. Daß sich aus
heutiger Sicht die Bürgerrechtssituation in den Vereinigten
Staaten in den frühen sechziger Jahren verbessert hat, ist offensichtlich, ohne daß der Literarhistoriker dabei über echte
oder nur vermeintliche Fortschritte urteilen müßte: »John
and Robert Kennedy, along with the leaders of the Nonvio-

lent Movement, combined forces under an uneasy, faltering truce to force more social change on the South than had occurred since Civil War days« (Jonathan H. Turner u. a., *Oppression: A Socio-History of Black-White Relations in America*, Chicago 1984, S. 100).

Der Tod seines Mentors Richard Wright veranlaßte James Baldwin (1924–87), seine Fixierung auf Literatur als Kunst aufzugeben und sich mit seiner Feder in der Protestbewegung zu engagieren. Eine Woge der Popularität trug ihn bis an die Spitze des Civil Rights Movement. Der in Harlem aufgewachsene Baldwin, der 1948 in das Pariser Künstlermilieu emigriert war, hatte 1957 erstmals den Rassenwahn von Südstaatlern erlebt und sich 1963 an die Seite der schwarzen Bürgerrechtsbewegung in Selma, Alabama, gestellt. Dort traf er James Clark oder Big Jim Clark, in der Kurzgeschichte »Big Jim C.« den für die Mißhandlung schwarzer Demonstranten berüchtigten Sheriff von Dallas County. Peter Freese (1977) hat die historischen Hintergründe minutiös dokumentiert.

Die zwischen 1963 und 1965 entstandene Titelgeschichte der Sammlung *Going to Meet the Man* wurde vom Publikum positiv beurteilt, in der Kritik jedoch löste sie Kontroversen aus, weil sie in ihrer Verbindung von Rassismus und Sexualität damals in erster Linie polemisch erschien. Sie variiert das Thema von Angst und Haß in der Begegnung der Rassen. Der hohen Schule der europäischen Moderne gemäß leuchtet Baldwin das Bewußtsein des weißen Polizeibeamten aus, der in der Repression der Bürgerrechtsbewegung und dann im Ehebett seinen Sadismus auslebt. Für seine formale Nähe zu Henry James mußte Baldwin von seiten der Schwarzen scharfe Kritik einstecken. Doch das Problem des ›richtigen‹ schwarzen künstlerischen und politischen Selbstverständnisses soll hier nicht diskutiert werden. Statt dessen ist der Blick auf das meisterliche Zusammenspiel von technischer Komplexität und polemischer Intention zu richten.

Resümieren wir die Situation: Schlaflos wälzt sich Jesse, der erwähnte Deputy Sheriff, neben seiner Frau. Ein Geschlechtsakt könnte die seelischen Spannungen abbauen, die durch die gewaltfreien Proteste um das Wahlrecht während des Tages ausgelöst wurden. Doch dies gelingt Jesse zunächst nicht – noch sind die Erinnerungen an das Geschehen zu aufwühlend, um in sexuelle Erregung umgesetzt zu werden. Im Freilegen tieferer Schichten der weißen Psyche besteht die Einheit des Effekts dieser Kurzgeschichte. Jesse hatte einen ihm aus der Jugend bekannten farbigen Wahlrechtler im Polizeigewahrsam mißhandelt. Diese Bilder wecken Erinnerungen an die Rassenkonflikte der Vorkriegszeit, als Lynchjustiz in den Südstaaten ungehinderte Praxis war. Vor den Augen des kleinen Jesse war ein Schwarzer kastriert, von der entfesselten Meute der Weißen zerhackt und verbrannt worden. Daß diese Form des Rassenkonfliktes (er erinnert sich sogar an die leuchtenden Augen seiner Mutter im Moment der Kastration) in den sechziger Jahren aus politischen Gründen inopportun geworden ist und sich nur noch als anonymes Bombenlegen manifestiert, verunsichert Jesse erheblich. Immerhin ermöglicht der mit den Erinnerungen freigelegte Sadismus wiederum die sexuelle Erregung. Erst jetzt, in der Paraderolle des sexuell stimulierten weißen Rassisten, gelingt der Akt wieder, allerdings in einer Form, die eine Identifizierung mit der dämonisierten Rolle des potenten Farbigen voraussetzt.

Die einleitende Aufzählung prominenter Attentatsopfer läßt es müßig erscheinen, über die Abbildungsleistung von Literatur gegenüber der Geschichte zu spekulieren. Der Rassenkonflikt gehört zu einem Bereich menschlicher Erfahrung, der sich aufgrund seiner Grausamkeit einer Ästhetisierung weitgehend entzieht. Mit dem Bild der ausbleibenden Erektion weitet Baldwin einen für die frühen sechziger Jahre typischen Rassenkonflikt auf die psychische Ebene aus. Die Einheit der Situation dieser Kurzgeschichte ergibt sich aus den wenigen Stunden der Schlaflosigkeit und des

Halbschlafes, in denen die Bilder aus der Jugend die tief verwurzelte Unmenschlichkeit freilegen, sowie aus dem zentralen Thema einer rassistisch unterlegten Sexualität als Analogie eines sexuell motivierten Rassenwahns. Mit einem »cattle prod«, einem Elektroschocks auslösenden Viehprügel, bearbeitet der Polizeibeamte die Hoden seines Opfers, dem er in seiner Jugend normal begegnet war. Dann kommen die Bilder von jenem Familienausflug mit abschließendem Picknick wieder hoch, die in der Lynchjustiz kulminieren. Der Blick des sterbenden Schwarzen trifft Jesse wie der des Opfers im Polizeigewahrsam. Auslöser des kollektiv begangenen Mordes war die vermutlich dubiose Bezichtigung einer »Miss Standish«.

Die Erzählung gibt an dieser Stelle die Perspektive des jungen Jesse wieder: »He had a feeling that he knew where they were going, but he was not sure. – ›That's right‹, his father said, ›we're going on a picnic. You won't ever forget *this* picnic – !‹ – ›Are we‹, he asked, after a moment, ›going to see the bad nigger – the one that knocked down old Miss Standish?‹ – ›Well, I reckon‹, said his mother, ›that we *might* see him.‹« (S. 243)

Doch der Schwarze hat die ältere unverheiratete Dame nicht geschlagen. »Knock down« und »standish« sind polemisch gewählte Assoziationsträger, die puritanischen Sexualitäts- bzw. Keuschheitswahn einerseits und eine als unsittlich interpretierte Form der Annäherung andererseits signalisieren: »The archetypal lynching in the old South was for the archetypal crime of having a black man rape (= touch, approach, look at, be imagined to have looked at, talk back to etc.) a white lady« (Joel Kovel, *White Racism: A Psychohistory*, New York 1970, S. 67). Auch der von der weißen Gesellschaft nicht tolerierte Geschlechtsverkehr zwischen einer Weißen und einem Farbigen kann Anlaß der Aktion sein – »regardless of the circumstances surrounding the situation« (Pratt, S. 49). Um aber mit Kovel fortzufahren: »the archetypal lynching often included a castration of the black malefactor; and even when it didn't, the idea of castration was immanent in the entire procedure« (Kovel, S. 67). Einleuchtend ist auch folgende Argumentation: »Everyone knows that it is virtually impossible to talk candidly about race without talking about sex. Yet most social scientists who examine race relations do so with little or no reference to how sexual perceptions influence racial matters.« (Cornel West, *Race Matters*, Boston 1990, S. 83 f.)

Bei genauem Hinsehen handelt es sich bei dieser ›Opferung‹ schwarzer Genitalien um ein in allen Details beschriebenes Fruchtbarkeitsritual. Die von Baldwin beschriebene Massenhysterie erinnert an den Blutrausch antiker Kulte. Erst als sich Jesse an diesen befreienden orgiastischen Augenblick erinnert, ist die Erektion auch wieder da. Und er flüstert seiner inzwischen schlafenden Frau ins Ohr: »Come on, sugar, I'm going to do you like a nigger, just like a nigger, come on, sugar, and you let me just like you'd love a nigger« (S. 249). Schließlich steigert sich die Polemik noch, als sich Jesse mit seinem rassistischen Vater identifiziert, einem im kalten Mondlicht jagenden Raubtier. Der Aberwitz südstaatlicher Normen, einer »chivalric gyneolatry« (Freese 1977, S. 180), einer Frauenverehrung südstaatlicher Prägung, findet hier seine sterile Pseudosynthese. So heißt die Frau des Polizeibeamten Grace; im Dämmerlicht nimmt er sie in einem Glorienschein wahr. Die diese Beziehung bestimmende Sexualität war mehr oder minder dem Ethos der Fortpflanzung unterstellt, so daß Lust suspekt bleibt, wie es unmißverständlich im Auftakt der Kurzgeschichte heißt: »He could not ask her to do just a little thing for him, just to help him out, just for a little while, the way he could ask a nigger girl to do it« (S. 229). Farbige Frauen hingegen werden mit Sinnlichkeit und Lust assoziiert.

Baldwins psychologische Analyse deckt die kulturspezifischen Widersprüche von Norm und Realität schonungslos auf: »Grace stirred and touched him on the thigh: the moonlight covered her like glory. Something bubbled up

in him, his nature again returned to him. He thought of
the boy in the cell; he thought of the man in the fire; he
thought of the knife and grabbed himself and stroked himself and a terrible sound, something between a high laugh
and a howl, came out of him and dragged his sleeping wife
up on one elbow. She stared at him in a moonlight which
had grown cold as ice. He thought of the morning and
grabbed her [...].« (S. 249)

Freese (1977, S. 174 f.) hat der Erzählstruktur besondere
Aufmerksamkeit gewidmet, ohne dabei nach dem Effekt
der gezielt eingesetzten *time shift* zu fragen, die den zweiten
Teil der Geschichte prägt. Die Rückblenden im Bewußtsein
des schlaflosen Jesse werden in ihrer Chronologie umgesetzt und nach dem Prinzip emotionaler Relevanz und asso-
ziationspsychologischer Plausibilität angeordnet. Überzeugend hat Freese dargelegt, wie Baldwin das Schicksal eines
Jungen rekonstruiert, der im Alter von acht Jahren in seinem ursprünglich auf Freundschaft angelegten Rassenver-
ständnis durch das Verhalten seiner Eltern der natürlichen
emotionalen Grundlagen beraubt und in diesem Gemisch
von Sexismus und Rassenwahn pervertiert wird. Eben diese
Tragik hebt die von Baldwin verwendete *time shift*-Technik
hervor. Das aus der Chronologie gelöste Erinnerungsmo-
ment schildert die Rückfahrt des kleinen Jesse von jenem
Picknick im Rahmen der Negerverbrennung.

Auch die eher nebensächlichen Details gehören zu Baldwins Polemik, ohne daß diese die Wirklichkeit verfremden.
Die Szene, in welche die melancholischen Spirituals eindringen, muß dem Leser zunächst wie ein Familienidyll erscheinen: »It had been night, as it was now, he was in the car between his mother and his father, sleepy, his head in his
mother's lap, sleepy, and yet full of excitement. The singing
came from far away« (S. 239). Der kleine Jesse beginnt die
langfristigen Konsequenzen des dem Leser noch nicht vermittelten Geschehens zu erahnen. Aber er akzeptiert die
Sicht seines Vaters hinsichtlich der Rassenfrage: »He had a

black friend, his age, eight, who lived nearby. His name was Otis. They wrestled together in the dirt. Now the thought of Otis made him sick. He began to shiver. His mother put her arm around him.« (S. 240)

Freese hat auch auf die Bedeutung der wiederkehrenden Elemente verwiesen. Der kleine Jesse kann nicht sofort einschlafen, er sehnt sich wie der spätere Sheriff nach Geborgenheit und erlebt eine Konditionierung, die ihn für immer emotional verkrüppelt: »He put his head under the blanket, then pushed his head out again, for fear, staring at the dark window. He heard his mother's moan, his father's sigh; he gritted his teeth. Then their bed began to rock. His father's breathing seemed to fill the world.« (S. 241)

Als Titelgeschichte setzt *Going to Meet the Man* in Baldwins Sammlung den Schlußakzent. In der politischen Bilanz scheinen die farbigen Amerikaner erheblich an Boden gutgemacht zu haben. Jesse kann nicht mehr ganz so willkürlich wie sein Vater und dessen Freunde und Nachbarn in den zwanziger und dreißiger Jahren handeln. Diese politischen Veränderungen haben weite Kreise des Südens verunsichert. Als entscheidender Faktor des Wandels wird – historisch korrekt – der Dienst vieler Farbiger in der Armee während des Zweiten Weltkrieges wie auch im anstehenden Vietnamkrieg genannt sowie das Eingreifen der von Nordstaatlern beherrschten Bundespolitik. Baldwins Analyse veranschaulicht, wie sich die durch die politische Krise ausgelösten Emotionen in einem Mythos kristallisieren: der vitalen Überlegenheit des Schwarzen.

Um so tiefer muß das alte Trauma sexueller Unterlegenheit gegenüber den Farbigen das Bewußtsein durchdringen. Das Mysterium, d. h. jenes Fruchtbarkeitsritual, bei dem ein Farbiger auf bestialische Weise gelyncht worden war, hatte Jesse in das Wesen seiner Südstaatenkultur initiiert. Baldwin greift hier auf das Inventar der für die Entwicklung der Kurzgeschichte wichtigen Initiationssituation zurück: »He felt that his father had carried him through a mighty test, had revealed to him a great secret which would be the key to his life forever.« (S. 248)

Die entscheidende Schlacht zwischen den Rassen wird somit auf sexueller Ebene geschlagen. Der Weiße bemächtigt sich der Lebenskraft des Schwarzen, um dessen Dynamik unter Kontrolle zu halten. Aus den Wurzeln der puritanischen Tradition kommen weitere Elemente der Besessenheit von Potenz und sexuellem Versagen. Aber das kalte Mondlicht zeigt die Vergeblichkeit dieses Übertragungsmodells an. Jesse tut, was er unter den von der Kennedy-Administration durchgesetzten Spielregeln eben noch tun kann: er vergewaltigt seine verehrte Ehefrau. So kann auch die wiedergewonnene Erektion seine emotionale Verstümmelung (›Kastration‹) und existentielle Verunsicherung nicht verdrängen. Diese dramatische Ironie sexuellen Fehlverhaltens ist auch Ausdruck von Baldwins politischem Schreiben.

Trotz plakativ wirkender Details (Picknick, Vergewaltigung, leuchtende Augen der Mutter usw.) basiert Baldwins Erklärung des Rassismussyndroms auf literarischen, nicht auf politischen Mustern: die den Dionysoskult evozierende Darstellung ebenso wie die psychoanalytische Ursachenforschung mit ihren Jamesschen und Conradschen Erzählkonventionen. Die Frage, ob Baldwin ein politisch wirksamer Beitrag gelungen ist, erscheint müßig. Auf literarischer Ebene nimmt der die amerikanische Nation bedrohende Konflikt Formen eines archetypischen Kampfes zwischen den Mächten des Lebens und der Finsternis, der Vitalität und des Todes an. Die Schwarzen mögen sich letztlich in einer tröstlichen moralischen und vitalen Überlegenheit sehen, doch der Bezug zum politischen Alltag ist damit noch nicht hergestellt.

Auch wenn zu Beginn der sechziger Jahre Bewegung in die starren Fronten gekommen sein mag, wird sich mit dem Bild von der existentiellen Schwächung des Rassisten ebenso wenig politisch argumentieren lassen. Archetypen erweisen sich immer wieder als zeitunabhängige Träger von Wirklichkeit. Wie aber soll eine Gesellschaft wie die amerikanische zurück in eine moralisch kontrollierbare Empirie gelangen, zumal die führenden politischen Köpfe selbst Opfer des Wahns wurden? Die psychologische Ursachenforschung Baldwins deckt letztlich nur die Konsequenz auf, mit der die Anhänger des Rassenwahns und vergleichbarer Ideologien degenerieren. Mit dem unwiderlegbaren Hinweis auf die kindliche Normalität Jesses ist noch nichts gewonnen, denn es sind die gesellschaftlichen Verhältnisse, die den Menschen pervertieren. Wie dünn die Schicht der Zivilisation bleibt, zeigen die Ereignisse, die sich 1998 in Jasper, Texas, abspielten.

Text: James BALDWIN: Going to Meet the Man. New York: Dial Press, 1965. S. 229–249. – *Übersetzung:* James BALDWIN: Gesammelte Erzählungen. Übers. von Gisela Stege. Reinbek 1968.

Literaturhinweise: Peter FREESE: James Baldwin: *Going to Meet the Man.* In: Peter Bruck (Hrsg.): The Black American Short Story in the 20th Century. A Collection of Critical Essays. Amsterdam 1977. S. 171–185. – Peter FREESE: Some Remarks on the Reception of James Baldwin's Work in the Federal Republic of Germany. In: Jakob Kallhöfer (Hrsg.): James Baldwin. His Place in American Literary History and his Reception in Europe. Frankfurt a. M. 1991. S. 11–32. – Louis H. PRATT: James Baldwin. Boston 1978. – Bryan R. WASHINGTON: The Politics of Exile. Ideology in Henry James, F. Scott Fitzgerald, and James Baldwin. Boston 1995.

Helmut Winter

Truman Capote: *A Diamond Guitar*

Kaum ein amerikanischer Schriftsteller hat eine so trübe Kindheit gehabt wie er – behauptet der in New Orleans geborene Truman Streckfus Persons (1924–84), der sich als Autor Truman Capote nannte. Sein Vater war Handlungsreisender und Hochstapler, die Mutter ein leichtes Mädchen. Die Ehe geht früh auseinander. Der weichliche, verstörte Truman kommt zu ältlichen Cousinen aufs Land. Die Schule besucht er nur unregelmäßig. Mit siebzehn zieht er zur Mutter, die inzwischen in New York lebt, dem Alkohol verfallen. Er versucht sich als Glasmaler, Stepptänzer, Ghostwriter und landet schließlich als Bürobote bei der für ihre Short Stories berühmten Zeitschrift *The New Yorker*. Der Achtzehnjährige, der wie zwölf aussieht und von dessen Stimme seine Freunde sagen, sie sei so hoch, daß nur ein Hund sie hören könne, ist entschlossen, Schriftsteller zu werden.

Die Modezeitschrift *Mademoiselle* druckt seine erste Geschichte. Mit vierundzwanzig schreibt er den Roman *Other Voices, Other Rooms*, eine symbolgeladene, latent homosexuelle Pubertätsstudie in romantisierender Prosa, die auf Edgar Allan Poe, Maupassant und Henry James schließen läßt und sich trotzig absetzt vom vierschrötigen Realismus eines Theodore Dreiser wie auch der einsilbigen Lakonie eines Ernest Hemingway. Capote versteht sich darauf, mit sensualistischen Landschaftsbeschreibungen und inneren Monologen eine betörende Atmosphäre zu schaffen.

In dem surrealistischen Roman *The Grass Harp* (1951) und in *Breakfast at Tiffany's* (1958) – dieses Buch enthält auch die 1950 entstandene Kurzgeschichte *A Diamond Guitar* – ist der Stil routinierter, umgangssprachlicher geworden, die Bilder sind weniger gesucht. Die Pikareske vom Landmädchen Holly Golightly, das sich in New York unter

Playboys und Hippies mischt, wird in der Verfilmung von Billy Wilder zum Welterfolg.

Mit dem Bestseller *In Cold Blood* (1966) etabliert Capote eine neue Gattung, den nicht-fiktionalen Roman, die sogenannte ›Faktion‹, eine Mischung aus Fakten und Fiktionen. Das Buch beruht auf Berichten über einen spektakulären Mord an einem reichen Farmer und seiner Familie; es endet mit provozierenden Fragen zum Selbstverständnis des Durchschnittsamerikaners.

Truman Capote war einer der großen Verwandlungskünstler der amerikanischen Literatur. Er hat, in der Nachfolge von Faulkner und Tennessee Williams, in Romanen und Short Stories den Südstaaten eine poetische Stimme gegeben, esoterische Reiseberichte und Reportagen verfaßt, sich zum Stimmungskonfektionär und homoerotischen Wunderknaben stilisiert und als Party-Clown eine makabre Rolle gespielt. Nach einer langen, durch Alkohol, Drogen und Skandale verlängerten Pause veröffentlichte er die *Music for Chameleons* (1980), Geschichten aus der Grauzone zwischen Impression und Imagination, Journalismus und Kunst. Der nachgelassene, unvollendete Roman *Answered Prayers* zeigte noch einmal, daß bei Capote das entwaffnende Schreibtalent oft mit einem Hang zum Modischen und Preziösen einherging, daß er zu schnell bereit war, eine sinnlich geschilderte Oberfläche schon für die ganze Tiefe auszugeben. Vielleicht hat Capote dem handwerklichen Aspekt des Schreibens zu große Bedeutung zugemessen; ein falsch gesetztes Semikolon, einen zu langen Absatz oder einen Satz mit holprigem Rhythmus hielt er für unverzeihlich.

A Diamond Guitar gehört zu den dunkleren Kurzgeschichten des Autors. Sie spielt in einem abgelegenen Gefangenenlager im ländlichen Süden der USA. Die Hauptfigur ist Mr. Schaeffer, ein ›Lebenslänglicher‹, der bei den vereinsamten Gefangenen und dem Wachpersonal einen gewissen Respekt genießt, weil er schreiben, rechnen und seinen Leidensgenossen die Post vorlesen kann. Als eines Tages ein neuer Häftling ins Lager kommt, Tico Feo, ein als

Messerstecher verurteilter, hellhäutiger Kubaner, faßt Mr. Schaeffer eine spontane Zuneigung zu dem jungen Mann, der sich als fröhlicher Aufschneider herausstellt und seiner ›diamanten‹-besetzten Gitarre rührende Weisen entlocken kann. Aus der Zuneigung wird eine Männerfreundschaft mit erotischen Untertönen – nichts Ungewöhnliches in einem solchen Lager. Die anderen Gefangenen beobachten das ungleiche Paar mit Argwohn.

Der arbeitsscheue Tico weiht Schaeffer in seine Fluchtpläne ein. Außer seiner Gitarre, einer Flasche Kölnisch Wasser und einem Taschenspiegel besitzt er auch eine Rand-McNally-Weltkarte, auf der er dem skeptischen Freund zeigt, wo er schon überall war und wohin er noch will – nach Madrid, zum Nordpol, und »dann, die Welt! Die Welt, *el mundo* mein Freund!« Der zaudernde Schaeffer läßt sich schließlich überreden. Auf ein verabredetes Stichwort hin setzen die beiden sich ab, fliehen durch ein Flußbett, um keine Spuren zu hinterlassen. Schaeffer kann Ticos Tempo nicht mithalten, bricht sich, über einen Baumstamm stürzend, den Knöchel und bleibt liegen. Tico eilt weiter und entkommt. Nach erfolgloser Suche gibt der Lagerkommandant als offizielle Version aus, Schaeffer habe sich beim Versuch, Tico einzufangen, verletzt; für diese mutige Tat wird er (was ihm peinlich ist, weil Tico es lesen könnte) in der Lokalzeitung abgebildet und lobend erwähnt – die anderen Gefangenen verhöhnen ihn.

Drei lange, kalte Winter gehen ins Land, die Warnanlagen im Lager sind verstärkt, Schaeffer ist grau geworden und hinkt. Der Versuch eines neuen Gefangenen, Ticos Gitarre zum Leben zu erwecken, scheitert; ein Fluch scheint auf dem Instrument zu liegen, dessen Glasschmuck unter Schaeffers Pritsche vergilbt. Manchmal sucht seine Hand in der Nacht die Gitarre, und seine Finger gleiten über die Saiten: »dann, die Welt!«

A Diamond Guitar ist eine Erzählung von Hoffnung und Enttäuschung, Einsamkeit und Gemeinschaft, Freiheit und Gefangenschaft; sie läßt sich aber auch als eine Liebesge-

schichte lesen. Mr. Schaeffer ist nicht nur angetan von dem
jungen Kubaner Tico Feo, er fühlt sich heftig zu ihm hin-
gezogen, und eine Weile scheint es, als werde sein Gefühl
erwidert. »Abgesehen davon, daß sie ihre Körper nicht vereinigten und daran wohl auch nicht dachten – obwohl so
etwas im Lager durchaus vorkam –, waren sie wie ein Liebe-
bespaar.«

Auffällig an dem Verhältnis ist, daß die Partner, zumindest an der Oberfläche, wenig gemeinsam haben: es trennt
sie nicht nur ein erheblicher Altersunterschied, sie kommen
auch aus unterschiedlichem Milieu und sind, was Temperam-
ent und Artikulationsvermögen angeht, schroffe Gegensätze. Das Gefühl der Zusammengehörigkeit und das Bedürfnis nach Nähe, das sie empfinden, wirkt auf die Mitgefangenen fremd und störend. Noch in anderer Hinsicht ist
die Beziehung ungleich: der unbekümmerte Jüngere ist auf
die Hilfe und den Schutz des Älteren angewiesen, dem er
seinerseits nichts Vergleichbares bieten kann, es sei denn das
Gefühl, geliebt zu werden.

Schaeffer nimmt in Kauf, daß Tico ein Egoist, habsüchtig
und faul ist und verzeiht ihm noch die abwegigsten Lügengeschichten. Der Junge mit der Gitarre ist für ihn eine Art
Orpheus mit der Leier: er ist von Ticos »goldener Schönheit« verzaubert und hingerissen von seiner Gabe, Menschen mit Musik zu betören. Wenn Tico spielt und Geschichten erzählt, blüht Mr. Schaeffers spröde Seele wie im
Frühling auf (»von allen Jahreszeiten ist der Frühling die
aufwühlendste«, sagt der allwissende Erzähler in bedeutungsvoller Verallgemeinerung). Den jungen Kubaner interessiert an dem Verhältnis mit Schaeffer vor allem die praktische Seite: die unverhohlene Zuneigung des älteren Mannes
verhilft ihm zu besserem Essen, mehr Zigaretten, schließlich sogar zur Flucht aus dem Lager. Obwohl er den Freund
überredet, mit ihm gemeinsam zu fliehen, benutzt er ihn als
Werkzeug: er weiß, daß er selbst gesünder, stärker ist und
hat am Ende keine Skrupel, den Verletzten liegen zu lassen.

Sein Instinkt sagt ihm, daß Schaeffer, wie alle betrogenen
und einsamen Liebhaber, irgendwann dem Geliebten ver-
zeihen wird.

Capote liebt Kontraste. Der Gegensatz zwischen Gut
und Böse, Hell und Dunkel, Wärme und Kälte hat ihn zu
unterschiedlichen Erzählweisen inspiriert, die sich in soge-
nannten ›daylight‹ bzw. ›nocturnal stories‹ niedergeschlagen haben: *A Diamond Guitar* gehört in diesem groben Ra-
ster zu den ›Nacht-Geschichten‹. Einer realistischen, alltäglichen Welt steht ein irreales, selbstverlorenes Traumreich
gegenüber. Zu reinigenden Gewittern kommt es in (mitun-
ter wenig plausiblen) Initiations-Konflikten, die in einem
bzw. durch einen jungen, unerfahrenen Menschen ausgelöst
werden, der sich bedroht fühlt und nach Liebe dürstet. Das
Bedürfnis der Protagonisten nach Anerkennung, ihr Versuch, in der Gemeinschaft mit anderen Bestätigung zu
finden, Deformationen durch das Alleinleben, die Vieldeu-
tigkeit des Alltags und ein latenter Protest gegen die amerikanische Justiz gehören zu den typischen Merkmalen von
Capotes Kurzgeschichten aus den fünfziger Jahren. Sie
handeln meist von Randfiguren der Gesellschaft, exzen-
trisch-romantischen Gestalten wie Tico Feo, die zugleich
anziehend und unsympathisch wirken und ihre Umwelt zu
unvorhersehbaren Reaktionen provozieren.

Bipolar wie die thematische Struktur ist die formale Anlage der Geschichte. Ihr Hauptteil wird von je zwei Einlei-
tungs- und Schlußsätzen eingerahmt; der zweiteiligen Exposition entspricht ein ebenfalls zweiteiliges Denouement.
In fast schematischer Konventionalität gibt der auktoriale,
sich selbst und die Leser anredende Erzähler zu Beginn der
Geschichte im Berichtston eine Beschreibung des Schauplat-
zes. Er benennt, im Präsens und aus der Außenperspektive,
die geographische Abgeschiedenheit des Lagers, erwähnt
die Arbeit in den Terpentin-Wäldern, Anzahl und Verteilung der Gefangenen, die Auswirkungen des Winterwetters.
Darauf folgt eine explizite Charakterisierung der ›Reflek-

tor-Figur‹. Der puppenschnitzende, ungerecht verurteilte
Mr. Schaeffer ist intelligenter als seine Mitgefangenen, hat
aber trotz seiner Gutmütigkeit im Lager keine Freunde.

Der letzte Satz des zweiten Abschnitts verweist darauf,
daß der Hauptteil in Form einer Rückblende in der Vergangenheit spielen wird; er nimmt den anachronisch erzählten
Ereignissen einen Teil der Spannung, weil aus der Rahmen-
konstruktion bereits hervorgeht, daß Schaeffer nach wie vor
ein Gefangener ist, d. h., daß der Fluchtversuch offenbar
mißlungen ist. Die Stufen der Komplikation (die Folgen
von Ticos Ankunft) und die Klimax (der Fluchtversuch)
treten als Bauelemente deutlich hervor. Die beiden letzten
Abschnitte, in denen die erzählte Zeit aus dem *flashback* in
die Chronologie des Rahmens zurückgeführt wird, verwenden abwechselnd Gegenwarts- und Vergangenheitsformen,
ohne daß sich daraus Rückschlüsse auf eine Disharmonie
zwischen Form und Inhalt ziehen ließen.

Die Gedankenfigur der Antithese (»tropic Tico« vs.
»white winter«, »I'm too old« vs. »Tico like a young horse«
usw.) strukturiert das Bildprogramm der Geschichte. Die
kalten Winter zu Beginn und am Ende lassen sich sowohl
imagistisch als auch metaphorisch verstehen. Sie unterstrei-
chen die Isolation und Distanziertheit der namenlosen
Strafkolonie von der Außenwelt, vermitteln aber auch etwas von der emotionalen Kälte, die in diesem hierarchisch
(und rassistisch) reglementierten Gefangenenlager herrscht;
wer unter den geschilderten Bedingungen überleben will,
dessen Gefühlsleben muß auf den Gefrierpunkt absinken.
Nur noch die Liebe kann die gefrorenen Herzen der Männer auftauen; ist sie erloschen, werden die Winter noch käl-
ter und länger, der Regen macht den einzigen Zugang zum
Lager unpassierbar.

Die diamantenbesetzte Gitarre des Titels ist in Wirklichkeit mit Glaskugeln besetzt, die, wenn Tico spielt, wie
Edelsteine funkeln. Als Schaeffer wieder alleine ist, verfär-
ben sie sich wie vergilbte Liebesbriefe, oder wie jene Zei-

tungsausschnitte über Tico, die Schaeffer in einem Briefum-
schlag aufbewahrt. Das Gitarren-Symbol durchdringt die
Geschichte auf allen Ebenen, es beherrscht Tonlage und Ge-
samteffekt. Das Zupfinstrument steht hier nicht nur für die
Attraktivität des Lebens jenseits der Lagerzäune, es besitzt
auch die Kraft, das Leben der Insassen von Grund auf zu
verändern. Tico Feo kann durch das bloße Stimmen seiner
Gitarre Harmonie stiften, entlockt ihr aber auch Klänge,
deren Wirkung verheerend ist: den kurzen Augenblicken
der Verklärung folgen unweigerlich Trauer und Dumpfheit.

Das eigentliche Opfer der Illusionen, die Tico mit seiner
Musik erzeugt, ist Mr. Schaeffer, den er in einer Art Korre-
spondenz- und Kontrastrelation gleichzeitig betört und ver-
stößt. Der Autor verstärkt den Effekt der Gitarre noch
durch eine Verlagerung des erzählerischen Brennpunkts auf
die Innenperspektive, d. h. durch die Parellele zu den Ster-
nen, deren Anblick Schaeffer vor Ticos Ankunft zu trösten
pflegte und an die er sich durch die falschen Juwelen auf der
Gitarre erinnert fühlt. Daß die unechten Diamanten ein
Symbol für Zwietracht und Falschheit in der wirklichen
Welt sind, begreift er erst, als Tico längst über alle Berge ist.
Auch die Bildkomplexe ›Puppe‹ und ›Sarg‹ haben, wie die
Gitarre, die Funktion, Schlüsselmomente symbolisch zu
vertiefen.

Schaeffers Desillusionierung reicht aber nicht aus, ihn
eine tragische Figur zu nennen. Er hatte sich mit dem Lager
arrangiert und aufgehört, über sich und seine Situation
nachzudenken, als Ticos Ankunft ihn jäh aus dem Gleichgewicht bringt. Der junge Mann verkörpert alle jene Träume
und Ideen, die er verdrängt zu haben glaubte und er eröffnet Mr. Schaeffer betörende Perspektiven. Mit seiner Musik
und seinen Lügengeschichten beschwört er nicht nur eine
verlockende Phantasiewelt herauf – mit dem Fluchtplan
zeigt er ihm auch einen Weg zurück in »el mundo«, die vom
Erzähler metaphorisch überhöhte Welt (»to be alive was to
remember brown rivers where the fish run, and sunlight on

a lady's hair«). Der Ältere steht vor einem Dilemma. Einmal in den Bannkreis von Ticos Fiktionen geraten, sind ihm die früheren Formen der Angepaßtheit verschlossen. Willigt er in den gemeinsamen Fluchtversuch ein, läßt er sich wider besseres Wissen auf ein aussichtsloses Abenteuer ein (selbst wenn ihm die Flucht gelänge, wäre er zu alt für das Leben in »el mundo«); ihm gelingt weder der Sprung in die Außenwelt, noch kann er zurück in sein früheres Leben.

Die Wirkung dieser reinen Männergeschichte ist nicht aufwühlend und auch nicht beklemmend, sie stimmt eher melancholisch. *A Diamond Guitar* hat weder die emotionale Intensität von Capotes frühen Short Stories noch die spröde Ironie der späten; sie gehört, zusammen mit *Miriam* und *Master Misery*, zu einer Gruppe romantisierender Erzählungen aus dem amerikanischen Süden, in denen vereinsamte Außenseiter auf bizarre Charaktere treffen, die als Katalysatoren ihre heimlichen Sehnsüchte ans Licht bringen. Der andere Typus, vertreten durch *Children on their Birthdays*, *Jug of Silver* oder *House of Flowers*, ist lockerer gebaut und endet meist mit der Integration von Randfiguren in die Gesellschaft. Etwas bei aller Lebendigkeit der Beschreibung Künstliches und Konstruiertes ist beiden Mustern gemeinsam.

Text: Truman CAPOTE: Breakfast at Tiffany's. A Short Novel and Three Stories. New York / Toronto: Random House, 1958. – *Übersetzung:* Truman CAPOTE: Die großen Erzählungen. Übers. von Lieselotte Fassbinder [u. a.]. Wiesbaden 1976.

Literaturhinweise: H. BODDEN / H. KAUSSEN: Model Interpretations of Great American Short Stories. Stuttgart 1971. S. 119–130. – Gerald CLARKE: Capote. A Biography. New York 1986. – Hanspeter DÖRFEL: Truman Capote. In: Martin Christadler (Hrsg.): Amerikanische Literatur der Gegenwart in Einzeldarstellungen. Stuttgart 1973. S. 22–42. – Helen S. GARSON: Truman Capote. A Study of the Short Fiction. New York 1992. – William L. NANCE: The Worlds of Truman Capote. New York 1970. – Kenneth T. REED: Truman Capote. New York 1981.

DANIEL GÖSKE

Flannery O'Connor: *A Good Man Is Hard to Find*

A Good Man Is Hard to Find gehört zu den eigenartigsten
amerikanischen Kurzgeschichten der Nachkriegszeit. Flannery O'Connors Erzählung besitzt alle Merkmale ihres
unverwechselbaren Stils: eine beinah rüde Kombination
von realistischer Milieuskizze, grotesker Charakterzeichnung, satirischer Zeitkritik, tragikomischer Handlung und
todernster, existentieller Thematik. Die Erzählung gehört
zum Frühwerk der 1925 in Savannah, Georgia, gebore-
nen Autorin, die von 1938 bis 1945 in der Kleinstadt
Milledgeville im ländlichen Zentrum ihres Heimatstaats
lebte, dann am berühmten Writer's Workshop der Universität von Iowa studierte und einige Zeit in New York City
und Connecticut verbrachte. Dort wurde sie im Dezember
1950 zum ersten Mal von einer seltenen, unheilbaren
Immunschwächekrankheit (Lupus erythematosus) heimgesucht, kehrte zu der Farm ihrer Mutter bei Milledgeville
zurück und blieb dort, abgesehen von mehreren Leserei-
sen an amerikanische Universitäten und einer Wallfahrt
nach Lourdes und Rom, bis sie im August 1964, neunund-
dreißigjährig, starb.

O'Connor schrieb *A Good Man Is Hard to Find* bald
nach dem ersten Ausbruch ihrer heimtückischen Krankheit,
publizierte den Text 1953 in einer Literaturzeitschrift und
machte ihn wenig später zur Titelgeschichte ihres ersten Er-
zählbandes (1955). Wie in den anderen Erzählungen und
ihren beiden Romanen reagierte sie hier mit skurrilem Witz
und heiligem Ernst sowohl auf die Populärkultur und Kon-
sumgesellschaft der fünfziger Jahre wie auf die intellektuel-
len Modeströmungen der Zeit – verwässerte Versionen der
Psychoanalyse oder des Existentialismus. Zudem sind ihre
Texte stark vom regional und sozial spezifischen Hinter-

grund des protestantischen Bibelgürtels im alten Süden der
USA geprägt.

In einem Brief erläuterte die überzeugte Katholikin, aus
welchen Gründen sich dieses Milieu für ihre schriftstelleri-
sche Arbeit besonders eignete: ›Da die Bibel in diesem Lan-
desteil allgemein bekannt ist und verehrt wird, verfügt der
Schriftsteller über jenes breite mythische Fundament, auf
das er aufbauen und mit dem er seine Deutung vertiefen
kann. Das für einen Katholiken herausragende Element des
Protestantismus in den Südstaaten liegt darin, daß der
Mensch hier Gott direkt gegenübersteht, ohne die Vermitt-
lung der Kirche. Das ist ideal für eine katholische Autorin
wie mich, die möglichst nah an das Wesen des Menschen
herankommen und ihn in seinem Ringen mit Gott beobachten will.‹ (Zit. nach Hyman, S. 40 f.)

Auf den ersten Blick scheint diese Standortbestimmung
kaum auf unsere Erzählung anwendbar. Beim genaueren
Lesen aber zeigt sich, daß die zunächst als groteske Karikaturen angelegten Hauptfiguren am Ende symbolische, ja
universale Bedeutung erlangen, indem die Großmutter und
vor allem der Misfit in ihrer einsamen Verirrung mit ihrem
Glauben ›ringen‹. Wie häufig setzt sich O'Connor auch
hier souverän über den Anspruch realistischer Erfahrungs-
wirklichkeit und psychologischer Glaubwürdigkeit hinweg.
Zwar verarbeitete sie verschiedene Quellen der lokalen
Tagespresse (Lasseter), aber sie konstruierte daraus eine
haarsträubende Handlung, die sich mit fast schauerromanti-
scher Folgerichtigkeit entwickelt und in einer gewaltsamen
Konfrontation kulminiert, die strukturell einer Joyceschen
»epiphany« ähnelt, aber eine für die Leser dezidiert religiöse Verweisfunktion hat.

Im Gegensatz zu ihren Vorläufern wie Hawthorne,
Chesterton, Faulkner und anderen verbindet O'Connor –
hierin an die weniger bekannten Grotesken Poes erinnernd
– das Entsetzliche mit makabrer Ironie. Hinzu kommt freilich ihr ebenso humorvoller wie scharfer Blick für das, was

man die erbärmliche Erhabenheit des Menschlichen nennen könnte. Das zeigt sich auch an dem banalen, von mehreren Figuren wiederholten Stoßseufzer des Titels (etwa ›Gute Menschen sind rar‹), der auch von einer zeitgenössischen Schlagerschnulze bemüht wurde (Fitzgerald, XIII). O'Connor hat ihn im Verlauf der Erzählung ironisch unterhöhlt, im Sinne des paulinischen »Wir sind allzumal Sünder« (Röm. 3,23) radikalisiert und als verkappten Hinweis auf die Lehre von der Erbsünde, der grundsätzlichen Verworfenheit *aller* Menschen umgedeutet. Dieser unzeitgemäße, ja antimoderne Gedanke würde als solcher viele heutige Leser kalt lassen, wenn da nicht O'Connors eigentümliche Erzählkunst wäre.

Im Zentrum der Handlung, deren Gerüst – einem Road Movie gleich – von einer plötzlichen und katastrophal endenden Urlaubsfahrt gebildet wird, steht die Großmutter einer durchschnittlichen weißen Familie, wie man sie aus den Fernsehserien der frühen fünfziger Jahre kennt. Ihre sechs Mitglieder sind wenig mehr als typenhafte Karikaturen. Da ist zunächst die dumpfe, konturen- und namenlose Mutter mit ihrem Baby sowie zwei älteren Kindern: der selbstgefälligen June Star und dem dreisten John Wesley. (Sein Name erinnert an den berühmten englischen Methodistenprediger, der 1735 vergeblich eine Erweckungsbewegung in Georgia zu organisieren versucht hatte – eine ironische Reminiszenz, die die Familie ohne viel Worte als protestantisch kennzeichnet und zugleich auf die existentiell-religiöse Problematik des Schlusses vorausdeutet.) Der Vater, Bailey mit Namen, hat kein Format. Er repräsentiert den Typus des Familienoberhaupts, das zwischen seinen ständig nörgelnden Kindern und seiner Mutter, einer sentimentalen, bigotten, dünkelhaften und herrschsüchtigen Version der Southern Lady, förmlich zerrieben wird.

Freilich erscheint die Großmutter, aus deren Perspektive der größte Teil des Geschehens geschildert wird, bei O'Connor als stark marginalisierte Matriarchin. Sie kann

ihren Willen nur selten und mit schäbigen Tricks durchsetzen, die sich am Ende – jenseits jeder Vorstellung von poeti-
scher Gerechtigkeit – für die ganze Familie fatal auswirken.
Das tödliche Ende dieser Spritztour wird gleich am Beginn
der Geschichte angedeutet, als die alte Dame mit Hilfe des
Zeitungsberichts von einem entflohenen Gewaltverbrecher,
der sich »The Misfit« nennt, die Richtung der dreitägigen
Urlaubsreise, die eigentlich von Atlanta ins direkt südlich gelegene Florida führen sollte, vergeblich umzukehren
versucht – nämlich ins nördlich gelegene »east Tennessee«
(S. 117). Als die Reise am nächsten Morgen losgeht, hat sich
die Großmutter groteskerweise für den Fall eines Unfalls
fein herausgeputzt, und sie hält in ihrem Koffer ihre Katze
versteckt, die diesen Unfall später auslösen wird.

Die erste Hälfte der Erzählung dient vor allem dazu, in
urkomischen Dialogfragmenten, vor allem in dem nerven-
sägenden Geplapper der beiden Gören und ihrer Großmutter, die lieblose, selbstsüchtige und vulgäre Banalität dieser
Durchschnittsfamilie zu charakterisieren und satirische Sei-
tenblicke auf den alten und neuen Süden zu werfen. Verfolgt man die Route auf der Landkarte, stellt man fest, daß
die Reise trotz aller realitätsnahen Namen und Landschafts-
details von Anfang an die Züge einer symbolischen Irrfahrt
hat. Sie geht nicht nach Süden, sondern zunächst ostwärts,
am Stone Mountain vorbei, dem Mount Rushmore der ehemals Konföderierten Südstaaten. Der Anblick eines schwarzen Straßenkindes (»cute little pickaninny«) und eine Erinnerung aus ihrer tugendhaften Jugend wird von der Großmutter im Stil des althergebrachten, geistlos-gönnerhaften
Rassismus kommentiert, und man passiert – ein erstes
Omen – einen alten Familienfriedhof (S. 119 f.).

Eine mit Stuck aufgerüstete Tankstelle mit Eßraum dient
als Ort für den Austausch vermeintlich unschuldiger Avancen und feindseliger Blicke der Großmutter und ihres Sohnes, kindlicher Frechheiten der beiden Gören und öliger
Platitüden zwischen der Großmutter und Red Sam, einem

fetten Redneck, wie er im Buche steht. Während er seine Frau mit unbewußter Verachtung behandelt, ergeht sich der von der alten Dame gönnerhaft als ›guter Mensch‹ titulierte Tankwartsgastwirt in Nostalgie über die gute alte Zeit: »A good man is hard to find‹, Red Sammy said. ›Everything is getting terrible.‹« (S. 122) Und die Großmutter kommentiert dies vage Gejammer über die moralische Verkommenheit der Gegenwart in der besten Tradition provinziellen Stammtischgeredes, mit dem Hinweis auf Europas Habgier – einer Anspielung auf die Unterstützung der USA im Zuge des Marshall-Plans.

Man fährt weiter, passiert Toombsboro – das zusätzliche b macht aus dem nur wenige Meilen von Milledgeville entfernten, realen Toomsboro ein weiteres Vorzeichen auf das tödliche Ende der Reise –, und die Großmutter macht ihren fatalen Vorschlag, einen kleinen Umweg über eine unbefahrene Landstraße zu machen, um ein altes Anwesen aus Georgias guter alter Zeit zu besichtigen. Als sie entsetzt feststellt, daß sie sich um einen Bundesstaat verschätzt hat, löst sie unwillkürlich eine absurde und mit lakonischer Ironie gleichsam mitstenographierte Kettenreaktion aus, durch die es zum Unfall und zum katastrophalen Zusammentreffen mit dem Misfit und seinen Kumpanen kommt: »Pitty Sing, the cat, sprang onto Bailey's shoulder. The children were thrown to the floor and their mother, clutching the baby, was thrown out the door onto the ground; the old lady was thrown into the front seat. [...] Bailey removed the cat from his neck with both hands and flung it out the window against the side of a pine tree.« (S. 124 f.)

»We've had an ACCIDENT!« jubeln die beiden Gören, und manche Kritiker haben diesen Unfall, den Höhepunkt einer Parodie des für einen realistischen Plot typischen Kausalitätsprinzips, als Urszene absurder Geworfenheit gedeutet: »In Miss O'Connor's existential universe all events [...] are essentially unpredictable, beyond human control, and, in a strict sense, accidental« (Marks in Asals, S. 87). Die Fa-

milie ist aus dem schützenden Blechgehäuse ihres Autos in
eine unbekannte Wildnis geworfen worden und erwartet,
umgeben von einsamen »woods, tall and dark and deep«,
die drei schweigsamen, bewaffneten und grotesk gekleide-
ten Fremden in ihrem ominösen »big black battered hearse-
like automobile« (S. 125 f.).

Die Spannung steigt, die Kinder reagieren nervös, die
Umgebung wirkt immer bedrohlicher (»the line of woods
gaped like a dark open mouth«), und die Großmutter begeht, halb triumphierend, ihren vorletzten Fehler: »›You're
The Misfit!‹ she said. ›I recognized you at once!‹« (S. 127)
Bailey verwünscht sie, aber der Fluch entgeht uns, weil die
Reflektorfigur dieser Szene ihn nicht ertragen kann; zugleich läßt er das unheimliche Zartgefühl des trotz seiner
hinterwäldlerischen Mundart immer um Formvollendung
bemühten Misfit desto stärker hervortreten.

Mit selbstsüchtigen Beschwichtigungen (»You wouldn't
shoot a lady, would you?«) und albernen Beschwörungen,
die sie später wiederholen wird, versucht die alte Dame, die
Situation zu retten, indem sie den Misfit als ›guten Menschen‹ aus gutem Hause (»nice people«) tituliert (S. 127).
Bailey dagegen reagiert panisch und unentschlossen und
wird mit seinem Sprößling sogleich zur Exekution abge-
führt. Immerhin befähigt ihn diese Extremsituation zu einer ersten (und letzten) liebevollen Geste, in der sich freilich
Beschützerinstinkt und kreatürliche Angst ähnlich grotesk
mischen wie in der Reaktion seiner Mutter: »›I'll be back in
a minute, Mama, wait on me!‹ ›Come back this instant!‹ his
mother shrilled [...].« Gleichzeitig hat sie sich jedoch unwillkürlich dem Misfit zugewandt, der die hockende Position vor ihr einnimmt, die eben noch ihr Sohn innehatte
(»squatting«, S. 128).

Die hysterischen Fragen der Mutter nicht achtend, setzt
der Misfit zu einer Art Lebensbeichte an, in der er den Eh-
rentitel des ›guten Menschen‹ und die Ermunterung zum
Gebet mit melancholischem Ernst zurückweist, der alten

Dame aber seine seelischen Konflikte freimütig offenbart. Er fühlt sich seit jeher auf diffuse Weise verfolgt (»somebody is always after you«), schuldig (»somewhere along the line I done something wrong«) und zu Recht verurteilt (»They had the papers on me«), verzweifelt aber – gefangen in sich selbst (»I'm doing all right by myself«) und in einem pervertierten Verständnis von Erbsünde – an einem absurden Dasein, das kein sinnstiftendes Verhältnis zwischen Verbrechen und Strafe kennt: »›I call myself The Misfit‹, he said, ›because I can't make what all I done wrong fit what all I gone through in punishment.‹« (S. 129–131)

Mit seiner fast rührenden Mißdeutung des Wortes »misfit« (das eigentlich nicht-gesellschaftsfähige Außenseiter bezeichnet) definiert er sich als einer, für den die Welt grundsätzlich aus den Fugen ist. Den Stoßseufzer der alten Dame mißverstehend, gibt er ausgerechnet dem die Schuld, der nach christlichem Verständnis den Riß geheilt hat, der durch die Schöpfung geht: »Jesus thown everything off balance. It was the same case with Him as with me except He hadn't committed any crime« (S. 131). Und während die junge Mutter, das Baby und June Star erschossen werden und die Großmutter, mit grotesk aufgerecktem Kopf ›wie eine alte ausgedörrte Truthenne‹ nach ihrem »Bailey Boy« schreit, erläutert der Misfit ungerührt seine These von den unheilvollen Heilstaten Jesu: »Jesus was the only One that ever raised the dead [...] and He shouldn't have done it‹« (S. 132).

Im Gegensatz zu allen anderen Figuren der Erzählung – durchschnittlichen Bewohnern des amerikanischen Bibelgürtels – nimmt dieser verwirrte Gewaltverbrecher das Skandalon der christlichen Botschaft bitterernst. Wenn Jesus wirklich Gottes Sohn war und sogar die Toten lebendig machte, gebe es (ein Echo von Mt. 16,24–28) nur den Weg der selbstlosen Nachfolge. Oder aber die Welt ist gott- und sinnlos; dann bleibe nur eine sadistische Lust am Bösen. Hier erinnert die Stimme des Misfit an das Fauchen der

Katze (»snarl«), als sie den Unfall auslöste, und die bisher
so gedankenlose Großmutter nimmt zum ersten Mal ihren
Glauben so ernst, daß sie an ihm zweifelt. Als die Stimme
des zum Glauben unfähigen Misfit bricht und sie seine
abgründige Verzweiflung wahrnimmt, erkennt sie ihre See-
lenverwandtschaft mit ihm. Ausgerechnet ihre selbstlose
und unwillkürliche Geste mütterlicher Nächstenliebe aber
bringt den Misfit zur Explosion und die Geschichte zu
ihrem lakonisch erzählten Ende.

Als die alte Dame, zusammengeschossen und niederge-
sunken wie ein Kind, in den heiteren, ›wolkenlosen‹ Himmel emporlächelt und die beiden Komplizen ihre dümmli-
chen Possen reißen, scheint ihr Mörder zu ahnen, daß sie im
Moment ihres Todes – und das heißt durch ihre Liebesgeste
– tatsächlich zu einem ›guten Menschen‹ geworden ist:
»She would of been a good woman‹, The Misfit said, ›if it
had been somebody there to shoot her every minute of her
life.‹« Aber auch für ihn kommt diese Erkenntnis zu spät;
sie bestätigt nur, was er immer schon wußte: »›It's no real
pleasure in life‹« (S. 133).

Die Literaturkritik hat die rätselhafte Gestalt des verzweifelt gewissenlosen Gewaltverbrechers ganz unterschiedlich gedeutet: als »Psychopathen« und Opfer einer
gewalttätigen Umgebung, der seine »Rolle als Rebell gegen
die göttliche Ordnung mit der eines Jüngers Jesu vertauscht« (Ahrends, S. 178), als Verkörperung des Milton-
schen Satans (Jones in Asals, S. 123), moderne Version des
»Antichrist« (Lasseter, S. 231) oder Kierkegaardsche Gestalt des ›dämonischen Menschen‹ (Eggenschwiler, S. 47),
als Stellvertreter der ungläubigen und latent mörderischen
Menschheit (Paulson, S. 91) oder als einen »existential
Everyman«, der die fatalistische Unterwürfigkeit der Verur-
teilten Kafkas mit Dostoevskijs sadomasochistischer Unfähigkeit zu Schuld und Sühne verbinde (Marks in Asals,
S. 89–91).

Viele dieser Interpretationsversuche, deren Gültigkeit sich in einigen Fällen nicht leicht entscheidenläßt, sind überlegenswert, solange man sie als Denkanstöße für die eigene Auseinandersetzung mit dem Text behandelt. Entscheidbar und entscheidend ist freilich die Frage nach der dramaturgischen Funktion des geheimnisvollen Mörders. Diese besteht darin, der Großmutter im Moment ihres Todes eine »epiphanische« (Selbst-)Erkenntnis zu schenken. Diese Einsicht als »Charakterwandel« zu bezeichnen (Ahrends, S. 176), geht an der Sache vorbei, wie O'Connor selbst andeutete.

Ihre Erzählung wurde schnell so häufig anthologisiert, kritisiert und kommentiert, daß sich die Autorin veranlaßt sah, ihre ›vernünftige Verwendung des Unvernünftigen‹ so zu erläutern: ›Die Annahmen, die meiner Verwendung des Irrationalen zugrunde liegen, sind die der zentralen christlichen Mysterien. Diese Annahmen wird ein Großteil des modernen Publikums nicht teilen. Dazu kann ich nur sagen, daß es vielleicht andere Wege als meinen gibt, die Geschichte zu lesen, aber keinen anderen, auf dem sie hätte geschrieben werden können. Der Glaube ist, wenigstens in meinem Fall, der Motor, der die Wahrnehmung in Gang hält. [...] Die Großmutter befindet sich in der wichtigsten Situation, die das Leben einem Christen bietet. Sie steht dem Tod gegenüber. Es scheint, daß sie – wie wir alle – nicht allzu gut darauf vorbereitet ist.‹ (Zit. nach Asals, S. 56).

O'Connors Kommentar zeigt, wie untrennbar ihr ästhetisches Programm mit ihrer christlichen Überzeugung verbunden ist. Den Einbruch des Bösen und der Gewalt erzählerisch derart vorzubereiten und zuzuspitzen, bedeutet einen »act of faith, a repetition of God's intention to shock us into ›grace‹« (Paulson, S. 86). Jede gute Geschichte, so O'Connor, basiere auf einer ebenso ›vollkommen richtigen wie vollkommen unerwarteten Geste‹. Diese müsse jede platt ›moralische‹ oder ›allegorische‹ Ausdeutung übersteigen und auf eine Ebene verweisen, die mit dem Göttlichen und unserer Teilhabe daran zu tun habe. Der ›Triumph‹ der Großmutter liege in jener Geste der Liebe, die dem gnadenreichen Moment ihrer Erkenntnis entspringe: ›Ohne diese Geste und ihre begleitenden Worte hätte ich keine Geschichte. [...] Nicht nur hat unser Zeitalter kein Auge für das kaum wahrnehmbare Eindringen der Gnade, es hat auch wenig Gespür für das Wesen der Gewalttätigkeiten, die ihm vorausgehen und folgen. [...] In meinen Erzählungen ist mir aufgefallen, daß die Gewalt in ganz merkwürdiger Weise geeignet ist, meine Figuren in die Wirklichkeit zurückzuholen und sie auf ihren Moment der Gnade vorzubereiten.‹ (Zit. nach Asals, S. 58.)

Nicht alle Rätsel der Erzählung sind durch diesen Kommentar geklärt. Aber zu Beginn ihrer Bemerkungen ›Über die vernünftige Verwendung des Unvernünftigen‹ hatte O'Connor gesagt: ›Eine Geschichte taugt nichts, solange sie sich nicht erfolgreich der Paraphrase widersetzt, solange sie nicht in einem weiterwirkt und sich ausweitet.‹ Das gilt auch für autoritative Klarstellungen. Es mag wohl keinen anderen Weg gegeben haben, diese Geschichte zu schreiben als ihren, aber es gibt, zu unserem Glück, andere Wege, sie zu lesen.

Text: Flannery O'Connor: *The Complete Stories.* New York: Farrar, Straus and Giroux, 1993. S. 117–133.

Literaturhinweise: Günter Ahrends: Die amerikanische Kurzgeschichte. Theorie und Entwicklung. Stuttgart 1980. – Frederick Asals (Hrsg.): Flannery O'Connor: *A Good Man Is Hard to Find.* New Brunswick (N. J.) 1993. – David Eggenschwiler: The Christian Humanism of Flannery O'Connor. Detroit 1972. – Sally Fitzgerald (Hrsg.): Flannery O'Connor: The Habit of Being. Letters. New York 1979. – Stanley E. Hyman: Flannery O'Connor. Minneapolis 1966. – Victor Lasseter: The Genesis of Flannery O'Connors *A Good Man Is Hard to Find.* In: Studies in American Fiction 10 (1982) S. 227–232. – Suzanne M. Paulson: Flannery O'Connor. A Study of the Short Fiction. Boston 1988.

PETER FREESE

John Barth: *Lost in the Funhouse*

Der 1930 als Enkel deutscher Einwanderer in Cambridge, Maryland, geborene John Barth war nach seinem Studium an amerikanischen Universitäten als Professor für Englisch und *writer in residence* tätig. Er gehört zu den interessantesten Autoren der amerikanischen Gegenwartsliteratur. Auf der Grundlage eines aus immenser Belesenheit erwachsenden Verweisungs- und Anspielungssystems gestaltet Barth als *academic novelist* die Fragen nach »the individual's quests for value and identity in a world of gratuitous events« (Stubbs, S. 101). Er bedient sich dabei der Einsichten der Existenzphilosophie, läßt aber aus deren Verzweiflung über die Absurdität der menschlichen Existenz durch die distanzierenden Mittel des *black humour* den Spott über die Lächerlichkeit der Welt werden.

Auf einer Ebene ist die erstmals 1967 in *The Atlantic* erschienene Titelgeschichte des Bandes *Lost in the Funhouse* (1968) eine Erzählung über einen Ausflug, den der dreizehnjährige Ambrose mit seinem zwei Jahre älteren Bruder Peter, seinem Vater und seiner Mutter, seinem Uncle Karl und der vierzehnjährigen Nachbarstochter Magda am Independence Day des Jahres 1943 zum Seebad Ocean City unternimmt. (Die Jahreszahl ergibt sich, wenn man Ambroses Geburtsjahr, das in *Ambrose His Mark* mit 1930 angegeben wird, mit seinem jetzigen Alter kombiniert.) Eine Reihe von Hinweisen fügt die Geschichte in den Zusammenhang der anderen Stories ein. Die beiläufige Bemerkung »Ambrose pushed his glasses back onto the bridge of his nose« (S. 76) bestätigt z. B. nachträglich, daß die Prophezeiung »So he'll grow up to see things clear« aus *Ambrose His Mark* im übertragenen Sinne gemeint war, und zwei Verweise auf James Joyce (S. 74 und 89) rechtfertigen die Deutung der Geschichte als Porträt des Künstlers als eines jungen Mannes.

Auf einer anderen Ebene ist die Story eine Geschichte über einen Erzähler, der eine Geschichte über Ambroses Ausflug zu erzählen versucht und sich dabei mit ungeahnten Schwierigkeiten konfrontiert sieht. Diese sucht er u. a. dadurch zu überwinden, daß er entweder verschiedene Fortsetzungsmöglichkeiten nach- und nebeneinander ausprobiert, oder dadurch, daß er sich die Regeln vergegenwärtigt, welche die verschiedenen Anleitungen zum Verfertigen von Geschichten für das jeweils anstehende Problem bieten. Doch mit der Feststellung dieser Doppelbödigkeit, die etwa dazu führt, daß der kursiv gesetzten Mitteilung, Ambroses Ausflug finde am Unabhängigkeitstag statt, eine längere Passage über die Funktion des Kursivdrucks folgt, die wiederum durch ein »Italics mine« (S. 72) beschlossen wird, das nun, da es kursiv gesetzt ist, seinerseits wieder im Sinne der vorangegangenen Ausführungen über den Zitatcharakter des kursiv Gesetzten ironisch relativiert wird, ist das außerordentlich komplizierte Problem des point of view in dieser Story noch längst nicht beschrieben.

Die Situation des Erzählers ist nämlich einerseits auktorial, denn er kann die Begrenzungen der Gegenwart verlassen und beispielsweise zurückblickend sagen: »When Ambrose and Peter's father was their age, the excursion was made by train, as mentioned in the novel The 42nd Parallel by John Dos Passos« (S. 73), er kann den Leser ansprechen und sich mit ihm über »our story« (ebd.) verständigen, und er kann auf die Fiktivität des von ihm Erzählten hinweisen und etwa fragen: »Is there really such a person as Ambrose, or is he a figment of the author's imagination?« (S. 88)

Andererseits aber ist die Erzählsituation personal, denn der Erzähler setzt sich gleichsam die Maske, die Persona des Ambrose auf, sieht das Geschehen mit dessen Augen und berichtet darüber von dessen Warte aus, so daß ein Rückblick zwar mit dem auktorialen Hinweis einsetzen kann, daß das im folgenden Erzählte den »young people *afore-mentioned*« (S. 77) vor drei Jahren zugestoßen sei, dann aber in einen *flashback* aus der Perspektive des damals beteiligten und sich nun erinnernden Ambrose übergeht: »He even recalled how« (S. 78).

Für die Ausblicke in die Zukunft gilt Ähnliches, und dabei ergeben sich bereits vier verschiedene Ebenen. Denn einerseits kann der Erzähler, in seiner Funktion als Erzähler, auf das zukünftige Geschehen seiner Story vorausblicken, andererseits kann er, in seiner Funktion als über das von ihm Erzählte Reflektierender, Überlegungen über die Schwierigkeiten anstellen, die er noch zu überwinden haben wird. Und daneben kann Ambrose als Gestalt der erzählten Welt einerseits bewußt und gezielt Pläne für sein zukünftiges Leben entwerfen und andererseits absichtslos und ohne sein Zutun von Zukunftsträumen und -visionen heimgesucht werden, zu deren Darstellung der über Ambrose berichtende Erzähler sich einer an den *stream-of-consciousness* angenäherten Form bedient. Da nun aber der Erzähler nicht nur über die Fortführung seiner Geschichte nachdenkt, sondern zugleich auch Spekulationen über die Berechtigung oder den Sinn dieses Nachdenkens anstellt und da Ambrose nicht nur Zukunftsträume hegt, sondern diese wiederum zu analysieren versucht, ergeben sich zwei weitere Ebenen.

Doch damit sind die Möglichkeiten nicht erschöpft, denn die Perspektiven des erzählenden und reflektierenden und über seine Reflexionen erzählenden Erzählers auf der einen und des als Persona fungierenden und träumenden und seine Träume analysierenden Ambrose auf der anderen Seite können nun auch noch dadurch miteinander verquickt werden, daß der Erzähler über die von ihm Ambrose zugeschriebene Funktion als Persona und über dessen Leistungsfähigkeit in dieser Funktion in Beziehung zu Ambroses von ihm bestimmter Anlage als handelnder Person reflektiert: »Is it likely, does it violate the principle of verisimilitude, that a thirteen-year-old boy could make such a sophisticated observation?« (S. 73)

Da auch der erzählte Ambrose als ein in der Entwicklung befindlicher Schriftsteller Geschichten zu erfinden und sich selbst zu erzählen pflegt, finden sich in *Lost in the Funhouse* mindestens die folgenden Ebenen nach-, neben- und durcheinander: das Erzählen von etwas und das Erzählen über die Möglichkeiten, von etwas zu erzählen; das Erzählen über das Tun und Denken des Ambrose und das Erzählen darüber, was der Erzähler von den Möglichkeiten des Erzählens durch die Augen des Ambrose hält; das Erzählen über das von Ambrose sich selbst Erzählte und das Erzählen von dem, was Ambrose über die Möglichkeiten des Erzählens denkt.

Weil zudem die Tempora, die dem Leser eine Orientierungsmöglichkeit über das *hic et nunc* des Erzählers bieten, vielfach gewechselt werden und der Leser so ständig zwischen dem Hier und Jetzt des Erzählers (»There's no point in going farther; this isn't getting anybody anywhere; they haven't even come to the funhouse yet«, S. 83) und dem Jetzt und Hier des Ambrose (»he heard his mind take notes upon the scene: *This is what they call* passion. *I am experiencing it*«, S. 84) hin- und herbewegt wird, ist er schließlich nicht mehr in der Lage, die einzelnen Ebenen auseinanderzuhalten und in dem labyrinthischen Irrgarten dieser erzählerischen *tour de force* zu erkennen, wer was sagt, wem welche Aussage zuzuordnen ist.

Diese Verwirrung wird durch zwei weitere Techniken verstärkt. Zum einen werden die beiden Zeitebenen der Erzähl- und der Handlungsgegenwart vielfach ineinander übergeführt. So reflektiert etwa der Erzähler: »At this rate our hero, at this rate our protagonist will remain in the funhouse forever«, und er fährt mit der allgemeinen Feststellung fort: »Narrative ordinarily consists of alternating dramatization and summarization.« Der verwirrte Leser wird diesen und den folgenden Satz (»One symptom of nervous tension, paradoxically, is repeated and violent yawning«) zunächst dahingehend deuten, daß a) die Geschichte deswegen nicht vorankomme, weil der Erzähler das Gesetz des Wechsels zwischen szenischer und panoramatischer Darstellung nicht beachte, und daß b) ein Leser, der sich einer solchen falsch konstruierten Geschichte ausgesetzt fühle, wie der Erzähler ein wenig abrupt, aber richtig bemerkt, nervös werden und zu gähnen beginnen werde. Da aber folgt die Feststellung: »neither Peter nor Magda nor Uncle Karl nor Mother reacted in this manner« (S. 78), und der Leser muß erkennen, daß sich die Aussage über das Gähnen a) nicht auf die Erzähl-, sondern trotz der Tempusform des Präsens auf die Handlungsgegenwart bezieht und b) offenbar nicht die Reaktionen eines Lesers auf die Lektüre, sondern die des Ambrose auf die lange Autofahrt betrifft.

Neben dieser Technik, die es mit zunehmendem Fortgang immer schwerer und schließlich unmöglich macht, die Nahtstellen zwischen Erzähltem und Erzählerreflexion zu lokalisieren, findet sich eine zweite: die Spiegelung von Erzähltem und Erzählen. Sie drückt sich z. B. darin aus, daß die Probleme des Ambrose und die des Erzählers einander entsprechen, so daß etwa dem Zweifel des Erzählers – »Is there really such a person as Ambrose [...]?« (S. 84) – Ambroses Unsicherheit über seine eigene Individualität – »He wonders: will he become a regular person?« (S. 97) – oder sein Zweifel an seiner Identität – »how readily he deceived himself into supposing he was a person« (S. 93) – gegenübergestellt werden kann. Daraus ergibt sich ein weiterer Grund dafür, daß der Leser nicht mehr weiß, wem er welche Aussage zuordnen soll. Und eben diese Entsprechung ist es, die das Spiel mit den Perspektiven aus dem Bereich des bezugslosen Formexperiments auf die Ebene funktionaler Wechselbezüge hebt. Das gewählte Erzählmedium macht diese nicht nur zum optimalen Träger der zu übermittelnden Botschaft, sondern hebt die Grenzen zwischen

Erzählen und Erzähltem auf und läßt das *medium* zum Bestandteil der *message* werden.

Der Erzähler fragt sich einmal: »Is there anything more tiresome, in fiction, than the problems of sensitive adolescents?« (S. 91) Damit ordnet er *Lost in the Funhouse* in jene große Gruppe der für die amerikanische Literatur so typischen *initiation* oder *coming-of-age stories* ein und verweist darauf, daß auch Ambrose jene Standardschwierigkeiten des Heranwachsens zu überwinden hat, die wir seit Andersons George Willard (in *Winesburg, Ohio*), und Hemingways Nick Adams zur Genüge kennen. Wie Salingers Holden Caulfield (in *The Catcher in the Rye*) ist Ambrose »athletically and socially inept« (S. 88). Er träumt sich vage in die Rolle eines »world-famous whatever« (S. 84) hinein und kann sich so seiner eigenen Identität nicht vergewissern: »he doesn't know what to make of himself« (S. 88). Wie Purdys Bobby Zeller (in *Cutting Edge*) muß er den Weg aus kindlicher Abhängigkeit in die Eigenverantwortung des Erwachsenseins finden, rebelliert er gegen seine Eltern (S. 91) und macht die desillusionierende Erfahrung des Auseinanderklaffens von Sein und Schein, von authentischem Selbst auf der einen und Maske und Rolle auf der anderen Seite: »But he despised his father too, for not being what he was supposed to be« (S. 90). Ambrose erlebt die Todeswünsche des an der Welt verzweifelnden Jugendlichen (ebd.) ebenso wie die Rollen- und Identitätsdiffusion der Adoleszenz (S. 97) und die Selbstverachtung (S. 93) dessen, der seine Träume nicht zu realisieren vermag.

Doch im Zentrum der »trials of his adolescence« (S. 96) steht das Problem der Sexualität. Aus einem *flashback* wird deutlich, daß seine in *Water-Message* geschilderte voyeuristische Bekanntschaft mit dem Sexus bald darauf in einem für ihn unvergeßlichen Erlebnis mit Magda ihre Fortsetzung fand, und *Lost in the Funhouse* wird durchgehend von seiner Beziehung zu Magda geprägt, die sich in geheimen, zwischen liebevoller Zärtlichkeit und wilder Begierde schwankenden Wünschen und Träumen, in »erotic fantasies« (S. 84) artikuliert.

Das *funhouse*, jene Mischung aus Geisterbahn, Raritätenkabinett, Spiegelsaal und Irrgarten, das den Mittelpunkt des Vergnügungsparks in Ocean City bildet, das Peter, Magda und Ambrose besuchen und in dem Ambrose sich verläuft, wird deshalb auf dieser Ebene der Geschichte zum überzeugenden Sinnbild der Welt, in deren gefahrvollen Räumen der Heranwachsende seine Männlichkeit zu beweisen hat. In deren labyrinthischen Gängen muß er sein Orientierungsvermögen demonstrieren, in deren dunklen Winkeln werden ihm Möglichkeiten zu sexueller Annäherung gegeben, und in deren endlos scheinenden Verästelungen muß er sich selbst, seine Identität finden. Die von einer Jahrmarktsmaschine geprägte Namensplakette (S. 85), die Ambrose an der Kasse des *funhouse* versehentlich statt eines Geldstücks abgeben will, die er in der rollenden Tonne verliert (S. 92) und deren Entsprechung er im Spiegelsaal wiederfindet (S. 94), wird zum Sinnbild der noch diffusen Ich-Identität des Jugendlichen, deren Gewinn erst am Ende der siegreichen Bewältigung des *funhouse* stehen kann.

Ambrose, der drei Initiationen – sein sexuelles Erlebnis mit Magda, die verschobene und erst jüngst nachgeholte Taufe und seine »Boy-Scout initiation« (S. 97) – ohne die erhoffte Ergriffenheit überstanden hat, ist hier im *funhouse* einer als *Vanity Fair* dargestellten Welt seiner eigentlichen und entscheidenden Initiation in das endlose Labyrinth der Wirklichkeit ausgesetzt. Zwar begreift er, nachdem er unter den Jahrmarktsgerüsten ein kopulierendes Paar überrascht hat, den sexuellen Sinn des *funhouse* und gewinnt mit seiner dadurch ausgelösten Erkenntnis, daß der letzte Zweck des gesamten Vergnügungsparks nur darin bestehe, Menschen zu Paaren zusammenzufügen, Einsicht in ein entscheidendes Geheimnis der Welt der Erwachsenen. Aber trotz dieses neu erworbenen Wissens kann er doch nicht aus dem *funhouse* herausfinden, und damit offenbart sich der Verweischarakter, den dieses auf der anderen Ebene der Geschichte besitzt. So wie der in ihm gefangene Ambrose sich verschiedene Lösungen seines Abenteuers vorstellen kann und sich selbst erzählt, so kann der von Ambrose berichtende Erzähler sich eine Unzahl von Schlüssen für seine Story ausmalen. Das *funhouse*, das an die Labyrinthe des von Barth geschätzten Jorge Luis Borges erinnert, ist auch Sinnbild jener Welt, die von Menschen zur Belustigung anderer Menschen geschaffen wird: der Welt der Fiktion.

Die Geschichte über Ambrose im *funhouse* ist damit selbst ein von Barth mit Worten erbautes *funhouse*, und Ambroses Unfähigkeit, aus dem Labyrinth herauszufinden, ist die Spiegelung von des Erzählers Unvermögen, aus »all the possibilities of choice« eine Auswahl zu treffen. Ambroses »*reflection* that the necessity for an observer makes perfect observation impossible« (S. 94) entspricht der Erkenntnis des Erzählers: »The more closely an author identifies with the narrator [. . .] the less advisable it is [. . .] to use the first-person narrative viewpoint« (S. 77). Diese wird wiederum von Ambrose umgesetzt, wenn er sich seine eigene Lebensgeschichte »from the third-person point of view« (S. 96) erzählt. Der Erzähler weiß um die Konventionen des Erzählens, wenn er feststellt: »The climax of the story must be its protagonist's discovery of a way to get through the funhouse«, aber wenn er fortfährt: »But he has found none, may have ceased to search« (S. 96), dann ist das nicht nur eine Aussage über Ambroses Gefangenschaft im *funhouse* von Ocean City, sondern auch über seine, des Erzählers Gefangenschaft im *funhouse* der Wörter und Perspektiven, der Konventionen und Möglichkeiten des Erzählens.

Am Schluß heißt es: »He wishes he had never entered the funhouse. Then he wishes he were dead. But he's not. Therefore he will construct funhouses for others and be their secret operator – though he would rather be among the lovers for whom funhouses are designed.« (S. 97) Das ist ein Gedanke, den Ambrose denkt, ein Gedanke, von dem der Erzähler erzählt, daß Ambrose ihn denke, und ein Gedanke, den der Erzähler denkt. Der Held der Geschichte, der durch seine dichterische Sensibilität von dem ausgeschlossen ist, was Thomas Mann »die Wonnen der Gewöhnlichkeit« nannte, wird künftig dichterische *funhouses* erbauen; Barth, der von Ambrose erzählte, wird trotz der Schwierigkeiten, die er bei diesem Erzählen hatte, auch weiterhin solche *funhouses* errichten, und von beiden könnte gelten, was der von Barth erdichtete Ambrose über sich selbst erdichtet: »He died telling stories to himself in the dark« (S. 95).

Die hier vorgelegte Interpretation ist eine gekürzte Fassung des Kapitels über John Barth aus Peter FREESE: Die amerikanische Kurzgeschichte nach 1945. Frankfurt a. M.: Athenäum, 1974. S. 352–395.

Text: John BARTH: Lost in the Funhouse. Fiction for Print, Tape, Live Voice. New York: Doubleday, 1988. S. 72–97. – *Übersetzung:* John BARTH: Ambrose im Juxhaus. Fiktionen für den Druck, das Tonband und die menschliche Stimme. Übers. von Susanne Rademacher. Reinbek 1973.

Literaturhinweise: Ursula ARLART: ›Exhaustion‹ und ›Replenishment‹. Die Fiktion in der Fiktion bei John Barth. Heidelberg 1984. – Stan FOGEL / Gordon SLETHAUG: Understanding John Barth. Columbia (S. C.) 1990. – Charles B. HARRIS: Passionate Virtuosity. The Fiction of John Barth. Urbana (Ill.) 1983. – Dieter SCHULZ: John Barth. In: Martin Christadler (Hrsg.): Amerikanische Literatur der Gegenwart in Einzeldarstellungen. Stuttgart 1973. S. 371–390. – Dieter SCHULZ: John Barth: *Lost in the Funhouse*. In: Peter Freese (Hrsg.): Die amerikanische Short Story der Gegenwart. Interpretationen. Berlin 1976. S. 289–300. – Max F. SCHULZ: The Muses of John Barth. Baltimore 1991. – John C. STUBBS: John Barth as Novelist of Ideas. The Themes of Value and Identity. In: Critique 8 (1966) S. 101–116. – Joseph J. WALDMEIR (Hrsg.): Critical Essays on John Barth. Boston 1980.

CHRISTOPH BODE

Donald Barthelme: *Conversations with Goethe*

Ein literarisch gebildeter Leser kann sich schon bei der
Überschrift *Conversations with Goethe* denken, daß sich
dieser kurze Text wohl auf eines der Hauptwerke der deut-
schen Literatur bezieht, und diese Vermutung wird spätestens mit dem letzten Satz – »›Eckermann‹, said Goethe,
›shut up.‹« – bestätigt: Donald Barthelme (1931–89) hat eine
höchst konzentrierte, satirische Parodie auf das ›beste deutsche Buch, das es gibt‹ (so Nietzsche), geschrieben, auf
Johann Peter Eckermanns *Gespräche mit Goethe in den
letzten Jahren seines Lebens* (1836, 1848 [München 1976]).
Doch obwohl es unstreitig stimmt, daß nur derjenige eine
gute Parodie zu schätzen weiß, der auch das Original kennt,
so enthält doch *Conversations with Goethe* schon selbst
alles, was zu seinem Verständnis nötig ist.

Der Text besteht aus sieben knappen, tagebuchartigen
Einträgen, die ›Gespräche mit Goethe‹ zwischen dem
13. November 1823 und dem 1. September 1824 festhalten
sollen. Das Schema ist immer das gleiche: Eckermann skizziert eine Situation, in der Goethe sich über ein bestimmtes
Thema ausläßt, bevor seine diesbezüglichen Bemerkungen
in einem Aphorismus kulminieren (lediglich im ersten Eintrag ist auf eine Hinleitung im Gespräch verzichtet worden).
Jede Episode findet ihren Abschluß im Aphorismus, und das
ist notwendigerweise so, denn die ganze Episode ist überhaupt nur berichtenswert, weil Goethe es wieder einmal meisterhaft verstanden hat, einen Gedanken äußerst prägnant
und gleichsam apodiktisch formuliert auf den Punkt zu bringen. Jedes ›Gespräch‹ endet so, in diesen Aufzeichnungen
Eckermanns, mit dem Schlußwort des Dichterfürsten – danach herrscht (textliches) Schweigen; jedes ›Gespräch‹ – bis
auf das letzte, über das später noch zu sprechen sein wird.

So wie das Schema aller Einträge dasselbe ist, so folgen auch alle Aphorismen ein und derselben syntaktischen Formel. Ob es heißt: »Food, said Goethe, is the topmost taper on the golden candelabrum of existence«, oder: »Music, Goethe said, is the frozen tapioca in the ice chest of History«, oder: »The English, Goethe said in parting, are the shining brown varnish on the sad chiffonier of civilization«, die Verknüpfungsregel, die hier fast schon zwanghaft befolgt wird, ist offenbar: Substantiv + Goethe said + is + Substantiv + Präposition + Substantiv + of + Substantiv. Adjektive und bestimmte Artikel sorgen für minimale Variationen. Dieser Goethe ist ein rechter Fließbandproduzent von Aphorismen. Sein Ausstoß, seine Produktivität verdanken sich wohl wesentlich einer Standardisierung und Automatisierung der Herstellung, dem Kniff der immer gleichen Form, ungeachtet des Inhalts. Das kann doch jeder? Irrtum. Das kann eben nicht jeder – doch auch dazu später.

Ist die Form dieser Aphorismen des Meisters auch extrem schematisiert und damit leicht vorhersagbar, so weiß doch ihr Inhalt allemal zu verblüffen: »Art, Goethe said, is the four-percent interest on the municipal bond of life«; »Actors, he said, are the Scotch weevils in the salt pork of honest effort« – das hätte man sich nicht unbedingt so gedacht, und wenn gedacht, dann bestimmt nicht so formuliert. Aber genau das ist immer schon die vornehmste Aufgabe des Aphorismus gewesen: eine subjektive Einsicht oder Wertung sprachlich so präzise und treffend zu fassen – und sei es überspitzt oder nach herkömmlicher Sicht paradox oder absurd formuliert –, daß der Zuhörer oder Leser nach anfänglichem Stutzen den Sinn der Sentenz begreift und einsieht.

Gelungene Aphorismen dieser Art gleichen in diesem Aspekt Metaphern: Sie sind Vorschläge, einen Sachverhalt einmal ›so‹ anzuschauen ›als ob‹, sie bringen in ›uneigentlicher‹ Rede das Eigentliche zur Sprache. Aphorismen und Metaphern sind Werkzeuge der Erkenntnis und Mittel der

Belehrung – sei es, weil sie Bekanntes unvergleichlich auf den Punkt bringen (Pope: »What oft was thought but ne'er so well expressed«), sei es, weil sie bislang Unerkanntes durch Vergleich zum Vorschein bringen. Das gilt erst recht, wenn der Vergleich ein gewagter, weithergeholter ist. Je frappierender ein bildlicher Vorschlag, desto größer sein Erkenntnispotential. Die Aphorismen, die Barthelme Goethe hier in den Mund legt, mögen auf absonderlichen Vergleichen beruhen – unauflösbar hermetisch sind sie nicht: Man muß nur bereit sein, sich auf das Wort- und Gedankenspiel einzulassen, dann ›macht‹ es früher oder später auch ›Sinn‹. Gelungen ist diese Kommunikation dann, wenn der Zuhörer oder Leser sich die Sicht des Aphoristikers zu eigen macht, sie übernimmt. Er unterwirft sich dann – spielerisch und willig – der Definitionsmacht des Dichters (›x ist y‹). Die Rezeptionsbeziehung weist hier also in besonderem Maße ein Gefälle auf – das Verhältnis beider ist nicht umkehrbar, sondern als asymmetrisches festgelegt. Die Rollen sind ungleich verteilt. Der Dichter spricht das aphoristische Schlußwort und er spricht damit immer auch ein Machtwort. *He has the final say. The rest is silence.*

Diese extreme Asymmetrie kennzeichnet aber auch diese ›Gespräche‹ hier als Ganzes. Eckermanns Rolle beschränkt sich weitgehend auf die des Zuhörers. Entweder sagt er gar nichts (erste, dritte und sechste Episode) oder er gibt erst seiner Unkenntnis, dann seiner Bewunderung Ausdruck (fünfte Episode) oder es heißt generell »we discussed« (zweite Episode) oder »we marvelled« (fünfte Episode), ohne daß Eckermanns Gesprächsbeitrag oder -anteil näher spezifiziert wäre. Goethe redet *zu ihm* – »and I hastened to agree«. Nach normalem Sprachgebrauch würde man so etwas wohl kaum ein ›Gespräch‹ nennen. Goethe monologisiert im wesentlichen. Eckermann ist das willige Publikum einer Selbstdarstellung, einer *one-manshow*, ein eifriger, unterwürfiger, sich selbst verleugnender Chronist der pompösen Genialität eines Ausnahmemenschen.

Bis auf den Schluß: Hier bricht Eckermann die Regel des
Macht-Spiels und kontert Spruch mit Wider-Spruch, Rede
mit Wider-Rede, und versucht so zum ersten Mal, es überhaupt zu so etwas wie einem echten Gespräch kommen zu
lassen. Sein eigener Aphorismus, durch den er mit allen
Konventionen seines Verhältnisses zu Goethe bricht und
der der einzige *radikal* anachronistische und daher illusi-
onszerreißende des Textes ist, klingt auch nicht schlechter
als die des Meisters: »Critics, Goethe said, are the cracked
mirror in the grand ballroom of the creative spirit. No, said
I, they were, rather, the extra baggage on the great cabriolet
of conceptual progress.« Inhaltlich sind sie sich ja sogar
einig: Literaturkritiker geben nichts richtig wieder, stören
den Eindruck, sind Ballast. Aber darum geht es offensichtlich nicht. Eckermann hat es gewagt, als *Gleichberechtigter*
aufzutreten. Er meint wohl, bloß weil er die Formel der
Aphorismusbildung erkannt habe, könne er nun seinerseits
Goethe auch einmal seine – Eckermanns – Definitions-
Macht spüren lassen (»No, I said, they were, *rather* [. . .]«).
Eine Anmaßung. Die gebührende Antwort läßt nicht lange
auf sich warten: »Eckermann‹, said Goethe, ›shut up.‹«

Mit diesem *shut up* wird Eckermann auf seinen Platz
verwiesen, den des weitgehend sprachlosen Bewunderers.
Conversations with Goethe führt ebenso leicht wie uner-
bittlich ein Abhängigkeitsverhältnis vor, eine Beziehung
von Dominanz, Unterwürfigkeit und fruchtloser Rebellion,
die doch nur gleiche Rechte will, aber als Bedrohung der
herrschenden Verhältnisse aufgefaßt wird. Symmetrie in einer Beziehung setzt die Anerkennung des anderen als eines
Gleichberechtigten voraus. Diese Anerkennung verweigert
Goethe. Wird die Anerkennung aber verweigert, ist sie
nicht einklagbar. Der Text fährt fort wie bisher – oder
bricht ab.

Die Asymmetrie in der Beziehung liegt begründet in der
rückhaltlosen, aber eben nicht erwiderten Bewunderung
Eckermanns für Goethe. Die Selbstaufopferung des »ge-

schickten Gehilfen« (Eckermann, S. 838) ist die unabdingbare Voraussetzung der Größe des Herrn. Kein Star ohne
Bewunderer, ohne Bewunderer aber auch kein Star. Diener
und Herr sind aneinander gebunden, der eine kann ohne
den anderen nicht sein – doch profitiert der letztere von
der Entsagung des ersteren, der erstere von all dem, was er
selbst nicht ist, nicht hat, nicht kann. *Conversations with
Goethe* inszeniert dieses Macht-Spiel als Sprach-Spiel und
betreibt Macht-Kritik als Sprach-Kritik, indem es klarstellt:
Es gibt keine Sprache ›an sich‹. »Sprache ist [immer] *auch*
ein Medium von Herrschaft und sozialer Macht« (Jürgen
Habermas). Kein Gespräch, das nicht zugleich Abbild eines
Herrschaftsverhältnisses wäre. Die Frage ist, wer die Definitions-Macht besitzt. Die Frage ist, wer das letzte Wort
hat, das immer ein Machtwort ist.

Vergleicht man Barthelmes *Conversations with Goethe*
mit seinem historischen Prä-Text, so kann man nicht genug
staunen, wie treffend die Parodie gelungen ist. Zwar findet
sich im Original unter fünfen der sieben angeführten Daten
überhaupt keine Aufzeichnungen Eckermanns und bei den
übrigen beiden nur solche, die mit Barthelmes Erfindungen
rein gar nichts zu tun haben, doch das scheint nebensächlich. Denn inhaltlich wie stilistisch sind die Übereinstimmungen nahezu perfekt. Was Barthelmes Goethe beispielsweise über die Engländer sagt, findet sich sinngemäß im
Original unter dem Datum des 12. März 1828. Die Klage
über die Schauspieler entspricht einer tatsächlichen Bemerkung Goethes vom 29. Oktober 1823, und Lessings Verkennung durch die Kritiker geißelt sie am 7. Februar 1827.
Wichtiger scheint jedoch (man möge nachlesen) die gelungene Imitation des Sprachduktus' Eckermanns und der
Aphorismen Goethes (etwa: »›Die Frauen‹, sagte er, ›sind
silberne Schalen, in die wir goldene Äpfel legen.‹« [Eckermann, S. 299]). Am wichtigsten aber scheint die Imitation
der in der Sprache verobjektivierten *Haltung* Eckermanns,
dieses dienstbeflissenen, sich selbst verleugnenden, allzeit

zur Bewunderung Goethes bereiten Adlatus, eines Menschen, der, von Goethe mal gelobt, mal ermahnt, mal ermutigt, mal zurechtgewiesen, nicht wagte, sein eigenes Leben
zu leben, sondern sich vollends, von Versprechungen, Hoffnungen und Dankbarkeit geleitet, in den Dienst eines an-
dern stellte. Eckermanns *Gespräche mit Goethe* sind auch,
ohne daß dies ihrem Verfasser bewußt gewesen sein mag,
die Geschichte einer langjährigen Ausbeutung, die sich allerdings ohne die Zustimmung des allzu willigen »Goethe-
Opfers« (Martin Walser) gar nicht hätte ereignen können.

Johann Peter Eckermann (1792–1854) hatte sich mit
unglaublichem Eifer aus einfachsten Verhältnissen müh-
sam zur Universität hochgearbeitet, wollte nicht Kanzlei-
angestellter bleiben, sondern Dichter werden und nahm
1823 Kontakt mit Goethe auf, indem er ihm die schmeichle-
rische Abhandlung *Beiträge zur Poesie mit besonderer Hin-
weisung auf Goethe* zuschickte. Goethe war angetan. Am
10. Juni 1823 trifft Eckermann Goethe, der ihn lobt und mit
(nicht bezahlten) Auftragsarbeiten eindeckt. So überträgt er
ihm erst die Zusammenstellung früher Schriften, dann die
Redaktion von *Dichtung und Wahrheit*, schließlich gar die
Vorbereitung der Gesamtausgabe seiner Werke. Von 1823
bis März 1832 hält Eckermann seine Gespräche mit Goethe
fest, zur *postumen* Publikation, wie dieser es wünscht. Wie
von Barthelme aufgegriffen, skizziert Eckermann gerne anfangs kurz die Szene und gibt dann die Äußerungen seines
»Helden« im Verlaufe des Gespräches wieder, wobei sein
eigener Anteil vernachlässigbar ist. Zwar fragt er nach, regt
an, wagt auch einmal eigene Einschätzungen, doch die
Asymmetrie der Beziehung ist extrem – und sie ist eine ge-
wollte: »Es war das [Verhältnis] des Schülers zum Meister,
das des Sohnes zum Vater, das des Bildungsbedürftigen zum
Bildungsreichen« (Eckermann, S. 519). Er war von ihm ge-
fesselt, über den Tod hinaus, einer, der, seine eigenen Aspi-
rationen hintanstellend, seinen Ruhm darin suchte (und
fand), Sprachrohr eines anderen zu sein.

Warum aber bemüht sich ein Meister der amerikanischen Kurzprosa des 20. Jahrhunderts, uns parodierend auf zweieinhalb Seiten die Essenz oder wenigstens einen Extrakt eines Werkes von über 800 mit ironischer, witzartiger Schlußpointe darzubieten? Mit anderen Worten: Was ist der Sinn dieser spielerischen Art von Intertextualität? Barthelmes Werdegang und übriges Werk erleichtern die Antwort. Geboren wurde er 1931 in Philadelphia als Sohn eines Architekten, die Familie zog zwei Jahre später nach Houston, Texas, wo Donald zur Schule ging und ab 1949 sporadisch Journalismus studierte. 1959 wird er in den Verwaltungsrat des *Contemporary Arts Museum* in Houston berufen, dessen Direktor er schon zwei Jahre später ist. 1962 zieht er nach New York, wo er die beiden einzigen Nummern der Avantgarde-Kunstzeitschrift *Location* herausgibt und bald seine erste Story im renommierten *New Yorker* publizieren kann. Als Barthelme 1989 stirbt, hat er drei Romane veröffentlicht – als bedeutender gilt jedoch seine postmoderne Kurzprosa, die zunächst in acht Bänden zwischen 1964 und 1983 erschien. Die beiden zusätzlichen Sammlungen *Sixty Stories* (1981) und *Forty Stories* (1987) sind eine Art »Best of«-Zusammenstellung und enthalten alle seine wesentlichen Kurztexte, darunter auch *Conversations with Goethe*.

Es fällt auf, welch große Bedeutung die moderne Kunst in Barthelmes Leben spielt. Die rigorose Absage der ungegenständlichen Malerei an die Aufgabe, irgendetwas ›darstellen‹ oder ›abbilden‹ zu müssen, fasziniert ihn. Für die Literatur fordert er Gleiches: Nach Joyce, so legt er in einem programmatischen Aufsatz dar, könne Literatur nicht mehr mimetisch sein, wenn sie auf der Höhe der Zeit sein wolle: Künstler und Schriftsteller ›spiegeln‹ die Wirklichkeit nicht ›wider‹, sie *fügen* ihr etwas *hinzu* – ein selbstbezügliches Kunstwerk, das den Rezipienten verändern soll. Im Unterschied zum Komponisten und Maler hat aber der Autor kein Zeichenmaterial zur Verfügung, das semantisch neutral wäre. Wörter bedeuten immer schon, und so stöhnt

Barthelmes postmodernes Schneewittchen (im Roman *Snow White*) schon anfangs: »Oh I wish there were some words in the world that were not the words I always hear!« Wie läßt sich daraus jemals etwas Selbstbezügliches bauen? Wir sind umgeben von einer Flut von Floskeln, Phrasen, Formeln, Worthülsen, Versatzstücken – von Sprachmüll oder »dreck«. Dem Schriftsteller bleibt, dieses Material so zu zerlegen und dann zu rekombinieren oder collagieren, daß der Rezipient auf die Machart des Textes selbst schaut und erkennt, was dort eigentlich vor sich geht. Der Text *erzählt* nicht mehr, er *führt* etwas *vor*.

Dieses Verfahren der Aufdeckung durch Recycling ist besonders lohnend, wenn der Autor Textsorten aufgreift, die bereits stark konventionalisiert sind und deren Rezeption folglich automatisiert ist. Der Schriftsteller kann dann durch eine parodierende Überzeichnung des Schematismus den Prä-Text kippen lassen. Barthelme macht das gerne mit Textgattungen wie Märchen (*Snow White, The Glass Mountain, Sindbad*) oder Legenden (*Bluebeard*), mit Western (*The Indian Uprising, Porcupines at the University*) oder etwa den Textsorten Leserbrief (*Letters to the Editor*), Künstlerbiographie (*The Death of Edward Lear*) oder der Politiker-Hagiographie der aktuellen Printmedien (*Robert Kennedy Saved from Drowning*). Diese Art extrem kondensierter, hochintelligenter postmoderner Kurzprosa ist daher immer intertextuell und immer parodierend, und sie ist alles andere als ›bloß‹ spielerisch, einfallslos, derivativ oder epigonal: Sie verfolgt mit ihren Mitteln einen durchaus aufklärerischen Zweck und verrät doch zugleich Skepsis gegenüber der Möglichkeit einer Verbesserung der Welt oder auch nur des eigenen Lebens (*Chablis, Critique de la vie quotidienne, The Palace at Four A.M.*) sowie Mißtrauen gegenüber jeder Totalisierung. Barthelmes Ästhetik möchte – am schönsten vorgeführt in *The Balloon* – das Kunstwerk als etwas Autonomes, radikal Authentisches, nicht durch einen universalen Verblendungszusammenhang Kompromittiertes bewahren und weiß doch, daß Sprache nicht nur Herrschaft *transportiert*, sondern unabstellbar immer schon Macht *verkörpert und ausübt*.

Die Aphorismen Goethes in *Conversations with Goethe* mögen formelhaft sein, sie verkörpern aber nach wie vor einen Macht-Anspruch – wie auch jede Tradition. Der gigantischen Übermacht der Klassiker (*At the Tolstoy Museum*) setzt der postmoderne Autor in einem literarischen Jiu-Jitsu seine kecke Behendigkeit entgegen und wendet die Wucht der Tradition gegen diese selbst. Barthelmes *Conversations with Goethe* ist sein »No, they are, rather [...]«. Und *ihm* schallt kein *shut up* entgegen. Er läßt seinen Eckermann die Illusion des Textes zerreißen und eröffnet damit auch dem Leser einen Ausweg ins Freie: Die Wirkung literarischer Texte beruht, wie gesagt, darauf, daß der Leser sich spielerisch und willig der Definitions-Macht des Textes unterwirft und sich – und sei es für einen Augenblick – das aneignet, was ihm zunächst fremd schien. Komplementär dazu ist die Freiheit des Lesers, diese Unterwerfung auch aufzuheben und gegen den Anspruch des Textes seine Wider-Rede zu setzen. Damit erst kann sich zwischen Text und Leser das ergeben, was jede gelungene Lektüre sein sollte: ein *Gespräch*, kein Monolog des einen oder anderen.

Barthelme läßt Eckermanns Gespräche mit Goethe mit einem Eklat schon am 1. September 1824 enden. Wir wissen nicht, ob es ›danach‹, wie in Wirklichkeit, so weitergeht bis März 1832: Dieser Eckermann existiert ja nur in diesem Text, und der endet hier. Hoffen dürfen wir aber: Er hat ihn befreit, obwohl der devote Ton seiner retrospektiven Aufzeichnungen anderes befürchten läßt, eine Fortsetzung im Stile von Becketts *Endspiel*. Wie Eckermann tradieren wir eine Sprache, die nicht die unsrige ist. Wenn wir unsere eigene finden, wird's brenzlig, allemal. Aber die Nervosität der Macht, selbst wenn man sie nur nachahmt und sich ihre Definitionsgewalt anmaßt, sagt noch nichts über unsere Chancen, einmal gleichberechtigt und frei zu sein. Sie eröffnet nur eine Ahnung der Möglichkeit. Welche Hoffnung, wenn die selbstverschuldet Unmündigen sich endlich ihr erstes »shut up« verdient haben!

Text: Donald BARTHELME: Forty Stories. London: Secker & Warburg, 1988. S. 67–69.

Literaturhinweise: Donald BARTHELME: After Joyce. In: Location 1/2 (1963/64) S. 13–16. – Alexander FOLTA: Donald Barthelme als postmoderner Erzähler. Poetologie, Literatur und Gesellschaft. Frankfurt a. M. 1991. – Karin KOTTENHOFF: Postmoderne Intertextualität. Zum Umgang mit etablierten literarischen Formen in drei Short Stories von Donald Barthelme. In: Literatur in Wissenschaft und Unterricht 28 (1995) S. 203–218. – Charles MOLESWORTH: Donald Barthelme's Fictions. The Ironist Saved from Drowning. Columbia 1982. – Michael WINKEMANN: Wirklichkeitsbezug und metaliterarische Reflexion in der Kurzprosa Donald Barthelmes. Frankfurt a. M. 1986.

DANIEL GÖSKE

John Updike: *Pigeon Feathers*

John Updike gehört mit über vierzig Büchern aller literarischer Gattungen zu den vielseitigsten Vertretern der amerikanischen Gegenwartsliteratur. Der Hauptteil seines erzählerischen Werkes wird meist einer »neo-realistischen« Tradition zugerechnet, in der er freilich eine Sonderstellung
einnimmt. Man hat ihn den »Keats of the sidewalks« genannt, einen lyrischen Erzähler, der die Alltagswirklichkeit
des nordamerikanischen Mittelstands weniger abschildert,
als vielmehr sinnlich nachvollziehbar macht. Updike hat
sich zwar gelegentlich sowohl vom realistischen Modell als
auch vom amerikanischen Ambiente entfernt; sein Interesse
an der religiösen Dimension menschlichen Verhaltens ist
aber eine Konstante seines Werks geblieben: »I am trying to
give human behavior theological scrutiny« (*Conversations*,
S. 253 f.). Das läßt sich schon an seinen frühen Erzähltexten
ablesen.

Updike wurde 1932 in Shillington im Südosten Pennsyl-
vanias geboren. *Pigeon Feathers* erschien 1961 im *New
Yorker* und lebt wie andere autobiographisch getönte Geschichten, die er 1964 zum Zyklus der *Olinger Stories* zu-
sammenstellte, von den Erinnerungen an seine Jugendzeit in
der ländlichen Umgebung dieser Kleinstadt. Die Erzählung
spielt in der unmittelbaren Nachkriegszeit und handelt von
den Folgen einer schockartigen Leseerfahrung des vierzehnjährigen David Kern: dem jähen Verlust jener Mischung
von kindlichem Weltvertrauen und religiöser Geborgenheit,
die ihn bisher getragen hat. Ihn überkommt ein nagender
Argwohn gegenüber allen Autoritäten – und die nackte
Angst vor dem Ende der eigenen Existenz.

Davids Lektüreerlebnis geht die Erfahrung einer Entwur-
zelung voraus: der Umzug der Familie aus der Kleinstadt

Olinger ins großelterliche Farmhaus auf dem flachen Land. Updikes *lyric story* zeichnet sich durch außergewöhnliche Einfühlung in die inneren Konflikte des Helden und die psychisch-religiösen Aspekte seiner Krise aus. *Pigeon Feathers* wirkt vor allem deshalb so zwingend, weil die sorgfältig konstruierte Geschichte personal erzählt ist und wir Leser auf die Innenperspektive des Jungen beschränkt bleiben. Um seiner durch den Umzug verursachten Verwirrung Herr zu werden, macht sich David daran, die durcheinandergeratenen Bücher seiner Mutter neu zu ordnen. Die angestaubte Sammlung wirkt ›bedrückend‹, denn sie verkörpert den ›bedrohlichen‹ Abgrund einer Vergangenheit, von der er sich ausgeschlossen fühlt. Als er H. G. Wells' populärwissenschaftliche *Outline of History* (1920) zur Hand nimmt, fällt sein Blick auf dessen Skizze des Lebens und Sterbens Jesu. Lakonisch widerspricht Wells all dem, was der Junge gelernt und geglaubt hat: Der historische Jesus sei nicht der Sohn Gottes, sondern ein obskurer Wanderprediger gewesen, der – dies steht freilich nicht bei Wells – seine Kreuzigung kurzzeitig überlebt habe. Auf diesem ›kuriosen Ereignis‹ hätten seine Anhänger später eine Kirche gegründet, deren Theologie oft in diametralem Gegensatz zu den ›kommunistischen‹ Lehren Jesu stünde (S. 22).

Für David bedeutet dies eine Verhöhnung alles Heiligen. Zugleich aber bestätigt Wells einen vagen Verdacht, der ihn schon seit langem beschlichen hatte. Ohne die Göttlichkeit des Menschensohns, ohne seinen Sühnetod und seine Auferstehung wäre das Leben nur ein einziger »jumble of horror«. Der Gedanke lähmt und isoliert ihn. Seine verzweifelten Versuche, Wells' »fantastic falsehoods« zu widerlegen, erscheinen ihm ›lächerlich‹. Mit seinem Zweifel wächst sein Selbstekel, und Davids Leseerlebnis gipfelt in einer bestürzenden Erkenntnis, in deren Formulierung Updike unaufdringlich auf das alte Motiv von der Lesbarkeit der Schöpfung (mit Gott als Autor der Geschichte) anspielt: »Hope bases vast premises on foolish accidents, and reads a word where in fact only a scribble exists« (S. 23).

Das ›vertraute Grauen‹ während eines Familienzwistes am abendlichen Eßtisch (S. 25) ist für David weniger bedrohlich als die Angst, die ihn seit seiner Lektüre von Wells befallen hat und die in der folgenden *epiphany* konkrete Gestalt gewinnt. Das griechische *epipháneia* (dt. ›Erscheinung‹) meint in der kirchlichen Überlieferung das Erscheinen Christi auf Erden. In der säkularen Literatur bezeichnet der Terminus seit Joyce eine »sudden spiritual manifestation« (zit. nach Lubbers, S. 27), den Moment einer jähen, quasi-mystischen (Selbst-)Erkenntnis von großer Gefühlsintensität, einer Erfahrung von Glück oder eine Ahnung von Unsterblichkeit. David aber macht keine erhebende Erfahrung, sondern erlebt eine Heimsuchung des Todes, und zwar an einem wenig erhabenen Ort: dem nachtdunklen Plumpsklo hinterm Haus. Updikes kunstvolle Verbindung von realistischem Detail (der äußeren Welt) und surrealer Phantasie (des wahrnehmenden Bewußtseins) wird hier besonders deutlich. Auf der Glasscheibe von Davids Taschenlampe hat sich ein winziges Insekt niedergelassen. Das Licht wirft sein zitterndes Inneres wie in einem vergrößerten Röntgenbild an die Holzwand, und der Junge glaubt das pulsierende Herzchen zu erkennen. Da wird er plötzlich heimgesucht (»visited«) von einer »exact vision of death«. Die alptraumhafte Intensität seiner Todesvision, die sich zu einer gott-losen Apokalypse steigert, wirkt durch Updikes Verwendung des Pronomens in der zweiten Person Singular besonders beklemmend (S. 25).

Davids panische Verquickung des eigenen Todes mit dem Ende des Universums, das als grauenhafte Umkehrung der Schöpfungsgeschichte mit ihrem »Es werde Licht!« erscheint, bleibt dank der konsequent personalen Erzählhaltung unkommentiert. Zugleich erzeugt Updike das Gefühl nackter, physischer Angst, indem er die abstrakte Sprache des analytischen Blicks (»Such extinction [...] was qualitatively different«) mit lyrisch-surrealen Darstellungsmitteln koppelt. Er spielt auf die astrophysikalische Theorie von der Kontraktion des Universums an und führt die Implosion des kindlichen Weltbilds bis in die rhythmische Stauchung der verknappten Sätze vor: »the fear was dense and internal, it was dense and all around him; a tide of clay had swept up to the stars; space was crushed into a mass« (S. 25). So macht die Erzählung die psychische Realität der Todesangst glaubhaft – und den Ernst, mit dem der traumatisierte Junge sich seinem existentiellen Dilemma aussetzt.

Zunächst sucht er Trost bei einer Definition des Begriffs ›Seele‹ im Wörterbuch, das ihr vom Körperlichen getrenntes Dasein behauptet und damit ihre Unsterblichkeit denkbar macht (S. 27). Aber Davids Sehnsucht nach metaphysischer Gewißheit (»a nod of certainty«, S. 28) bleibt ohne Antwort. Seine Eltern sind ihm keine Hilfe, und so richtet er seine ganze Hoffnung auf den Konfirmandenunterricht. Aber der junge lutherische Pastor, auch er ein feinfühliger Fremdling unter der schlichten Landbevölkerung, speist ihn auf seine bohrenden Fragen nach der Unsterblichkeit der Seele mit aufgeklärten Platitüden ab, statt ihm die ersehnten liturgischen Worte des sonntäglichen Gottesdienstes zuzusprechen. Die salbungsvolle Kleingläubigkeit des Theologen empfindet David als persönlichen Betrug und als ›Verrat am Christentum‹ zugleich (S. 31). Dabei ist dem anspruchsvollen Jungen der ganze ›Apparat der Frömmigkeit‹ eigentlich zutiefst zuwider. Was ihn dennoch am Christentum fesselt, ist jene Verheißung (»promise«), die er ganz kindlich als im Wortsinn *märchenhafte* Erwählung auffaßt: »as if the homeliest crone in the kingdom were given the Prince's hand« (S. 32).

Nach Hause zurückgekehrt nimmt David – zum ersten Mal in seinem Leben – das Buch der Bücher zur Hand. Seine Mutter überrascht ihn bei der Lektüre der Kreuzigungsszene. Aber sie versteht nichts, und er deutet ihre fürsorgliche Hilflosigkeit als Ausdruck jener feigen ›Verschwörung‹

aller Erwachsenen, die sich von der Vorstellung eines persönlichen Gottes stillschweigend verabschiedet und den Gedanken an den eigenen Tod verdrängt haben. Aufgebracht erklärt David seiner pantheistisch bewegten Mutter, die in der Natur etwas Göttliches fühlt, daß eine Welt ohne die Autorität, die allein ein individuelles Leben nach dem Tod garantieren kann, nur ein »ocean of horror« sei (S. 33). Aber sie versteht ihn immer noch nicht, und auch Davids zynischer Vater kann die Intensität seiner Gefühle nicht teilen, obwohl sein ›Selbstekel‹ ihn zu seinem ›fernen Verbündeten‹ macht. Der Junge bleibt mit seiner Todesangst allein (S. 34 f.).

Während der nächsten Monate verharrt und verhärtet er in seiner trostlosen Lage. Er meidet das elterliche Farmhaus, sucht die Gesellschaft seiner lebenslustigen Schulkameraden in der Kleinstadt, verliert jede Lust am Lesen, aus Furcht, wiederum ›überwältigt‹ zu werden (S. 35). Als sich der Vater in den Schulferien beim Straßenbau verdingt, ist der Junge mit seinem Hund und einem Kleinkalibergewehr allein. Seine Mutter spürt seine Unruhe und beauftragt ihn damit, die Tauben zu erschießen, die das in der Scheune abgestellte Mobiliar verdrecken. Mit leisem Lustgefühl willigt er ein. Die nun folgende Aktion bildet den dramatischen Höhepunkt der Handlung und den Auslöser der »epiphanischen« Schlußvision, und sie erinnert strukturell an das Initiationserlebnis der Jagdgeschichten Hemingways oder Faulkners. Aber eine Taube – seit der Sintflut das Symbol des Friedens zwischen Gott und den Menschen – ist kein Löwe oder Bär, und Updike setzt dem Pathos klassischer Männlichkeitsriten eine subtile Mischung aus versteckter Ironie und lyrischer Einfühlung entgegen. Obendrein fehlt hier die für die Initiationsgeschichte typische Gestalt des älteren Lehrers und Mentors, und David befindet sich auch nicht in der Wildnis, sondern in einer Scheune. Wie viele alte Scheunen in Pennsylvania wirkt auch sie freilich mit ihrem ›geheimnisvollen‹ Balkenskelett von innen wie ein ›verzauberter Wald‹ (S. 37).

Voller Erregung und doch mit kontrollierter Professionalität macht sich der Fünfzehnjährige ans Werk. In Updikes minutiöser Schilderung des Pirschens, Spähens und Schießens kommen Davids Gefühlsregungen nicht direkt zu Wort; gleichwohl werden die archaischen Instinkte, die symbolische, ja kathartische Funktion und die moralische Fragwürdigkeit dieser Metzelei erkennbar. Indem David tötet, läßt er seine Todesangst hinter sich, ja er fühlt sich wie ein »beautiful avenger« (S. 39) – eine ästhetisierte und selbstgerechte Gewaltphantasie, wie sie manchen Männern in Updikes Werk widerfährt. In dieser Passage wird die Sprache der Erzählung besonders stark von der übersteigerten (Selbst-)Wahrnehmung des jugendlichen Helden angesteckt. So wird die Scheune zum Kosmos und der Schütze zum Weltenrichter, der, wie in Psalm 94, die Hoffärtigen ›vertilgt‹: »Out of the shadowy infinity of the vast barn these impudent things dared to thrust their heads and he cut them off« (S. 39).

Es ist bezeichnend für den Selbstekel des Jungen, daß er hier die Rolle des biblischen Schöpfers, der Leben schafft, um ein Gegenüber zu haben, mit dem eifernden Zorn des allmächtigen Rächergottes vertauscht, der Leben vernichtet, wenn es seinen Ansprüchen nicht genügt. David rächt sich an den Tauben, da sie für ihn die verzagte Existenz (»filthy timorous life«, S. 39) des Menschen verkörpern. Seine Strafaktion endet in einer Orgie von Schüssen, und das Geballer ruft die Mutter herbei. Sie spürt die Veränderung, die mit ihrem Sohn vorgegangen ist, weigert sich, die Tiere zu begraben und läßt ihn damit allein. Als er die toten Vögel aus der Nähe betrachtet, erlebt David plötzlich eine zweite »Epiphanie«: die Schönheit der wunderbar geordneten Taubenfedern läßt ihn eine höhere Macht ahnen (S. 40).

Es ist typisch für Updike, daß es weniger die ›unendlich fein justierte‹ Mechanik des Gefieders, als vielmehr die funktionslose Anmut der Farbmuster (»idle designs of colour«, S. 40) ist, die dem Jungen die Existenz Gottes glaubhaft macht, eines Schöpfers nämlich, der sich an der Schönheit seiner Schöpfung ergötzen kann wie ein Künstler. Davids sinnlich erfahrene Ahnung von der Welt als Kosmos (im Griechischen bedeutet das Wort zugleich ›Schmuck‹, ›Ordnung‹ und ›Weltall‹) wird damit zu einer ebenso konkreten wie subjektiven Variante jenes im Englischen »argument from design« genannten Gottesbeweises, der die abendländische Theologie und Philosophie seit dem Mittelalter und noch über Kant hinaus beschäftigt hat. David räsonniert nicht, und er vollführt auch keinen Kierkegaardschen ›Sprung des Glaubens‹, wie manche Interpreten meinen (Greiner, S. 114; Luscher, S. 32). Er wird – das Passiv der Verben deutet es an – überwältigt vom unverhofften Geschenk einer Vision, bei der weniger das Visuelle als vielmehr das Gespür zur Gewißheit führt. Wieder kombiniert Updike die lyrisch-metaphorische Evokation eigentümlichster Empfindungen mit der allgemein verständlichen Sprache des analytischen Verstandes. Die harte Kruste, die Davids wunde Seele zugedeckt hatte, wird in einer geheimnisvollen ›Investitur‹, einer mystischen Neueinkleidung, durch das Prachtgewand (engl. ›robe‹) tröstlicher Gewißheit ersetzt: »crusty coverings were lifted from him, and with a feminine, slipping sensation along his nerves that seemed to give the air hands, he was robed in this certainty: that the God who had lavished such craft upon these worthless birds would not destroy His whole Creation by refusing to let David live forever.« (S. 40 f.)

Damit endet die Geschichte, und zumindest in motivisch-struktureller Hinsicht schließt sich ein Kreis. Denn auf das aggressive Männlichkeitsritual des Taubenschießens folgt die passiv-›weibliche‹ Bekehrung des Schützen. Seine frühere Verwunderung über die Anmut des Hundekörpers (S. 36) vollendet sich in der trostreichen Betrachtung der Taubenfedern. So läßt sich die Schlußszene als Auflösung früherer Motive und Davids Erlösung von alten Ängsten lesen. Spürt er am Ende nicht die ›Hände‹ Gottes in der Luft,

nach denen er damals, in der ersten Nacht seiner Todesangst, seine eigenen Hände ausgestreckt hatte – »uncertain
if they had been touched« (S. 28)? Und ist die tröstliche Gewißheit (»certainty«) ewigen Lebens nicht die entscheidende Antwort auf seine »exact vision of death« zu Beginn?

Es wäre voreilig, das rundweg zu bejahen, denn die entscheidenden Fragen dieser formal geschlossenen Erzählung
bleiben ja offen. Ist Davids »sensation« der Geborgenheit in
der Schöpfung nicht ähnlich fragwürdig wie jenes Gefühl
(»sensation«, S. 39) des allmächtigen Rächers, das ihn beim
Schießen überkam? Wie wäre dieses »paradox of slaughter
and salvation« (Greiner, S. 114) aufzulösen? Obendrein
stellt sich die Frage, ob Davids momentane ›Gewißheit‹
nicht einen Rückfall in einen irrationalen Kinderglauben
bedeutet. Oder käme es in *Pigeon Feathers* gerade darauf
an, für jenes kindliche Urvertrauen reif zu werden?

»Wenn ihr nicht werdet wie die Kinder, so werdet ihr
nicht ins Himmelreich kommen« – so heißt es im Matthäus-
evangelium (18,3), über das Updike einen lesenswerten
Essay geschrieben hat. Aber kann ein Heranwachsender
überhaupt an kindlicher Glaubensgewißheit festhalten? Ist
Davids Erfahrung das unumkehrbare Ergebnis eines para-
doxen Reifungsprozesses? Im Kontext der *Olinger Stories*
scheint das zweifelhaft. Aber selbst wenn man sich auf *Pigeon Feathers* beschränkt, wird Davids Geschichte mit der
unverhofften »Epiphanie« am Ende weniger abgerundet als
vielmehr abgebrochen. Der existentiell-egoistische Ernst
des Jungen bleibt nämlich fragwürdig, wenn er im letzten
Satz das Überleben der gesamten Schöpfung, inklusive der
Abermillionen ›wertloser‹ Geschöpfe, von seinem individuellen Schicksal abhängig macht. Liegt darin nicht eine groteske Selbstüberschätzung? Unsere Erzählung wirft all
diese Fragen auf, ohne sie zu klären. Sie verkündet keine
weltanschaulichen Wahrheiten, sondern macht die individuelle Suche nach ihnen anschaulich. Darin liegt für Updike
eine wesentliche Funktion von Literatur.

In seinen Memoiren bezieht er allerdings persönlich Stellung. Nicht Selbstsucht sei die Wurzel unserer Sehnsucht nach ewigem Leben, sondern »love and praise for the world that we are privileged, in this complex interval of light, to witness and experience« (*Self-Consciousness*, S. 217). Die menschliche Todesfurcht, die aller Lebenslust zugrunde liegt, empfindet Updike auch als wichtigste Triebkraft seines Handwerks. Seine lyrische, detailversessene Erzählkunst ist also mit dem Etikett »neo-realistisch« nur unzureichend bezeichnet. Sie bezieht ihre nuancenreiche Welthaltigkeit und ihren weltanschaulichen Ernst aus jener alten Erkenntnis, die Luthers Kirchenlied so umschreibt: »Mitten wir im Leben sind / mit dem Tod umfangen.«

Text: John UPDIKE: Forty Stories. Harmondsworth: Penguin, 1987. S. 21–41. – *Übersetzung:* John UPDIKE: Glücklicher war ich nie. Erzählungen. Übers. von Maria Carlsson. Frankfurt a. M. 1966.

Literaturhinweise: Harold BLOOM (Hrsg.): John Updike. New York 1987. – Rachel C. BURCHARD: John Updike. Yea Sayings. Carbondale (Ill.) 1971. – Robert DETWEILER: John Updike. New York ²1984. – Donald J. GREINER: The Other John Updike. Poems, Short Stories, Prose, Play. Athens (Ga.) 1981. – Robert M. LUSCHER: John Updike. A Study of the Short Fiction. New York 1993. – James PLATH (Hrsg.): Conversations with John Updike. Jackson 1994. – Berthold SCHIK: Jugend und Tod. John Updikes *Pigeon Feathers*. In: Hans Hunfeld und Gottfried Schröder (Hrsg.): Literatur im Englischunterricht der Sekundarstufe II. Kiel 1976. S. 97–112. – John UPDIKE: Self-Consciousness. Memoirs. New York 1989. – Suzanne Hennings UPHAUS: John Updike. New York 1980.

Walter T. Rix

Joyce Carol Oates: *Daisy*

Die Kurzgeschichten von Joyce Carol Oates (geb. 1938) lassen in struktureller wie erzähltechnischer Hinsicht eine beeindruckende Vielseitigkeit erkennen. Das Spektrum der Darstellungsformen reicht von konventioneller Gestaltung bis zu fast beispielloser Experimentierfreudigkeit. Der Versuch, die künstlerischen Eigenheiten begrifflich zu fassen, hat verschiedentlich zur Verwendung der auch von ihr selbst benutzten Bezeichnung ›psychologischer Realismus‹ geführt (Steiner, S. 438 f.). Dieses Etikett entbehrt nicht der Berechtigung, denn es weist auf zwei ansonsten auseinanderstrebende Tendenzen hin: auf die sich der Wirklichkeit entziehende Hinwendung zur Imagination und das Bemühen um eine präzise Wirklichkeitsdarstellung. Dieses Spannungsverhältnis zeichnet sowohl die Kurzgeschichten wie die Romane aus. Daß Joyce Carol Oates darüber hinaus Form und Mittel der Kurzgeschichte bewußt reflektiert, bezeugen ihre zahlreichen Äußerungen über diese Gattung. Auch dokumentieren zwei von ihr herausgegebene Sammelbände mit amerikanischer Kurzprosa ihr Interesse an dieser Erzählform.

Die Kurzgeschichte *Daisy* entstammt dem Band *Night-Side* (1977), ihrer zwölften Sammlung von Kurzgeschichten. In diesem Band sucht sie die Darstellungsmöglichkeiten des Genres zu erweitern. Dabei nimmt *Daisy* aufgrund von Thematik und Gestaltung eine besondere Stellung ein. Mit ihr hat Joyce Carol Oates die dem psychologischen Realismus innewohnenden Techniken auf neue Weise umgesetzt. Zentrales Anliegen dieser Bemühungen ist die Erschließung der künstlerischen Psyche, wobei zu vermuten steht, daß die Autorin sich in *Daisy* mit dem eigenen künstlerischen Selbst auseinandersetzt.

Gegenstand der Geschichte ist die rätselhafte Beziehung zwischen dem Schriftsteller Francis Bonham und seiner sechsunddreißigjährigen Tochter Daisy. Äußerungen und Verhaltensweisen beider lassen sich zunächst nicht deuten oder einordnen. Sie werden jedoch vertrauter, sucht man nach vergleichbaren Figuren im Werk von Joyce Carol Oates.

In ihren Romanen nutzt sie wiederholt die Eltern-Kind-Beziehung als Darstellungsraum, um in dieser verdichteten Sphäre ihr Anliegen zu veranschaulichen. Dies gilt nicht nur für die Stellung des Sohnes zur Mutter in *Expensive People* (1968), sondern mehr noch für die Beziehung zwischen Vater und Tochter, die in *Wonderland* (1971), *Childworld* (1976) und *Because It Is Bitter, and Because It Is My Heart* (1990) im Mittelpunkt des Erzählgeschehens steht (Wesley). In all diesen Fällen zeigen sich in der Entwicklung der Beziehung zwischen Vater und Tochter unverkennbare Parallelen zu *Daisy*.

Auch die Kurzgeschichten enthalten Aspekte, die auf *Daisy* verweisen. Aufschlußreich ist die Geschichte *Assault* in der Sammlung *The Goddess* (1979). Hier zieht die junge Psychologin Charlotte Pecora in das verlassene Anwesen ihres Vaters und setzt sich mit ihm in dieser Umgebung auf eine Weise auseinander, die in vielem an *Daisy* erinnert. Sogar die Figur der Daisy selbst hat ihre Entsprechungen. So zeichnet die im gleichen Band enthaltene Geschichte *The Maniac* in der Gestalt der neurotischen Yvette ein psychologisches Bild, das in wesentlichen Zügen mit Daisy übereinstimmt. Offenbar verdichtet sich in der Figur Daisys etwas, was im übrigen Werk bereits angelegt ist und in unterschiedlicher Form dargestellt wird. Es gilt daher, nach dem zugrunde liegenden Ideengehalt zu fragen.

Der Hinweis von Joyce Carol Oates, in *Daisy* die Beziehung von James Joyce zu seiner Tochter Lucia darstellen zu wollen (Textquelle, S. 752), darf nicht zu der Annahme verleiten, daß es sich um die literarische Bearbeitung einer realen Vater-Tochter-Problematik handelt. Es trifft zwar zu, daß die Schizophrenie von Lucia im vollen Umfang zum Ausbruch kam, als Joyce an *Finnegans Wake* arbeitete. Und vieles im Verhalten der Tochter sowie von den Reaktionen des Vaters (Maddox, S. 369–399) kehrt im wechselseitigen Umgang von Daisy und Francis Bonham wieder. Doch allein die Tatsache, daß der Ausbruch der Schizophrenie mit der Niederschrift von *Finnegans Wake* zusammenfällt, läßt auf einen literarischen Bezug der psychologischen Problematik schließen.

In der Kurzgeschichte transzendieren Vater und Tochter die Rolle realer Figuren. Von Daisy heißt es: »And a genius. No small part of the riddle that she was a genius.« (S. 753) Mit ihrem wallenden schwarzen Haar, das im Wind immer wieder gebändigt werden muß, und den auffällig dunklen Augen (S. 753 f.) gleicht sie eher einem Wesen aus dem Märchen als einer wirklichen Person. Tatsächlich wird sie in einer Sprache, die die Magie des Märchens aufnimmt, als ein solch unwirkliches Wesen eingeführt: »Her dark eyes gleamed. Glowed. Glittered. She was a hobgoblin, a fairy.« (S. 753)

Ähnlich verhält es sich mit ihrem Vater. Auch er wird als »a certain sort of genius, the genius that develops early« (S. 760) beschrieben. Während Daisy die Züge eines ätherischen Wesens annimmt, trachtet ihr Vater in ähnlicher Weise nach einer fast schon leibfreien Existenz. In seinen Augen ist der Körper ausschließlich ein unvollkommenes Werkzeug des Geistes: »It was a means, a medium. At times a burden: because he could not trust it.« (S. 754) Die materielle Gebundenheit des Seins wertet er als eine zwar unumstößliche, aber doch verachtenswerte Lebensbedingung: »No, the physical being was untrustworthy, an inferior Siamese twin stuck to the soul, a clownish Doppelgänger one could not – unfortunately – do without« (S. 754). Entscheidend sind für ihn allein die Kräfte der Seele.

In der Beziehung zwischen Vater und Tochter begegnen

sich demnach zwei Prinzipien. Daisy ist der Malerei, dem Zeichnen, der Musik, dem Tanz und dem Theater hingegeben. Sie öffnet sich nach außen, setzt sich dem Wind aus und möchte sich mit dem Wasser des Meeres vereinen. Ohne Einschränkung nimmt sie alle Einflüsse ihrer Umgebung auf. Wie ihr Name sagt, ist sie das ›Auge des Tages‹, zugleich aber mehr noch das ›Auge der Nacht‹: »She is the Day's Eye. The Night's Eye as well. She sleeps, but her eyes are open all night.« (S. 759) Daisys Aufgehen in ihrer Umgebung, das Verströmen ihres Geistes durch den Kontakt mit allen von außen kommenden Einflüssen erfährt durch den Einfluß des Vaters eine ordnende und kontrollierende Gegenbewegung: »that is because he controls everything. He is the author. He controls the night and he controls the day.« (S. 759) Bereits das Stichwort »author« verdeutlicht, daß es in der Beziehung letztlich um das Wechselspiel literarischer Schöpfungsprinzipien geht. In diesem Spiel, das explizit als »game« oder »ritual« bezeichnet wird (S. 754 f., 765), agiert der Vater in der Rolle des formgebenden Dichters.

Das Flüchtige und Wankelmütige in Daisy verkörpert die noch ungezügelte Imagination, die es für den Dichter einzufangen gilt. Bereits mit vier Jahren war Daisy aufgetreten als »the loveliest of the fairies in a production of *Midsummer Night's Dream*« (S. 753). Geht man diesem Hinweis nach, so stößt man auf Theseus' Aussage über die Rolle der Imagination und damit zugleich auf eine Erklärung von Daisys Psyche: »Lovers and madmen have such seething brains, / Such shaping fantasies, that apprehend / More than cool reason ever comprehends. / The lunatic, the lover, and the poet / Are of imagination all compact.« (V.1,4–8) Geht man davon aus, daß Daisy für die Imagination steht, so klären Theseus' Worte wenige Zeilen später sogar das Verhältnis zu ihrem Vater, der das poetisch-gestalterische Prinzip vertritt: »And as imagination bodies forth / The forms of things unknown, the poet's pen / Turns them to shapes, and

gives to airy nothing / A local habitation and a name«
(V.1,14–17).

Vergleicht sich Francis Bonham mit seiner Tochter, so
muß er dieser bezeichnenderweise die größere Originalität
konzidieren: »Daisy is more sensitive, possibly more original« (S. 757). Sie ist es, die ihm das Material für seine
Dichtung vermittelt. Ihre Psyche ist gleichsam der Spende-
bereich seiner poetischen Gestaltung. Was in sein Bewußtsein dringt, das hat in Daisy seinen Ausgangspunkt: »he
could trace it – as he often did when he was in that mood
– back to Daisy« (S. 753). So erklärt es sich, daß der Vater
auf den gemeinsamen Ausflügen stets ein kleines schwarzes
Notizbuch mit sich führt, in das er in nur für ihn verständli-
cher Verschlüsselung die Äußerungen seiner Tochter ein-
trägt. In diesem Zusammengehen von Vater und Tochter
verbinden sich Imagination und Gestaltung. Die Gemein-
samkeit des Weges ist die Metapher des Dichtens.

Francis Bonham hat seine Tochter mit Ringen beschenkt
und trägt selbst gern Ringe: »Father and daughter both fa-
vored rings« (S. 755). Der Ring wird zum Symbol einer
nicht endenden Zusammengehörigkeit der beiden. Sie kontrollieren sich gegenseitig, üben sogar Macht übereinander
aus. Aber sie sind zugleich auch aufeinander angewiesen
und benötigen sich wechselseitig. Dies kommt immer wieder in der Art ihres Zusammengehens zum Ausdruck. Während sich Daisys Phantasie an den Einflüssen ihrer Umgebung entzündet, verfügt der Vater über die notwendige Ur-
teilskraft, um Unterscheidungen vorzunehmen: »Only her
father knew what was real and what was error« (S. 757).
Selbst in bezug auf die äußere Erscheinungsform offenbart
sich das Zusammenspiel von Imagination und Gestaltung,
wenn z. B. Francis Bonham die Kleidung seiner Tochter
überprüft: »But once imprinted in Daisy's *imagination*, the
clothing-inspection ritual, like a number of other rituals,
had become a permanent feature of their life together«
(S. 755, eig. Hervorhebg.).

Mit der Leichtigkeit eines rituellen Spieles hat sich zwischen beiden ein schöpferisches Gleichgewicht eingestellt. Gefahr und Vernichtung droht durch die Trennung beider Prinzipien. Wenn sich Daisy dem Vater entzieht, hat das dessen Zerstörung zur Folge. Umgekehrt führt die Abwendung des Vaters zur Selbstaufgabe Daisys. Schon eine kurze Abwesenheit des Vaters führt zur Einlieferung der Tochter in eine psychiatrische Klinik, deren Behandlungsmethoden sie fast zugrunde richten. Beide Prinzipien können nicht ohne einander existieren. Nur in ihrer wechselseitigen Bezogenheit erweisen sie sich als lebensfähig. Dabei darf nicht einmal eine Seite überwiegen. Als sich Francis Bonham gefühlsmäßig seiner Frau zuwendet, führt dies zu einer Vorherrschaft der weiblichen Seite und löst demzufolge den kompromißlosen Haß Daisys auf ihre Mutter aus. Umgekehrt versucht Bonham mit seinem literarischen Werk, das sich u. a. mit weiblichen Dämonen und der Standhaftigkeit des Hl. Antonius befaßt, einen unkontrollierten Einfluß des Weiblichen zu bannen.

In welchem Maße das Zusammengehen von Vater und Tochter zur Gestaltung der Wirklichkeit fähig ist, dokumentiert sich in den von beiden mit Leidenschaft gezeichneten Karikaturen. Die Wesenserfassung in Form der Karikatur ist die ihnen eigene und gemeinsame Umgestaltung der Wirklichkeit. Auch in diesem Zusammenhang deutet Joyce Carol Oates durch das Einfügen von graphischen Zeichen in den Text an, welche Gefahr der Loslösung eines Prinzips innewohnt. Die von Daisy angefertigten fünf Strichzeichnungen weisen keinerlei Verbindung untereinander auf und wachsen nicht zusammen. Die Imagination, allein auf sich gestellt, löst sich im einzelnen auf und läuft ins Leere. Erst unter dem Einfluß des Vaters erwachsen aus den Einzelelementen die Konturen eines Bildes. Unverkennbar sind hier Anklänge an die Prinzipien des Apollinischen und Dionysischen von Friedrich Nietzsche, mit dessen Denken Joyce

Carol Oates gut vertraut ist und auf den sie in anderen Werken direkt Bezug nimmt.

Das Gleichgewicht beider Kräfte, »perfect understanding« (S. 755) und »euphoria of these walks« (S. 754), ist allerdings nicht nur ständig bedroht, sondern zugleich auch noch anfällig und flüchtig. Vater und Tochter haben sich niemals in stabilen Lebensumständen befunden. Der Lebensweg Daisys besteht aus Hotelzimmern, Klinikaufenthalten und für kurze Zeit gemieteten Appartements. Sie selbst droht wiederholt wie ein nicht körperliches, ätherisches Wesen, sich aus der Bindung zu lösen und sich mit dem Wind zu vereinen (S. 753). Unentwegt leidet der Vater unter der Angst, seine Tochter könnte sich auf den Wanderungen verletzen, von den Klippen stürzen oder sich zu weit in die See hinauswagen (S. 756).

Das völlige Aufgehen der Imagination in seiner Umgebung muß zwangsläufig dazu führen, daß sie sich verliert und auflöst. Gegen Ende spitzt sich die Frage dramatisch zu, ob sich Daisy ihrer Neigung gänzlich hingeben oder sich im Sinne des Weiterbestehens auf die Form besinnen soll. Wie ein von außen kommender auktorialer Kommentar werden Zeilen in den Text eingeschaltet, die räumlich und im Druckbild von ihrer Umgebung abgesetzt sind: »LEFT to the hotel and the cloistered safety of the room / RIGHT to the path high above the tumultuous sea« (S. 796). Diese Entscheidungssituation stellt inhaltlich das Zentrum, strukturell den Höhepunkt und erzähltechnisch den höchsten Intensitätsgrad dar. Verdeutlicht wird dies durch die Kombination aus Bewußtseinselementen, auktorialer Erzählhaltung und direkter Rede, zusätzlich erweitert durch zwei unterschiedliche Formen des Schriftbildes. Auch für Francis Bonham ist es eine Existenzfrage, seine Tochter auf jenen Weg zurückzuholen, der ein gemeinsames Weiterbestehen ermöglicht. Der grenzenlosen See setzt er daher flehentlich den umgrenzten Raum des Hotels entgegen.

Die Geschichte setzt ein mit einer Szene im Hotel am Meer und kehrt nach einer Reihe von Retrospektiven am Ende zu dieser Szene zurück. Damit lehnt sie sich auch strukturell an das zentrale Symbol des Ringes an. Daisy ist soeben von ihrer schweren psychischen Erkrankung, ausgelöst durch die Trennung von ihrem Vater, genesen. Doch selbst am Ort der Rekonvaleszenz erwächst aus dem nahegelegenen Meer, dem Medium der Entgrenzung, eine neue lebensbedrohliche Gefahr. So bedrohlich dies auch ist, sie ist als Schöpfungsanreiz, als Herausforderung zugleich auch notwendig. Das Vater-Tochter-Verhältnis ist daher das symbolische Ringen um den Ausgleich von Imagination und Formwillen als Voraussetzung künstlerischer Gestaltung. Während Vater und Tochter anfangs noch Arm in Arm durch das Hotel gehen (S. 758), droht diese Einheit nach soeben überwundener Trennung infolge der neu auftauchenden Versuchung wieder zu zerbrechen. Der Widerstand gegenüber dieser Versuchung, die in unterschiedlicher Weise immer wieder im Zusammenspiel von Vater und Tochter an sie herantreten wird, ist der Auftakt zu erneuter Schöpfung.

Indem die Beschreibung des Hotels mit dem Kommentar von Francis Bonham verbunden wird, offenbart sich dieser Zusammenhang: »an old, attractive hotel with Gothic pretensions. There they were happy. Are happy. ›The sea‹, Bonham says, ›is a place for the birth of visions. Thus Venus rises from the sea: the Eternal Feminine rising in a man's carnal mind. Thus the Eagle in *Esdras* rises from the sea, and the vision of Man himself comes up ›from the midst of the sea‹. And so we are here, at the edge of the great American continent, looking out.« (S. 767) Aus der Kenntnis der Verwendung von *Gothic* im Werk von Joyce Carol Oates läßt sich sagen, daß dieser Begriff grundsätzlich mit der Erschließung der psychischen Innensphäre verbunden ist. Die beiden Prinzipien, die um ein in dauerhafter Spannung befindliches Gleichgewicht ringen, lassen sich also in der Psyche des Künstlers zusammenführen.

In Vladimir Nabokovs *Lolita* (1955) liegt ein wesentlicher Reiz der Bindung von Humbert an die zwölfjährige Dolores darin, daß er in ihr einen Teil seines künstlerischen Selbst entdeckt. Noch stärker wird das Eltern-Kind-Verhältnis in Edward Albees *Who's Afraid of Virginia Woolf?* (1962) psychologisiert, wo der imaginierte Sohn sich als Projektion des amerikanischen Unschuldsmythos erweist. In diesen Bereich der psychosymbolischen Darstellung der Eltern-Kind-Beziehung fügt sich *Daisy* ein: Joyce Carol Oates entfaltet die psychischen Vorgänge im Bewußtsein des Künstlers und verleiht ihnen in Form konkreter Figuren Handlungsfähigkeit. Die Beziehung der Figuren zueinander und ihre Handlungsweisen bilden das Psychogramm des künstlerischen Seelenzustandes.

Bereits vor dem Höhepunkt der Erzählung hatte Daisy ihrem Vater mit dem Begriff »Passencore« (S. 768) geantwortet. Es handelt sich dabei um ein von Joyce geprägtes Wort, das bereits im zweiten Satz von *Finnegans Wake* (1939) begegnet und vom irischen Schriftsteller mit Wiedergeburt und zyklischer Zeitvorstellung in Beziehung gesetzt wird. Durch den punktuellen Hinweis auf *Finnegans Wake* ergibt sich über das Motiv des Urvaters Adam zugleich eine Verbindung zur Vaterthematik in *Daisy*. Der Hinweis von Bonham auf das Meer als »a place for the birth of visions« und die Bemerkung »the vision of Man himself comes up ›from the midst of the sea‹« verbindet Schöpfung und Wiedergeburt: im Akt der Schöpfung konstituiert sich der Künstler neu. Und so schließt die Geschichte mit dem Bild eines Schöpfungsaktes, der durch die gewonnene Verbindung beider Prinzipien möglich wird: Vater und Tochter streifen an einer steilen Meeresküste entlang. Der Vater schreibt in sein Notizbuch, und die Tochter pflückt Blumen: »and all is well is well« (S. 770).

236   *Walter T. Rix*

Text: Joyce Carol Oates: Daisy. In: Major American Short Stories. Hrsg. von A. Walton Litz. New York: Oxford University Press, ³1993. S. 752–770.

Literaturhinweise: Katherine BASTIAN: Joyce Carol Oates's Short Stories between Tradition and Innovation. Frankfurt a. M. 1983. – Eileen T. BENDER: Joyce Carol Oates. Artist in Residence. Loomington 1987. – Harold BLOOM (Hrsg.): Joyce Carol Oates. Modern Critical Views. New York 1987. – Joanne V. CREIGHTON: Joyce Carol Oates. Boston 1979. – Ellen FRIEDMAN: Joyce Carol Oates. New York 1980. – Greg JOHNSON: Understanding Joyce Carol Oates. Columbia (S. C.) 1987. – Brenda MADDOX: Nora. A Biography of Nora Joyce. London 1988. – Hermann SEVERIN: The Image of the Intellectual in the Short Stories of Joyce Carol Oates. Frankfurt a. M. 1986. – Dorothea STEINER: Joyce Carol Oates: *Daisy.* Woman as Prototype and Persona. In: Klaus Lubbers (Hrsg.): Die englische und amerikanische Kurzgeschichte. Darmstadt 1990. S. 436–449. – Marilyn C. WESLEY: Father-Daughter Incest as Social Transgression. A Feminist Reading of Joyce Carol Oates. In: Women's Studies 21 (1992) S. 251–263.

CLAUDIA OTTLINGER

Richard Ford: *Sweethearts*

Richard Ford wurde 1944 in Jackson, Mississippi, geboren.
Er studierte in Berkeley und lebt nun in New Orleans und
Montana, dessen Naturlandschaft als Hintergrund für viele
seiner Romane, Novellen und Kurzgeschichten dient. Die
New York Times und andere amerikanische Magazine haben sein erzählerisches Werk überschwenglich gelobt und
ihm einen herausragenden Platz in der jüngeren amerikanischen Literatur eingeräumt. Zu seinen bekanntesten Romanen gehören *A Piece of My Heart* (1976), *The Ultimate
Good Luck* (1981), *The Sportswriter* (1986) und *Wildlife*
(1990). Die Kurzgeschichten des Sammelbandes *Rock
Springs* (1987), aus dem auch *Sweethearts* stammt, wurden
zunächst in bekannten Magazinen vorgestellt.

In *Sweethearts* geht es um das Beziehungsgefüge zwischen vier Figuren. Russ, der als Ich-Erzähler fungiert, ist
seit fast einem Jahr mit Arlene verheiratet. Beide sind
geschieden; Russ hat aus seiner ersten Ehe eine Tochter
namens Cherry mit in die Verbindung gebracht. Die
Geschichte spielt an dem Tag, als Arlenes Ex-Mann Bobby seine Gefängnisstrafe antreten muß, da er ungedeckte
Schecks ausgeschrieben und einen Lebensmittelladen ausge-
raubt hat. Er hat sich im Haus von Arlene und Russ einge-
funden, um von ihnen zum Sheriff bzw. ins Gefängnis ge-
fahren zu werden. Russ, Arlene, Bobby und Cherry müssen
sich somit einem plötzlichen Bruch der Normalität stellen
und sind bemüht, diese Bedrohung zu bewältigen. Im Verlauf der Erzählung wird deutlich, daß das Dasein aller vier
Figuren durch Entfremdung, Enttäuschung, Instabilität sowie Mangel an Glück und Geborgenheit gekennzeichnet ist.

Die Erzählperspektive scheint auf den ersten Blick konventionell. Es handelt sich um eine *first-person narrative*,

wobei der Erzähler verschiedene Funktionen erfüllt. Er ist einerseits objektiver Berichterstatter, der Handlungen und Dialoge wiedergibt, das äußere Erscheinungsbild der beteiligten Figuren beschreibt und die Vergangenheit aufarbeitet. Andererseits ist er auch ein Kommentator, der seine eigenen Gedanken und Gefühle zu den Ereignissen mitteilt, Einblicke in die Bewußtseinsinhalte der anderen Figuren ermöglicht und deren Charaktereigenschaften bewertet.

Der Anfang der Geschichte entspricht einer herkömmlichen Exposition: Die Charaktere werden eingeführt, Ort und Zeit werden bestimmt, die Ausgangssituation wird beschrieben und die Vorgeschichte skizziert. Danach kommt es zur Entfaltung der eigentlichen Situation, die im Zentrum der Short Story steht. Den Abschluß bildet ein längerer Kommentar des Erzählers, in dem die Brüchigkeit des Lebens und der zwischenmenschlichen Beziehungen noch einmal verdeutlicht und somit die Botschaft der Geschichte explizit dargelegt wird. Solche Kommentare, die Ford seinen Erzählern am Ende seiner Geschichten immer wieder in den Mund legt, werden von manchen seiner Kritiker als störend empfunden, da sie die Wirkung der Geschichten unterminieren (Donnerstag, S. 167). Außerdem hebt der Schlußkommentar in *Sweethearts* die zunächst befolgte Konvention realistischen Erzählens auf, da er mit seinem künstlich wirkenden alltagsphilosophischen Gehalt einen Bruch mit der realistischen Repräsentation von Erlebnissen und Erfahrungen markiert.

Wie die eigenwillige Verwendung des Erzählstandpunkts, so durchbricht auch der »dirty realism«, den das Magazin *Granta* 1983 zum Charakteristikum von Fords Erzählungen erklärt hat, die Konvention realistischen Erzählens. Dabei bedeutet »dirty«, daß die Geschichten »the belly-side of contemporary life« abbilden (Donnerstag, ebd.). Der »dirty realism« in *Sweethearts* äußert sich in erster Linie in den gestörten zwischenmenschlichen Beziehungen der beteiligten Figuren, die sich mit Einsamkeit, Brutalität und Verbrechen konfrontiert sehen. Aus diesem Grund flüchten die drei Erwachsenen vor der Gegenwart in die Vergangenheit.

Bobby behauptet zwar, daß er keine Eifersucht gegenüber Arlene und Russ empfinde (S. 66), trauert aber dennoch seiner gemeinsamen fünfzehnjährigen Vergangenheit mit Arlene nach. Er begründet dies damit, daß ein Fortbestehen der Ehe ihn vor seinen kriminellen Taten und damit vor der Gefängnisstrafe hätte retten können (S. 64). Daß er in der Gegenwart unter Vereinsamung und Isolation leidet, wird deutlich, als er sich von seinem schwarzen Labrador namens Buck verabschiedet, wobei er den Hund wie einen Menschen umarmt und küßt und ihm sogar etwas ins Ohr flüstert. Auch Arlenes und Russ' Beteuerungen, er befinde sich in ihrem Haus unter Freunden (S. 65, 66), können seine Sehnsucht nach stabilen sozialen Bindungen nicht befriedigen. Sein unerfülltes Bedürfnis äußert sich deutlich in seiner Aggressivität und Gewaltbereitschaft. So droht er zum Beispiel Arlene, sie zu verprügeln oder zu erschießen (S. 66, 72), und Russ fordert er vor dem Gefängnis dazu auf, ihn zusammenzuschlagen (S. 74). Außerdem ist seine Sprache mit Gossen- und Knastausdrücken durchsetzt.

Von Arlene werden die verpaßten Möglichkeiten der Vergangenheit ebenfalls angesprochen. Auf dem Weg zum Gefängnis gesteht sie, daß es immer ihr sehnlichster Wunsch gewesen sei, ein »Tri-Delt« zu werden, d. h. ein Mitglied des Studentinnenklubs Delta Delta Delta. Da sie aber mit Bobby verheiratet war und verheiratete Frauen nicht akzeptiert wurden, mußte dieser Wunsch unerfüllt bleiben. Nach ihrer Scheidung, die sie im Gegensatz zu Bobby nicht bedauert, versuchte sie mehrfach vergeblich, sich beruflich zu verwirklichen. Weder ihre kurze Tätigkeit als Grundstücks- und Hausmaklerin noch ihr einjähriger Lehrerjob an einer High School brachten ihr Befriedigung, und so endete sie schließlich in einer Bar in der Stadt, in der sie Russ kennenlernte. Ihre nostalgische Einstellung wird auch in ihrem Gespräch mit Bobby deutlich, als sie unvermittelt darauf hinweist, daß sie zu ihren Lebzeiten die letzten Menschen sterben sehen werden, die im 19. Jahrhundert geboren wurden. Daß Arlene ihrer Bestimmung in der Gegenwart entfremdet ist, bestätigt auch Bobby, als er sagt, daß sie nicht in die kleine, schäbige, weiße Küche paßt, sondern von einem Lastwagen abgeholt werden sollte (S. 65 f.).

Auch Russ ist ein vergangenheitsbezogener Mensch. Wenn er mit Bobby redet, dann nur über die Vergangenheit (S. 62). Am Schluß der Geschichte gesteht er Arlene, daß er nur die Tage mit ihr zähle, die bereits vorbei seien, nicht aber die, die noch kommen mögen (S. 77). Nur als Bobby ihn fragt, was er an seiner Stelle tun würde, antwortet er, daß er im Gefängnis immer an den Tag seiner Entlassung denken würde. Wegen ihres hypothetischen Charakters ändert diese Aussage aber nichts an der rückwärtsgewandten Lebenseinstellung von Russ. Wie Arlene und Bobby sitzt auch er im Gefängnis der Vergangenheit, aus dem es kein Entrinnen gibt. In diesem Kontext hat auch der Nebel, der während der Fahrt zum Gefängnis herrscht, symbolischen Wert: Er repräsentiert die verschleierte Sicht der Figuren auf die Realität der Gegenwart, die sie nicht zu durchschauen vermögen.

Russ' Tochter Cherry hat eine Sonderposition inne. Sie ist keine Gefangene ihrer Vergangenheit, da sie als kleines Kind noch keine hat. Statt dessen sucht sie andere Ausgleichsmöglichkeiten für die Leere in ihrem Leben: Sie guckt Fernsehen, füttert die Fische im Aquarium und schlüpft in verschiedene Rollen, die sie den Erwachsenen vorspielt, so in die einer Hummel, eines Soldaten und in die von Paul Harvey. Das Gefühl von Einsamkeit, das sie empfindet, projiziert sie auf Bobbys Hund, den sie aus seiner Isolation und Traurigkeit befreien und ins Haus holen möchte, was ihr Vater aber verbietet (S. 64). Trotzdem ist Cherry diejenige, die den intensivsten Kontakt zu den anderen Figuren hat. So bestätigt ihr Vater, daß seine Tochter das einzige ist, dessen er sich absolut sicher sein kann (S. 77);

Arlene hilft ihrer Stieftochter beim Anziehen; Bobby läßt
sie auf der Fahrt zum Gefängnis seine Jacke tragen; sie hält
seine Hand und küßt ihn zum Abschied. Ihr Nachthemd
mit den roten Herzen, die mit der Inschrift »Be mine« versehen sind, spricht ebenfalls für die Aufforderung zur zwischenmenschlichen Kontaktaufnahme.

Zwei andere Gegenstände, die in der Geschichte symbolische Bedeutung haben, sind die schwarze Kontrollkamera
über der Küchentür und die Pistole, die Bobby Russ und
Arlene übergibt. Die Kontrollkamera stammt noch aus der
Zeit, als im Haus von Arlene und Russ ein Juweliergeschäft
untergebracht war, ist aber nun zweckentbunden und deshalb nicht mehr angeschlossen. Dies verweist darauf, daß
Vergangenheit und Gegenwart durch eine unüberwindliche
Kluft voneinander getrennt sind. Russ umschreibt dies mit
der Wendung »then-and-now-story«, als Bobby ihm von
seinen Bemühungen um telefonische Kontaktaufnahme mit
seiner Mutter kurz vor deren Tod berichtet, also von einem
weiteren Versuch, zwischenmenschliche Beziehungen auf-
zubauen. Die Figuren haben die Kontrolle über ihr Leben
verloren. Bobby weigert sich sogar, sich von anderen In-
stanzen kontrollieren zu lassen, und zeigt dies dadurch, daß
er mit seinen Fingern eine imaginäre Waffe formt und diese
auf die Kamera richtet.

Bobbys Pistole, die er in einer Plastiktüte mit sich führt,
steht für seine kriminelle Vergangenheit. Nachdem Arlene
die Waffe in den Fluß geworfen hat, haben sie und Russ ein
Gefühl der Erleichterung, da sie davon ausgehen, mit der
Pistole auch ihre Probleme über Bord geworfen zu haben
und nun wieder ein normales Leben führen zu können.
Dies erweist sich jedoch als Illusion. Außerdem glauben sie,
auch Bobby damit einen Gefallen getan zu haben, weil er
jetzt weniger in Gefahr sei, sein Leben zu ruinieren. Dabei
lassen sie außer acht, daß die Vergangenheit nicht ungeschehen gemacht oder verändert werden kann.

Nachdem sich Russ und Arlene sowohl Bobbys als auch der Pistole entledigt haben, setzt bei beiden die Reflexion über die Ereignisse und auch über ihre eigene Situation ein. Obwohl vorher mehrfach darauf hingewiesen wurde, daß Bobby den beiden leid tut und sie ihm in seiner schweren Lage beistehen wollen (so hat Arlene zum Beispiel die Kaution für ihn bezahlt), besteht kein Zweifel daran, daß sie sich nach seiner Einweisung ins Gefängnis wohler fühlen: Arlene gesteht, ›nicht wirklich‹ unglücklich darüber zu sein, daß Bobby nun von der Bildfläche verschwunden ist, und Russ sagt, daß ihn die Angelegenheit ›nicht wirklich‹ etwas angehe (S. 76).

Beide scheinen jedoch zu spüren, daß Bobby nicht ihr eigentliches Problem ist, denn sie gehen rasch zu ihrer eigenen Beziehung über und sind bemüht, dieser zumindest einen Rest von Sinn und Stabilität zu verleihen. Spätestens bei Russ' abschließendem Kommentar wird aber klar, daß sie einer groben Selbsttäuschung unterliegen. Liebe wird von ihm definiert als die Vermeidung von Ärger und Einsamkeit. Die Furcht davor, plötzlich allein zu sein, entpuppt sich als der einzig wahre Grund, an ihrer Beziehung festzuhalten. Die Normalität einer funktionierenden Partnerschaft wird durch Bobbys Einlieferung ins Gefängnis also nicht wiederhergestellt, sondern erweist sich als unerreichbarer Idealzustand.

Dieses Lebensgefühl der Vereinsamung und Wurzellosigkeit, der fehlenden Geborgenheit und Sicherheit wird von den drei Erwachsenen in der Short Story unterschiedlich formuliert. Bobby spricht davon, sich dem ›leeren Moment stellen‹ zu müssen (S. 64), Arlene bemerkt, daß ›alles nur Melodrama‹ sei (S. 77), und Russ umschreibt dieses Lebensgefühl mit der Wendung ›den Halt verlieren‹ (S. 78).

In diesem Kontext erweist sich der Titel der Geschichte als ironisches Signal. Das Wort »sweetheart« wird insgesamt siebenmal in der Erzählung verwendet, dreimal für Cherry, zweimal für Bobby, einmal für Russ und einmal für

Arlene und Bobby zusammen als Pluralbegriff. Am Ende ist jedoch evident, daß niemand irgendwessen »sweetheart« ist, sondern daß alle zwischenmenschlichen Bindungen durch Brüchigkeit und Auflösungserscheinungen bedroht sind. Dies gilt auch für die Beziehung der Erwachsenen zu Cherry. Russ, ihr Vater, kann sich seiner Tochter nur sicher sein durch die familiäre Bindung, Arlene verweist an einer Stelle unmißverständlich darauf, daß sie nicht Cherrys leibliche Mutter ist, und Bobby ist durch seinen Gefängnisaufenthalt von der Lebenswelt der anderen abgeschnitten. Die Dreierbeziehung der Erwachsenen ist ohnehin ungefestigt und erhält durch das oberflächliche Bemühen, den Schein nach außen zu wahren, den Charakter einer Fassade.

Die Short Story *Sweethearts* ist repräsentativ für das Gesamtwerk von Richard Ford. Ihre zentralen Themen sind die Unsicherheit der menschlichen Existenz, die Instabilität aller Beziehungen und das Lebensgefühl von Entfremdung und ständiger Gefährdung des Glücks.

Text: Richard FORD: Rock Springs. Stories. London: Collins Harvill, 1988. S. 61–78. – *Übersetzung:* Richard FORD: Rock Springs. Short Stories. Übers. von Harald Goland. Frankfurt a. M. 1989.

Literaturhinweise: Jürgen DONNERSTAG: Die amerikanische Kurzgeschichte nach der Postmoderne. In: anglistik & englischunterricht 44 (1991) S. 147–168. – Franz LINK: Amerikanische Erzähler seit 1950. Themen, Inhalte, Formen. Paderborn 1993. S. 490–493. – Ian OUSBY: The Cambridge Guide to Literature in English. Cambridge 1993.

Literaturhinweise

I. Short-Story-Anthologien

Carver, Raymond / Jenks, Tom (Hrsg.): American Short Story Masterpieces. New York 1987.

Fabre, Michel (Hrsg.): Black American Stories. Paris 1992.

Ford, Richard (Hrsg.): The Granta Book of the American Short Story. London 1992. [Kurzgeschichten der Jahre 1945 bis 1990.]

Litz, A. Walton (Hrsg.): Major American Short Stories. New York ³1993.

Norris, Gloria (Hrsg.): New American Short Stories. The Writers Select their own Favorites. New York 1986.

Oates, Joyce Carol (Hrsg.): The Oxford Book of American Short Stories. Oxford 1992.

Schunck, Ferdinand (Hrsg.): Modern American Short Stories. Stuttgart 1987.

II. Bibliographien

Baldwin, Dean / Morris, Gregory L.: The Short Story in English (Britain and North America). An Annotated Bibliography. Metuchen (N. J.) 1994.

Bruccoli, Matthew J. / Baughman, Judith S.: Facts on File. Bibliography of American Fiction 1919–1988. 2 Bde. New York 1991.

McPheron, William / Sheppard, Jocelyn: The Bibliography of Contemporary American Fiction 1945–1988. An Annotated Checklist. Westport (Conn.) 1989.

Walker, Warren S.: Twentieth-Century Short Story Explication. Interpretations 1900–1975 of Short Fiction since 1800. Hamden (Conn.) ³1977. [Mit mehreren Supplementbänden.]

III. Sekundärliteratur

Ahrends, Günter: Die amerikanische Kurzgeschichte. Theorie und Entwicklung. Trier ³1996.

Brooks, Cleanth / Warren, Robert Penn: Understanding Fiction.

New York ²1959. [Anderson, Bellow, Capote, Cheever, Faulkner, Fitzgerald, Hemingway, Jackson, O'Connor, Porter, Purdy, Thurber, Welty.]

Buchloh, Paul G. (Hrsg.): Amerikanische Erzählungen von Hawthorne bis Salinger. Interpretationen. Neumünster 1968. [Fitzgerald, Faulkner, Hemingway, Salinger.]

Bungert, Hans (Hrsg.): Die amerikanische Short Story. Theorie und Entwicklung. Darmstadt 1972.

Current-García, Eugene / Patrick, Walton R. (Hrsg.): What Is the Short Story? Case Studies in the Development of a Literary Form. Glenview (Ill.) ²1974.

Freese, Peter: Die amerikanische Kurzgeschichte nach 1945. Frankfurt a. M. 1974. [Baldwin, Barth, Malamud, Purdy, Salinger.]

Freese, Peter / Groene, Horst / Hermes, Liesel (Hrsg.): Die Short Story im Englischunterricht der Sekundarstufe II. Theorie und Praxis. Paderborn ²1983.

Freese, Peter / Jäger, Dietrich / Kruse, Horst: Die amerikanische Short Story. Ein Überblick. Neumünster 1971.

Freese, Peter (Hrsg.): Die amerikanische Short Story der Gegenwart. Interpretationen. Berlin 1976. [Barth, Barthelme, Bellow, Capote, Cheever, Faulkner, Jackson, Malamud, Oates, O'Connor, Powers, Purdy, Salinger, Updike, Welty, Wright.]

Galenski, Wolfgang: Continuity and Change. Die amerikanische Short Story in den 80er Jahren. Trier 1995.

Göller, Karl Heinz / Hoffmann, Gerhard (Hrsg.): Die amerikanische Kurzgeschichte. Düsseldorf 1972. [Interpretationen: Anderson, Capote, Faulkner, Fitzgerald, Hemingway, Malamud, O'Connor, Porter, Powers, Salinger, Steinbeck, Updike.]

Goetsch, Paul: Studien und Materialien zur Short Story. Frankfurt a. M. 1971.

Hagopian, John V. / Dolch, Martin (Hrsg.): Insight I. Analyses of American Literature. Frankfurt a. M. ²1964. [Anderson, Baldwin, Faulkner, Fitzgerald, Hemingway, Jackson, Porter, Powers, Salinger, Steinbeck, Thurber.]

Karrer, Wolfgang / Puschmann-Nalenz, Barbara (Hrsg.): The African American Short Story 1970–1990. A Collection of Critical Essays. Trier 1993.

Kennedy, J. Gerald (Hrsg.): Modern American Short Story Sequences. Composite Fictions and Fictive Communities. Cambridge 1995. [Cheever, Faulkner, Hemingway, Salinger, Updike, Welty, Wright.]

Link, Franz: Amerikanische Erzähler seit 1950. Themen, Inhalte, Formen. Paderborn 1993.

Logsdon, Loren / Mayer, C. W. (Hrsg.): Since Flannery O'Connor. Essays on the Contemporary American Short Story. Macomb 1987.

Lohafer, Susan / Clarey, Jo Ellyn (Hrsg.): Short Story Theory at a Crossroads. Baton Rouge 1989.

Lubbers, Klaus: Typologie der Short Story. Darmstadt ²1989.

Lubbers, Klaus (Hrsg.): Die englische und amerikanische Kurzgeschichte. Darmstadt 1990. [Anderson, Cheever, Faulkner, Fitzgerald, Hemingway, Oates, O'Connor, Updike, Welty.]

Peden, William: The American Short Story. Continuity and Change 1940–1975. Boston 1975.

Ross, Danforth: The American Short Story. Minneapolis 1961. – Nachdr. in: Hans Bungert (Hrsg.): Die amerikanische Short Story. Theorie und Entwicklung. Darmstadt 1972. S. 298–332.

Stevick, Philip (Hrsg.): The American Short Story 1900–1945. A Critical History. Boston 1984.

Voss, Arthur: The American Short Story. A Critical Survey. Norman (Okla.) 1973.

Weaver, Gordon (Hrsg.): The American Short Story 1945–1980. A Critical History. Boston 1983.

West, Ray B.: The Short Story in America 1900–1950. Chicago 1952.

Wright, Austin M.: The American Short Story in the Twenties. Chicago 1961.

Verzeichnis der Autoren und Texte